ein Ullstein Buch

ÜBER DAS BUCH:

Fast hätte er es zu einem Weltrekord gebracht, der österreichische Volksschauspieler und Publikumsliebling Heinz Conrads. Als er 1986 an einem Herzinfarkt starb, befand er sich in den Vorbereitungen zu einem einmaligen Jubiläum: Die von ihm moderierte Rundfunksendung »Was gibt es Neues?« jährte sich zum 40. Mal. Seine Anhängerschaft ging in die Hunderttausende; durch seine Art, mit dem Publikum umzugehen, praktizierte er Lebenshilfe, ehe es dieses Wort überhaupt gab.

DER AUTOR:

Der Wiener Journalist und Autor Marco Schenz, Jahrgang 1948, hat in Zusammenarbeit mit der Witwe Erika Conrads ein Mosaik aus bisher unbekanntem Material zusammengetragen. In vielen Gesprächen mit Freunden und Kritikern, Kollegen und Bewunderern, ist ein überraschendes Lebensbild entstanden: Heinz Conrads, wie ihn alle liebten und nur wenige kannten.

Marco Schenz

Heinz Conrads
»Guten Abend, die Madln, Servas, die Buam!«

Erinnerungen an einen Volksliebling

ein Ullstein Buch

ein Ullstein Buch
Nr. 22216
im Verlag Ullstein GmbH,
Frankfurt/M – Berlin

Ungekürzte Ausgabe

Umschlagentwurf:
Hansbernd Lindemann
Foto: Photo Simonis, Wien

Printed in Germany 1991
Druck und Bindung:
Ebner Ulm
ISBN 3 548 22216 1

September 1991

Die Deutsche Bibliothek –
CIP-Einheitsaufnahme

Schenz, Marco:
Heinz Conrads: »Guten Abend, die
Madln, Servas, die Buam!«: Erinnerungen
an einen Volksliebling / Marco Schenz. –
Ungekürzte Ausg. – Frankfurt/M; Berlin:
Ullstein, 1991
(Ullstein-Buch; Nr. 22216)
ISBN 3-548-22216-1
NE: GT

Inhalt

VORWORT

Das Conrads-Haus in der Zichygasse 9 ist kein prunkvoller Bau. Ein einstöckiger, hellbrauner Quader mit einer kleinen Terrasse, die den ohnehin winzigen Garten fast zur Hälfte abdeckt. Auf den ersten Blick überrascht es ein wenig, daß hier Heinz Conrads gewohnt haben soll. Gemessen an seiner Popularität, gemessen an der Vielfalt seiner Erfolge, hätte man ihn eher in den sogenannten Nobelvierteln Wiens vermutet. Und nicht hier in Penzing, einen Steinwurf von den Geleisen der Westbahn entfernt.

Das fünfeckige Arbeitszimmer mit Blick zum Garten ist unverändert geblieben. Unverändert seit jenem 15. Februar 1986, einem Samstag, als er es in den frühen Morgenstunden für immer verließ: 53 Tage später war er tot. Heinz Conrads starb im Allgemeinen Krankenhaus in Wien. An den Folgen eines Herzinfarktes, den er während einer Seelenmesse für die befreundete Grete Vitaly erlitten hatte.

An den übervollen Bücherregalen des kleinen Arbeitsraumes lehnt noch heute seine Aktentasche: aus schwarzem, glattem Leder, kein auffälliges Modell, mit einem silberglänzenden, simplen Blechverschluß. Abgegriffen und verschlissen vom langjährigen Gebrauch. Heinz Conrads war treu – bis hin zur Manie –, sogar unbedeutenden Dingen gegenüber. In den 40 Jahren, in denen er seine Radio-Sendung »Was gibt es Neues?« moderierte, ließ er

sich nur einmal – und da mit aller Gewalt – zu einer neuen Aktentasche überreden.
Dieses schwarze, abgewetzte Lederzeug ist voll von allerlei Kleinkram: Heiligenbildern, Lesezeichen, Sinnsprüche. Heinz Conrads sammelte jahrzehntelang fast alles, was ihm an Erinnerungen, Verehrerwünschen und kleinen Weisheiten in die Hände fiel. So auch jenes Kalenderblatt vom 26. Juli 1937, das er stets in seinen Unterlagen bei sich trug. In diesem Denkspruch von einem gewissen Karl Gerock heißt es:

Da du einst geboren warst ans Licht,
weintest du,
es freuten sich die Deinen:
Lebe so, daß wenn dein Auge bricht,
du dich freust,
die Menschen aber weinen.

Niemand, nicht einmal seine Ehefrau Erika, wagt heute zu sagen, ob Heinz Conrads in dem Gefühl gestorben ist, in seinem so erfolgreichen Leben auch selbst die Erfüllung gefunden zu haben. Viele Äußerungen lassen eher darauf schließen, daß das nicht der Fall gewesen ist. Zu sehr hätte sich der Publikumsliebling Conrads, der nimmermüde Fernseh- und Rundfunkmoderator, der Kabarettist und Conférencier, der die Leute magisch anzog und sie dann zu seiner treuen Anhängerschaft machte, zu sehr hätte er sich gewünscht, auch im selben Ausmaß auf der Bühne als Schauspieler erfolgreich zu sein.
Aber geweint haben sie, die Menschen, als man Heinz Conrads zu Grabe getragen hat: Tausende nahmen von ihm ein letztes Mal Abschied. Und so hat sich der Kalenderspruch zumindest zur Hälfte erfüllt.

Seltsam auch seine Unterlagen zur Radiosendung für den 16. Februar – wie immer fein säuberlich mit der Maschine auf sieben Seiten getippt: Sie sind eingelegt zwischen einer Einladung zu seinem 70. Geburtstag, den er schon am 8. Dezember 1983 mit vielen Freunden in Grinzing gefeiert hatte. »Wenn i mein Leben so betracht« hatte das Motto dazu gelautet und die aufklappbare Einladungskarte war mit Conrads-Porträts aus sieben Jahrzehnten geschmückt. Für viele, die Conrads und seine Sensibilität kannten, der dünnhäutig und verletzlich war wie kaum ein anderer, ist das ein merkwürdiges Verhalten. So, als hätte er geahnt, daß es nicht mehr zu seinem Weltrekord-Jubiläum einer 40jährigen Rundfunksendung kommen sollte. Seltsam auch die Auswahl seiner Lieder, die er auf der Rückseite der Geburtstags-Einladung notiert hatte: »Das Aschenlied« aus Ferdinand Raimunds »Der Bauer als Millionär« sowie zwei Lieder von Ernst Arnold: »Es steht wo ein Koffer im Winkel« und das wehmütige »Wenn der Herrgott net will«.
Am 9. April 1986 wollte der »Herrgott« und wohl auch Heinz Conrads nicht mehr so recht: Zu müde und verbraucht war sein Körper schon, als sein Herz endgültig versagte. Ein ungewöhnlicher Künstler, ein ungewöhnlicher Mensch starb.

DIE FAMILIE

Die Mizzi von der 9er Linie

Als Heinz Conrads am 21. Dezember 1973 seinen 60. Geburtstag feierte, erschien zu diesem Jubiläum eine Serie in einer Wiener Tageszeitung. Dem Künstler und Menschen Heinz Conrads war sie gewidmet: Anekdoten, ein bißchen Biographisches – alles erinnerte ein wenig an den lockeren Plauderstil seiner Erfolgssendung »Was gibt es Neues?«

Gegen den Titel »Memoiren« hat er sich immer gewehrt. »Das ist«, so begründete er damals mit Nachdruck seine Aversion, »nur etwas für ganz bedeutende Leute. Außerdem liegt in diesem Wort ein Hauch von Abschließendem und ziemlich Endgültigem. So etwas habe ich doch nicht notwendig, wo ich noch mitten drinnen bin im Theaterspielen, im Radio und im Fernsehen.«

Über seine Jugend gibt es nicht allzu viel zu berichten. Heinz Conrads erzählte gar nicht so gerne, und wenn, dann nur in höchst oberflächlicher Weise, über sein Leben. Vor allem über die Kindheit war zu seinen Lebzeiten nicht viel bekannt. Dabei ist gerade diese Zeit von entscheidender Bedeutung für das spätere Verständnis der Person Heinz Conrads.

Einer Person, die in den vergangenen vier Jahrzehnten für Hunderttausende zum liebenswürdigen und scheinbar unbeschwerten Seelentröster wurde. Egal, ob er nun übers Radio in die Wohnungen kam oder über den Bildschirm. In Altersheimen, so erzählt man sich, haben so manche Heimbewohner Festkleidung angelegt, wenn »der Conrads« sie am Samstagabend im Fernsehen »besuchte«. Dieser Conrads hat sein Leben lang unter manchen Eindrücken der Kindheit gelitten. Immer öfter hat er in den letzten Jahren darüber gesprochen. Seiner Ehefrau Erika hat er anvertraut: »Mich haben's ja noch nie wollen.« Immer mehr hat sich in ihm jene Eigenschaft verstärkt, die wohl alle Menschen, die je mit ihm zu tun hatten – Freunde, Kollegen, Verwandte –, als die hervorstechendste empfunden hatten: Seine unglaubliche Empfindsamkeit, seine fast paranoide Angst, es gäbe ja »ohnehin niemanden, der mich braucht«.

In seiner Erinnerung holte ihn immer mehr die – trügerische – Illusion ein, die er von seinem Elternhaus gezeichnet hatte: Vom tüchtigen, aber strengen Vater, dem der Bub nur ja keine Schand' machen wollte. Von der gütigen, aber machtlosen Mutter, die für ihren Heinzi nur das Beste wollte und ihn in die Obhut der kreuzbraven und aufopfernden Großmutter gab. Freilich erst ab seinem zweiten Lebensjahr.

Tatsächlich ist die Conrads-Familiensaga von einer, selbst für diese Zeit, ungewöhnlichen Tristesse: Die Großeltern mütterlicherseits, Friedrich und Maria Hansal, waren in der Vorkriegszeit aus dem böhmischen Dörfchen Baumgarten nach Wien übersiedelt, mit ihnen ihre Kinder Alois und Maria. Die Familie bezog eine kleine Wohnung in der Felberstraße 38. Alois Hansal blieb auch dann noch im Elternhaus, als er bei der Wiener Straßenbahn einen Posten als Schaffner bekommen hatte, und die Tochter Maria, die sich als Weißnäherin ihr Geld verdiente, ebenfalls. Zur Straßenbahn hatte auch sie die allerbesten Beziehungen. In diesen Tagen fuhr nämlich noch die Linie 9 durch die Felberstraße und der Zufall wollte es,

Der Familien-Stammbaum hängt an der Wand des Conrads'schen Arbeitszimmers.

daß auch ihr Bruder auf dieser Strecke eingesetzt wurde. Alois Hansal hatte einen Freund, der »Motorführer« auf der 9er Linie war. Die beiden Straßenbahner waren bei der jungen Weißnäherin oft zu Besuch. Der Motorführer schaute bald nicht nur während seiner Dienstpausen bei dem jungen Mädchen vorbei, sondern auch während seiner Freizeit. Schon nach drei Monaten verlobten sich die beiden. Von diesem Tag an bimmelte er jedesmal mit der Fußglocke, wenn er mit seiner Tramway am Haus der Hansal-Mizzi vorbeifuhr.

Kurze Zeit danach zog Mizzi Hansal von daheim aus. Von nun an lebte sie mit dem Modelltischler Heinrich Conrads in der Schanzstraße Numero 3. Er war 18 Jahre älter als sie und stammte aus Mehrheim bei Köln. Ein halbes Jahr nach ihrer Trennung vom Tramwayfahrer der Linie 9 brachte sie am 21. Dezember 1913 einen etwas schwächlichen Buben zur Welt. Dieses Kind trug in den ersten sieben Lebensjahren den Mädchennamen seiner Mutter: Heinrich Hansal. In den folgenden 65 Jahren hieß er Conrads. Aber ob der Mann, der ihm seinen – später so berühmt gewordenen – Namen gab, auch tatsächlich sein Vater war, muß ernsthaft in Zweifel gezogen werden. Nicht nur, weil Heinz Conrads später immer wieder auffiel, daß er »so gar keine Ähnlichkeit« mit dem Vater hatte. Nicht nur, weil auch seine beiden Ehefrauen von einem zeitlebens seltsam gestörten Verhältnis zwischen Vater und Sohn Conrads berichteten. Aber daß Heinrich Conrads junior und senior nie gemeinsam unter einem Dach gewohnt haben, ist doch mehr als ungewöhnlich.

Dieser Heinrich Conrads war ein unsteter Geist. Er stammte aus einer neunköpfigen Kölner Familie und hatte sich schon um die Jahrhundertwende als gelernter

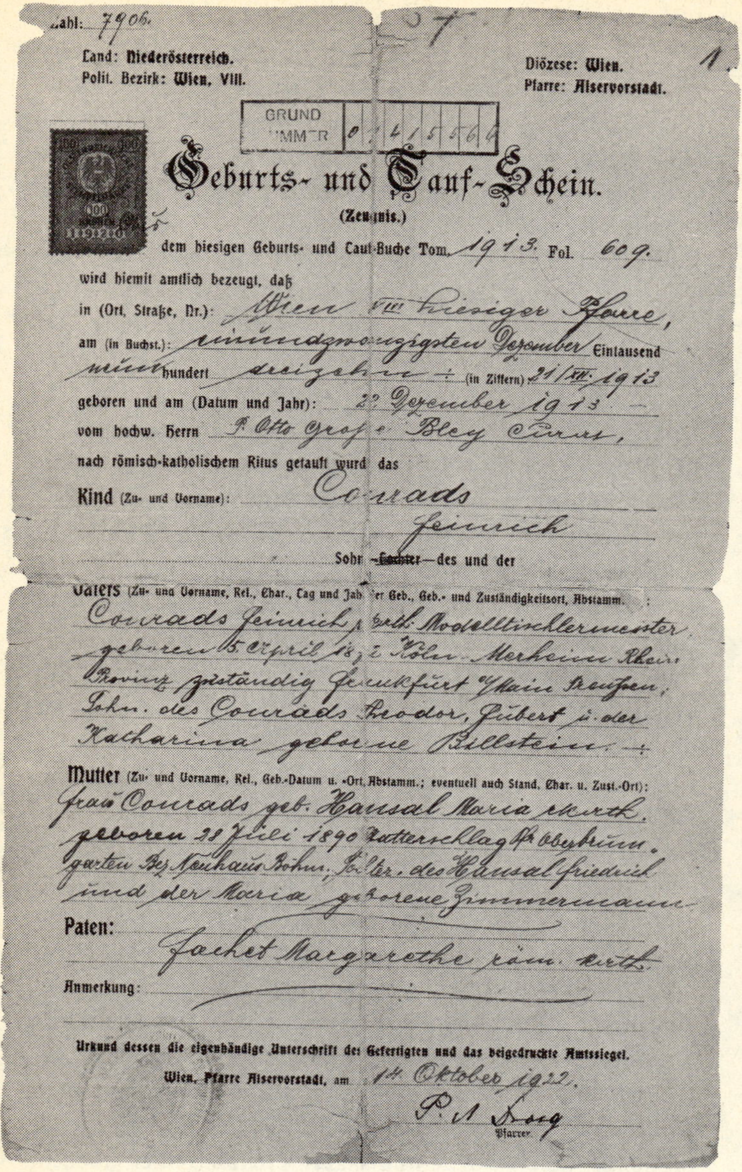
Zahl: 7906.

Land: Niederösterreich. Diözese: Wien.
Polit. Bezirk: Wien, VIII. Pfarre: Alservorstadt.

GRUND NUMMER 01415569

Geburts- und Tauf-Schein.

(Zeugnis.)

Aus dem hiesigen Geburts- und Tauf-Buche Tom. 1913. Fol. 609.
wird hiemit amtlich bezeugt, daß
in (Ort, Straße, Nr.): Wien VIII hiesiger Pfarre,
am (in Buchst.): einundzwanzigsten Dezember Eintausend
neun hundert dreizehn (in Ziffern) 21/XII. 1913
geboren und am (Datum und Jahr): 22 Dezember 1913
vom hochw. Herrn P. Otto Grosse Bley Coop.
nach römisch-katholischem Ritus getauft wurde das
Kind (Zu- und Vorname): Conrads
Heinrich
Sohn ~~Tochter~~ des und der
Vaters (Zu- und Vorname, Rel., Char., Tag und Jahr der Geb., Geb.- und Zuständigkeitsort, Abstamm.):
Conrads Heinrich, röm. kath. Modelltischlermeister
geboren 5. April 1882 Köln-Merheim Rhein-
Provinz zuständig Frankfurt a/Main Preußen,
Sohn des Conrads Theodor, Hubert u. der
Katharina geborne Billstein.
Mutter (Zu- und Vorname, Rel., Geb.-Datum u. -Ort, Abstamm.; eventuell auch Stand, Char. u. Zust.-Ort):
Frau Conrads geb. Hansal Maria r. kath.
geboren 28 Juli 1890 Zetterschlag Pf. Oberbrunn-
garten Bez. Neuhaus Böhm., Tochter des Hansal Friedrich
und der Maria geborene Zimmermann
Paten:
Fachet Margarethe röm. kath.
Anmerkung:

Urkund dessen die eigenhändige Unterschrift des Gefertigten und das beigedruckte Amtssiegel.
Wien, Pfarre Alservorstadt, am 14 Oktober 1922.
P. A. Berg
Pfarrer

Ein Taufschein, der erst neun Jahre nach Conrads' Geburt ausgestellt wurde.

Modelltischler auf Wanderschaft begeben. Viele Dienstzeugnisse in den Unterlagen der Familie Conrads erzählen noch heute von seinen Wanderjahren durch Deutschland, Italien und Österreich. In Wien war er zunächst an verschiedenen Arbeitsplätzen tätig, bevor er sich selbständig machte.

Im Frühjahr 1914 gab die ledige Mutter ihren vier Monate alten Buben aufs Land in Pflege. »Dort hatte er's ja besser«, hat sie sich später immer wieder gerechtfertigt. Bei einer Kellnerin im niederösterreichischen Totzenbach verbrachte der kleine Heinrich seine ersten zwei Lebensjahre. Heinrich Conrads kümmerte sich kaum um das Kind.

Ins Haus seiner Eltern – darüber ist Heinz Conrads in all seinen Erzählungen wohl elegant hinweggegangen, hinweggekommen ist er aber darüber nie –, in die Schanzstraße 3, ist er nie gezogen. Auch dann nicht, als der wesentlich ältere Heinrich Conrads seine Lebensgefährtin Anfang der zwanziger Jahre heiratete.

Bis in die dreißiger Jahre wohnte Heinz Conrads in der Felberstraße 38, in einer Zimmer-Küche-Wohnung mit seiner Großmutter.

Erst viel später, Anfang der fünfziger Jahre, als der Sohn schon berühmt geworden war, hat Maria Conrads versucht, ihm mit kleinen mütterlichen Gesten Zuneigung zu zeigen. Aber da reagierte Heinz Conrads oft unwillig. »Ich glaube«, sagt Erika Conrads, »er hat es ihr in Wahrheit nie verziehen, daß sie ihn damals weggegeben hat. Instinktiv spürte er, daß er sich davon sein Leben lang nicht erholt hat. Es war immer eine ganz seltsame Stimmung bei ihr zu Hause: Hier die verhärmte Frau, die ein bißchen mütterlich sein und ihren Sohn streicheln wollte, und auf der anderen Seite der Heinz, der gleich immer ärgerlich wurde und sagte: ›Geh, laß mich doch!‹«

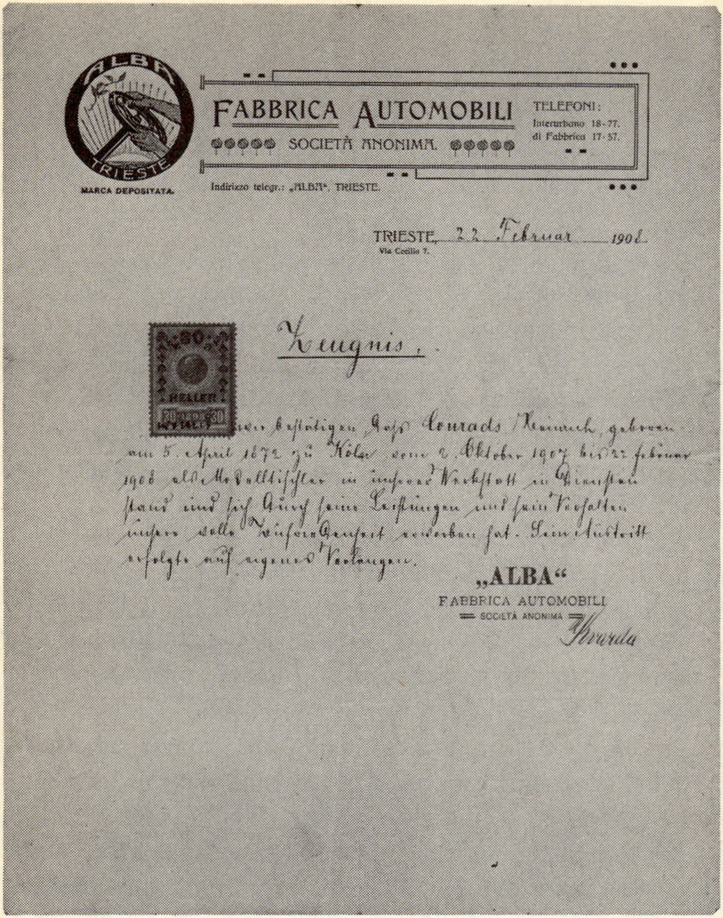
MARCA DEPOSITATA.

FABBRICA AUTOMOBILI
SOCIETÀ ANONIMA

TELEFONI:
Interurbano 18-77.
di Fabbrica 17-57.

Indirizzo telegr.: „ALBA", TRIESTE.

TRIESTE, 22 Februar 1908
Via Cecilia 7.

Zeugnis.

[…] bestätigen, daß Conrads Heinrich, geboren am 5. April 1872 zu Köln vom 2. Oktober 1907 bis 22. Februar 1908 als Metalltischler in unserer Werkstatt in Diensten stand und sich durch seine Leistungen und sein Verhalten unsere volle Zufriedenheit erworben hat. Sein Austritt erfolgte auf eigenes Verlangen.

„ALBA"
FABBRICA AUTOMOBILI
SOCIETÀ ANONIMA
[illegible]

Zu Beginn des 20. Jahrhunderts ging Heinrich Conrads auf Wanderschaft – bis nach Spanien und Italien.

DIE KINDHEIT

»Der Hansal heißt jetzt Conrads«

Bis zu seinem 20. Lebensjahr wohnte Heinz Conrads bei der Großmutter. Die Bassena-Wohnung war in der Felberstraße 38 im ersten Stock auf Türnummer 11. Zimmer-Küche, kaum 20 Quadratmeter groß. Um das karge Haushaltsgeld aufzubessern, mußte der kleine Heini am Abend die Küche räumen: Ein sogenannter »Bettgeher« verbrachte die Nacht auf der ausziehbaren Küchenbank. Oft wechselten diese Leute einander täglich ab.

Das war noch während des Ersten Weltkrieges, und der Sohn des Modelltischlers Heinrich Conrads trug noch immer den Mädchennamen seiner Mutter Hansal. Er war zwei Jahre alt, als er aus Totzenbach zurückkehrte und von der Großmutter liebevoll aufgenommen und gepflegt wurde. Nur einmal, es war der Herbst des Jahres 1917, verließ die 51jährige Wien, und Maria Hansal übersiedelte, sehr zum Verdruß ihres Lebensgefährten, für ein paar Wochen in die Felberstraße. Ein Totenschein des Kriegsministeriums, ausgestellt in der Wiener Stiftskaserne, war ins Haus geflattert: Alois Hansal, 22 Jahre alt, war am 19. 10. 1917 gefallen. Der einzige Sohn, mittlerweile Korporal und k. u. k. Flugzeugführer, war mit seiner Maschine im galizischen Krzyweze abgestürzt.

Allen Kriegswirren zum Trotz reiste die Frau allein nach Galizien, um dem Sohn die letzte Ehre zu erweisen. An der Absturzstelle ließ sie ein Grab errichten, es mit Blumen schmücken und einem schlichten Holzkreuz.

»Ich würd' gar nicht mehr nach Haus' kommen«, sagte sie damals, »wenn ich daheim nicht meinen Heinerle hätt'.«
Eine Sehnsucht, die ihr der Ehemann Friedrich Hansal in diesen Tagen kaum mehr vermittelte. Er war, seit sie aus dem Böhmischen nach Wien gekommen waren, immer mehr dem Alkohol verfallen. Oft war er tagelang von seinen Zechtouren nicht nach Hause gekommen. Heinz Conrads pflegte dies in späteren Jahren launig zu kommentieren: »Mein Großvater mütterlicherseits war in seiner deutsch-böhmischen Heimat Mesner und Kirchensänger. Die Betreuung des Kelches lag ihm auch noch in Wien sehr am Herzen, und den Chorgesang pflegte er weiter in fröhlicher Männerrunde. Allerdings mit weniger heiligen Liedern. Da war ich dann oft Lotse, von der Großmutter gesandt, den Verirrten heimzuholen.« Ob ihm tatsächlich so launige Gedanken der Erinnerung an den Großvater kamen, darf ernsthaft bezweifelt werden. Friedrich Hansal starb, als sein Enkelkind die erste Klasse der Volksschule besuchte. In der Schweglerstraße nahe der eisernen Brücke, die dort über die Westbahn führt, lernte der Siebenjährige seinen Namen schreiben. Aber kaum konnte er mit ungelenken Bewegungen »Hansal« schreiben, mußte er schon wieder umlernen: Seine Eltern heirateten endlich. Für die Lehrerin war das mit einem Satz abgetan: »Also hergehört Kinder, der Hansal heißt jetzt Conrads.«
Nur wer die – scheinbar – lächerliche Anhänglichkeit und Treue von Heinz Conrads begreifen kann, der versteht auch den tieferen Sinn, wenn er später immer wieder meinte: »Der Abschied vom Heinrich Hansal war für mich ein sehr wehmütiger.«
Die Anhänglichkeit zu den Stätten seiner Jugend hat er

in den späteren Jahren überzeugend bewiesen, als er sich – schon ein Publikumsliebling ersten Ranges – sein Haus nahe jenem »Krätzl« baute, das in den ersten zwei Lebensjahrzehnten seine Welt gewesen ist. Mit dem Beserlpark als Zentrum. »So ein Beserlpark«, sagte er einmal, »ist ja kein Park im üblichen Sinn. Das ist eine kleine grüne Insel, in der die Arbeiter mit ihren Frauen sitzen und die Herren Buam mit ihren neuesten Eroberungen. Wo man auf die Kastanienbäume schaut oder – wie bei uns in der Felberstraße – auf die Westbahn. Da kommen einem die wirklich großen Gedanken oder, wie uns damals, die lausbübischen. Unter der Brücke standen damals die dampfenden Lokomotiven mit ihren qualmenden Schloten. Und wir waren darüber, auf der Brücke. Um es kurz zu machen: Geschafft haben wir's nie, das Feuer mit einem gezielten Strahl zu löschen ...«

LEHRJAHRE

Ein Tischlerlehrling als Komödiant

Solange der Vater nicht in die weitere Entwicklung eingriff, verlief die Kindheit Heinz Conrads' durchaus normal und abwechslungsreich. Das tat er nicht in den ersten neun Schuljahren – in den fünf Klassen Volks- und vier weiteren Mittelschuljahren, sondern erst dann, als der Bub als Arbeitskraft für ihn interessant wurde. Diese Zeit, die wohl zu seinen glücklichsten Bubenjahren zählte, überspielte er in seiner Erinnerung nach außen hin: »Die Eltern mußten sich halt damals erst eine Existenz aufbauen.«
Wahr ist vielmehr, daß der Vater schon immer recht gut verdiente. Selbst in den Jahren, als er noch keinen eigenen Betrieb hatte. Und später erst recht. In den wirtschaftlich schwierigen zwanziger Jahren konnte er sogar eine zweite Existenz aufbauen: Er richtete seiner Ehefrau ein Zukkerlgeschäft im Bezirk ein.
Der Sohn aber blieb außer Haus.
Heinrich Conrads hatte eine kostspielige Leidenschaft. Jeden Tag um Punkt drei Uhr nachmittags kam der Chauffeur und fuhr ihn hinaus zum Heurigen – nach Heiligenstadt oder Nußdorf. Mit dem Taxi kam er ebenso pünktlich heim, wie er weggefahren war: Jeden Abend um acht Uhr. Danach konnte man die Uhr stellen.
In den fünf Volksschuljahren ihres Enkelkindes wollte Maria Hansal, die sich um den Buben kümmerte wie eine leibliche Mutter, aus ihrem Heini einen Geigenvirtuosen

machen. Sie hat es dann aufgegeben: Wohl auch, um den Nachbarn eine Freude zu bereiten.
Doch bald darauf – in der Mittelschule – zeigte sich, daß in dem spindeldürren, hochaufgeschossenen Buben tatsächlich ein musisches Talent steckte: Im Deutschunterricht, seinem Lieblingsfach, verschlang er geradezu alles, was er an Theaterstücken, Gedichten und Erzählungen in die Hände bekam. Sein Klassenvorstand, Professor Hans Butz, förderte diese Neigung. »Der Bub«, so pflegte er an Sprechtagen der stolzen Großmutter immer zu berichten, »ist in Mathematik keine große Leuchte, aber ich glaub', der hat ein Talent fürs Theater. Wie der die Texte spricht, das macht ihm so schnell keiner nach.«
Nach vier Jahren Gymnasium erwachte plötzlich das Interesse des Vaters für den Fünfzehnjährigen. »Der Bub soll zu mir ins Geschäft«, entschied er, »damit er eines Tages auch Modelltischler wird. Ein sicherer und ordentlicher Beruf, mit dem er im Leben weiterkommen kann.« Das war eine Entscheidung, die keinen Widerspruch duldete. Auch der Klassenvorstand, der den musisch begabten Buben ins Herz geschlossen hatte, war da machtlos.
Nur die Großmutter überlegte, wie man die Talente des Heinerle, von denen der Professor Butz so geschwärmt hatte, vielleicht doch noch fördern könnte. Und sie meldete den Enkel beim Theaterverein im Bezirk an. Heimlich vorerst, denn sie wußte nur zu genau, daß der Modelltischlermeister Conrads da keinen Spaß verstand.
Heinz Conrads ging also in den väterlichen Betrieb in die Lehre. Von allen Arbeitern, Lehrlingen und Gesellen, die dort arbeiteten, war er mit Abstand am ungeschicktesten. Und obendrein schonte der Chef seinen Sohn am allerwenigsten. Es war rührend und deprimierend zugleich, wenn

man Heinz Conrads das Hohelied auf seinen Vater und dessen Handwerk singen hörte: »Mein Vater war ein ganz großer Künstler seines Faches. Die Modelltischlerei ist ja auch ein faszinierendes, ein phantastisches Handwerk. Man erlernt es auch nicht in der Tischlerschule, sondern in der metallverarbeitenden Industrie. Ein Modelltischler stellt Holzmodelle für Gußstücke her. Mein Vater war berühmt in seiner Branche. Und mir war es schon klar, daß er diese Tradition von seinem Sohn würdig fortgesetzt sehen wollte.«

HEINRICH CONRADS
MODELLTISCHLEREI
FÜR MASCHINEN UND DEMONSTRATIONSMODELLE
JEDER ART

WIEN XIII., MEISELSTRASSE 63
EINGANG HICKELGASSE
TELEPHON U 32-9-30

Die väterliche Visitenkarte aus den zwanziger Jahren.

In Wahrheit war ihm diese Arbeit in der Seele zuwider, weil sie so gar nichts von dem hatte, was ihn tatsächlich interessierte.

Aber er hatte noch den Theaterverein, in dem er schon innerhalb kürzester Zeit das fand, was er im Elternhaus immer wieder vergeblich suchte: Anerkennung. Mit seinen fünfzehn Jahren war er bald in einer Doppelfunktion tätig: Als Schauspieler und Regisseur. »Der Verschwen-

der« von Ferdinand Raimund stand auf dem Programm, und Conrads leitete nicht nur die Inszenierung, sondern spielte auch noch die Rolle des Valentin. Und der guten Couplet-Tradition Raimunds und Nestroys folgend, hat er gleich ein paar Strophen zum berühmten Hobellied – mit aktuellem Bezug, versteht sich – hinzugefügt.
Die Großmutter, die der Vorführung beiwohnte, war gerührt, und die beiden schmiedeten einen Plan: Bei einer der nächsten Aufführungen sollte der gestrenge Vater ins Publikum gelockt werden. Und so kam es auch. Für die Aufführung der »Dritten Eskadron« hatte jemand den damals 56jährigen Conrads zur Wirtshausbühne in die Felberstraße gelotst. Einen Schilling kostete die teuerste Karte, und er nahm auch gleich in vorderster Reihe Platz. Die Überraschung gelang perfekt – freilich nicht so, wie es sich Großmutter und Enkelkind vorgestellt hatten: »Um Gottes willen, der Heinrich ist ein Komödiant«, rief er und verließ entsetzt das Wirtshaus-Theater.

»Untauglich«

Frei nach dem Motto »Was dich nicht umbringt, macht dich hart« ließ Heinrich Conrads den hageren Buben die Lehrzeit absolvieren. Mag sein, daß er nach damaligen Maßstäben ein vorbildlicher Lehrherr gewesen ist, als Vater war er ein Versager. Wieweit der Umstand eine Rolle spielte, daß er den Fünfzehnjährigen nicht als sein eigen Fleisch und Blut ansah und ihn sozusagen als lästige »Zuwaag« betrachtete, der gefälligst auch mitanzupacken hatte, läßt sich heute nicht mehr sagen. Sicher aber ist, daß der schwächliche Heini härter arbeiten mußte als alle anderen in der Werkstatt: Selbstverständlich mußte er früher anwesend sein, selbstverständlich mußte er an

Samstagen die Werkstätte aufräumen, kehren und den Fußboden mit Öl einlassen. Oft überstieg die Arbeit auch seine Kräfte. Wenn er den vollbeladenen Leiterwagen die leicht ansteigende Hickelgasse hinaufzog, wo sich der Eingang zur Modelltischlerei Conrads befand, erbarmte der Lehrling sogar den Arbeitern und Gesellen. Wenn er vor Anstrengung kaum noch Luft bekam, halfen sie ihm. Ohne daß es der Meister bemerkte.

Heinz Conrads hat in diesen Jahren sehr gelitten. Körperlich und seelisch. Aber mit der ihm eigenen Zähigkeit, mit einem gewissen Trotz dem eigenen Schicksal gegenüber, rechtfertigte er das – beinahe unmenschliche – Verhalten des Vaters: »Der Vater wollte mich halt nicht behutsamer behandeln als die übrigen Lehrlinge. Für mich war es auch eine Belastung, weil ich eine gewisse Verantwortung spürte, dem Vater keine Schande zu machen.« Diese Belastung führte schließlich zum totalen gesundheitlichen Zusammenbruch: Die Ärzte im Wiener Hanuschkrankenhaus konstatierten bei dem stark untergewichtigen Buben eine Lungenerkrankung. Im Volksmund nannte man das damals »Jugendtuberkulose«. Zwei Monate lang mußte er im Krankenhaus bleiben. Danach wurde er für ein paar Wochen in die Bucklige Welt auf Erholung geschickt. Auch in den folgenden Jahren war er noch öfter zu mehrwöchigen Behandlungen im Krankenhaus. Diese Lungenerkrankung erwies sich auch im späteren Leben als schwerwiegendes Handicap. Conrads, der immer so robust wirkte, konnte in Wahrheit nicht einmal spazierengehen, ohne gleich außer Atem zu kommen. Und in seinem geliebten Urlaubsdomizil am Wörther See ging ihm schon nach ein paar Schwimmtempi die Luft aus. Die Lunge war schließlich auch schuld daran, daß er sich nach seinem Herzinfarkt im Allgemeinen Kranken-

haus nicht mehr erholte: Als die Ärzte die leise Hoffnung hatten, den Patienten doch noch durchzubringen, sorgte seine angegriffene Lunge für den tödlichen Rückfall.
Doch zurück ins Jahr 1929: Da lag der knapp 16jährige in seinem Spitalsbett und bot ein Bild des Jammers. 1,80 Meter groß und nur 50 Kilo schwer. Die behandelnden Ärzte bewiesen mehr Einfühlungsvermögen als der Vater. Kein Tag verging, an dem sich nicht einer der Ärzte zu ihm ans Krankenbett gesetzt und mit dem schwächlichen Burschen gesprochen hätte: Über seine Berufswünsche und seine liebsten Freizeitbeschäftigungen. Den jungen Heinz Conrads hat diese für ihn so ungewohnte Aufmerksamkeit ungeheuer beeindruckt. Es läßt sich jetzt, nach fast 60 Jahren, nur sehr schwer beurteilen – aber man darf annehmen, daß die psychologische Behandlung damals ebenso erfolgreich war wie die medikamentöse.
Sehr zum Leidwesen seines Vaters, denn plötzlich hatte der Bub schon wieder Flausen im Kopf. »Vater«, bettelte der Sohn eines Tages, »bitte laß' mich wieder in die Mittelschule gehen. Ich möcht' Arzt werden.«
Und irgendwie hat sich der frühe und erste wirklich konkrete Berufswunsch von Heinz Conrads dann auch erfüllt. Auch wenn ihn manche deshalb belächelten, wenn er seine Herzensroutine walten ließ und sich immer wieder in den Fernseh- und Radiosendungen nach den Einsamen und Kranken erkundigte. Wichtig war nur die Wirkung. Und die war oft gewaltig. Heinz Conrads hat den Begriff der »Lebenshilfe« schon zu einem Zeitpunkt geprägt, als er noch gar nicht von den Medien-Ideologen erfunden worden war.
Keine Frage, daß der Vater Conrads die »Hirngespinste« des Heini nicht ernst nahm. Kaum hatte sich der Bub ein

wenig erholt, kaum hatte er drei oder vier Kilogramm Körpergewicht dazugewonnen, da hieß es schon wieder: »Bub, es wird Zeit, daß du dich an die Arbeit machst.« Und der Heini machte sich an die Arbeit. Bis zum nächsten gesundheitlichen Zusammenbruch.
Aber so schwer konnte die Arbeit gar nicht sein, so elend konnte er sich gar nicht fühlen, daß er auf eine Gewohnheit verzichtet hätte: auf die Abende im Theaterverein.
Heinz Conrads schaffte das scheinbar Unmögliche doch: Im Jahr 1931 bestand er die Gesellenprüfung als Modelltischler, was offenbar nicht nur ihn, sondern auch den Vater überraschte. Was diesen aber nicht hinderte, seinen Emotionen weiterhin freien Lauf zu lassen: Wann immer ihm etwas nicht in den Kram paßte, mußte der nächstbeste Gegenstand als Wurfgeschoß herhalten und der Sohn als Zielscheibe.
Offenbar haben die damaligen Verhaltensregeln innerhalb der Familie es unter gar keinen Umständen zugelassen, daß man auch Kritik am Familienoberhaupt üben durfte. Und so notierte der Halbwüchsige heimlich in sein Tagebuch, das er bis in die fünfziger Jahre sporadisch führte: »Ich muß mich viel mehr bemühen, weil ich dem Vater so gar keine Hilfe bin.«
Die Kritik aus dem Elternhaus trieb ihn immer mehr in eine Art Isolation. In dieser Isolation steckte er sich zwei Ziele: das Theater im Bezirksverein und die Matura.
Die Zeiten wurden immer schlechter und auch die Modelltischlerei in der Meiselgasse florierte nicht mehr so wie in früheren Zeiten. Der Sohn pendelte in dieser Zeit, man schrieb bereits das Jahr 1932, zwischen der Werkstätte des Vaters und dem Zuckerlgeschäft der Mutter, wo er die Auslage herrichtete oder Preiszettel beschriftete.
Dazwischen dachte er an Flucht aus der Abhängigkeit

vom Elternhaus. Unterstützt von der Großmutter. Oft saßen die beiden beisammen und schmiedeten Zukunftspläne. Denn für die alte Frau stand fest: »Mein Heinerle, der wird's noch zu etwas ganz Großem bringen.«
Vorerst brachten es die beiden auf eine Idee, die weder neu noch originell war in der damaligen Zeit: Das Militär bot einen sicheren Arbeitsplatz – und möglicherweise konnte man dort auch noch die Matura nachholen.
Als der Vater von den Berufsabsichten seines Sohnes erfuhr, war er entsetzt: »Ich hab's doch immer gesagt, der will nur tachinieren. Das Militär ist doch höchstens was für Arbeitsscheue.«
Aber so sehr er auch wütete, so sehr die Mutter auch versuchte, den Sohn – beruflich – bei der Stange zu halten, für Heinz Conrads stand der Entschluß fest, zu den Soldaten zu gehen.
Der erste Anlauf endete allerdings mit einer Abfuhr. Den Klang des Gassenhauers der Marschmusik im Ohr, meldete er sich in der Wiener Roßauer Kaserne zum Infanterieregiment der Hoch- und Deutschmeister mit der berühmten Nummer 4.
Die Musterung war kurz und schmerzlich. Er sah ja auch zum Gotterbarmen aus, der spindeldürre Bursche, der mit nacktem Oberkörper vor der Stellungskommission stand. Mitsamt der Hose wog er keine 55 Kilo. »Was sind S' denn von Beruf?« forschte der Regimentsarzt und erhielt ein eher zaghaftes »Modelltischler, Herr Regimentsarzt« zur Antwort.
»Dann essen S' mehr Hobelscharten«, schnarrte es zurück, »so können wir Sie nicht gebrauchen.«
Heinz Conrads war schon an der ersten Hürde gescheitert, als er aus der gewaltigen und bisweilen gewalttätigen Herrschaft seines Vaters entfliehen wollte. Tränen flossen

und sämtliche zaghaften Versuche der Mutter, zwischen Vater und Sohn zu vermitteln, wurden schon im Keim erstickt.
Auch ohne Einberufungsbefehl stand für Heinz Conrads fest: In den elterlichen Betrieb wollte er nicht mehr zurück.
Eine Gesetzesnovelle, die eine Kadererhöhung des Bundesheeres vorsah, verhalf ihm schließlich doch zum ersehnten Ziel: Sein »Untauglich« wurde in ein »Minder tauglich« umgewandelt, und am 3. November 1933, knapp vor seinem 20. Geburtstag, wurde Heinz Conrads Berufssoldat. Er wurde in die Meidlinger Kaserne einberufen und kam als Funker zum Telegraphenbataillon Nummer 2.
Eine Tatsache, die der Vater wütend zur Kenntnis nahm, die Großmutter hingegen voller Rührung. Freudentränen rannen ihr über die Wangen, als ihr »Heinerle« mit ein paar Habseligkeiten im Koffer einrückte.

MILITÄRZEIT

Ein falscher Professor

Der Zwanzigjährige verpflichtete sich auf sechs Jahre. Er tat das mit einem Hintergedanken: Den »Sechsjährigen« winkte damals nach Ablauf ihres Militärdienstes ein Staatsposten mit Pragmatisierung. Entsprechend ihrer Ausbildung wurden die zeitverpflichteten Soldaten bei der Post oder bei der Bahn untergebracht.

Dem jungen Heinz Conrads vermittelte das jedenfalls ein herrliches, bisher kaum gekanntes Gefühl der Selbständigkeit. Er war zum ersten Mal unabhängig von daheim. Seine Pläne von der Matura und Studium waren plötzlich wieder aktuell. Und er genoß es, daß ihm diesmal niemand dreinreden konnte und seine hochfliegenden Pläne – wie etwa der Vater – mit einer abfälligen Handbewegung wegwischen konnte. Da störte es ihn auch – zumindest vorläufig – nicht, daß sich der Theaterverein im Bezirk aufgelöst hatte.

Auch fand er beim Bundesheer ein paar Gleichgesinnte, die es sich ebenfalls zum Ziel gesetzt hatten, neben der militärischen Ausbildung auch noch zu maturieren. Nachdem ihnen die privaten Maturaschulen zu teuer erschienen, wollten sie die Reifeprüfung extern am Mödlinger Gymnasium ablegen. Und einen Lehrer hatten sie ebenfalls gefunden: Ein Unteroffizier hatte sich den ebenso eifrigen wie naiven jungen Männern angeboten, gegen Entgelt den Stoff der Oberstufen nach Dienstschluß zu unterrichten.

In den folgenden zwei Jahren schafften es Heinz Conrads und Kollegen tatsächlich, Vorprüfungen im Mödlinger Gymnasium abzulegen: in Naturkunde, in Religion, in Chemie und in Geschichte. Doch in dieser Zeit wuchs auch mit jedem Tag der Verdacht gegen den Unteroffizier, der sich ja nicht nur als Lehrer ausgegeben, sondern auch fleißig Geld genommen hatte: Denn die Wissenslükken des »Herrn Professor« waren in Mathematik, in Latein und Englisch bald größer als die seiner Schüler.
Nachforschungen ergaben, daß der Unteroffizier weder ein Lehrer war noch jemals die Matura gemacht hatte. Anhand von ein paar dürftigen Unterlagen einer Privatschule hatte er seine Schüler zwei Jahre lang an der Nase herumgeführt.
Alle gaben die Hoffnung auf, jemals die Matura zu machen.
Alle – außer Heinz Conrads. Der hatte es in den zwei Jahren mittlerweile schon zum Zugsführer bei den Funkern gebracht und konnte es sich ein wenig mit seiner Zeiteinteilung richten. Mit großer Ausdauer besuchte er die Abendkurse der Handelsakademie in der Buchfeldgasse. Die Prüfung in Allgemeiner Handelskunde war bereits erfolgreich abgelegt, als der Anschluß und die Kriegszeit alle Pläne mit einem Mal zerstörte: Noch ein Jahr hätte er für den Staatsposten beim Bundesheer benötigt und auch die Matura an der Handelsakademie wäre in diesem Zeitraum zu schaffen gewesen. Aber heute wissen wir ja, wofür es gut war und was dem Heinz Conrads, vor allem aber seinen vielen Anhängern alles entgangen wäre, wenn er den ersehnten Staatsposten tatsächlich erhalten hätte.

DIE ERSTE EHE

Turnstunden in der Rosasgasse

Schon zwei Jahre zuvor hatte sich etwas Entscheidendes im Leben des Heinz Conrads ereignet. Eine Begegnung, die für seine weitere Entwicklung von größter Bedeutung war. Im Sommer 1936 lernte er Lilly Peter kennen, seine erste Ehefrau. Diese Begegnung war vor allem deshalb so schwerwiegend, weil sie für den hageren Zugsführer des Bundesheeres einen zweiten, vielleicht noch entscheidenderen Schritt bedeutete, der ihn aus der unerträglichen Abhängigkeit vom Elternhaus wegführte.

An einem Sonntag war's, da hat sich Zugsführer Conrads einmal vom Lernen losgerissen und ist zur Zerstreuung zum Sportplatz auf die Schmelz gegangen – zu einem Fußballspiel zwischen zwei unterklassigen Mannschaften. Das Match hat ihn aber sehr bald weniger interessiert als ein bildhübsches 17jähriges Mädel, das mit dem Vater schräg vor ihm stand. »Irgendwie«, erinnert sich das Mädchen von damals heute, »waren gleich irgendwelche Strömungen zwischen uns beiden, wie das halt so passiert.« Lilly Peter wohnte bei den Eltern in der Plunkergasse im fünfzehnten Bezirk. Schön brav, wie es sich damals für ein Mädchen aus solidem Haus gehörte, ging es vom Fußballplatz mit dem Vater heim. Aber irgendwie ließ der hagere, hochaufgeschossene Bursche mit der Uniform ihrer jungmädchenhaften Neugier keine Ruhe. Unter einem Vorwand stahl sie sich noch einmal davon, hinunter auf die Straße. Und siehe da – an der

Ecke stand der Soldat mit den treuherzigen Augen und den großen lustigen Ohren.
Und so, als wäre es die selbstverständlichste Sache der Welt, haben die beiden einander angelächelt, bei der Hand genommen und sind spazierengegangen. So wie sie es, wann immer nur möglich, in den folgenden Tagen, Wochen und Monaten taten. Mal spazierten sie im Viertel am Fasangarten, dann wieder promenierten sie in Schönbrunn, bisweilen sogar hinauf bis zur Gloriette. Das Mädchen, damals Gymnasiastin der 7. Klasse am Henriettenplatz, mußte jeden Tag aufs neue einen Vorwand suchen, um den Freund zu sehen. Das ging eine Zeitlang gut, zumal der Freiluftsport des Gymnasiums auf dem Fußballplatz in der Rosasgasse in Meidling, dem späteren Wackerplatz, abgehalten wurde. Die Eltern schöpften zunächst keinen Verdacht. Nur die Mutter wunderte sich, daß mit einem Mal so viele Turnstunden auf dem Lehrplan standen.
Eines Tages »petzte« eine Klassenkameradin. Aber gerade da tat die Mutter etwas sehr Vernünftiges. Sie nahm die Tochter beiseite und sagte: »Ich höre, daß du dich mit einem jungen Mann triffst. Du bist ja schon alt genug und das ist deine Sache. Aber findest du nicht, daß du keine Heimlichkeiten vor uns haben solltest? Bring ihn doch einmal mit nach Hause, damit wir ihn auch kennenlernen.«
Dieses Verhalten hat nicht nur Lilly Peter, sondern vor allem ihrem Freund Heinz mächtig imponiert. Hier spürte er Großzügigkeit und Einfühlungsvermögen, die er im eigenen Elternhaus immer schmerzlich vermißt hatte. Zu seinen Schwiegereltern – auch zu jenen aus seiner zweiten Ehe – hatte Heinz Conrads immer ein ganz besonders gutes Verhältnis gehabt.

Der 23jährige Funker wurde in der Familie Peter freundlich aufgenommen. »Anfangs«, erinnert sich Lilly Peter, die heute Obkircher heißt, »war er voller Komplexe, und ich glaube, seine unglückliche Kindheit hat ihm sein ganzes Leben lang zu schaffen gemacht. Damals hat er auch zum ersten Mal diese Andeutungen über seinen Vater gemacht. Ich glaube, er hatte schon zu dieser Zeit die schwersten Zweifel, ob er tatsächlich der Sohn vom Modelltischlermeister Heinrich Conrads sei. Ich habe das zuerst gar nicht so ernst genommen. Ich dachte mir: Das ist jetzt die Reaktion auf all die schweren Jahre seiner Berufsausbildung. Aber dann habe ich die Familienverhältnisse besser kennengelernt und begriffen, wie sehr ihn dieser Mann drangsaliert hatte. Ohne Rücksicht auf seine Gesundheit. Die Mutter war da ohne jede Chance. Ich glaube, daß der alte Conrads auch ihr gegenüber ziemlich brutal gewesen ist.«

Der Zugsführer Conrads war mittlerweile schon im Telegraphenzug des Wiener Gardebataillons in der Hofburg gelandet, als Adolf Hitler in Österreich einmarschierte. Die Garde wurde aufgelöst und jeder kehrte in jene Einheit zurück, aus der er gekommen war. Folglich kam Conrads unter neuen Einschulungskommandos zurück in die Meidlinger Kaserne.

Vorerst zumindest.

Noch vor Kriegsbeginn wurde der Funker Conrads nach Brünn versetzt, von wo er nur alle paar Wochen nach Hause fahren konnte. Die Sehnsucht plagte ihn weniger nach den Eltern als nach der geliebten Großmutter und vor allem nach der Geborgenheit im Haus seiner Lilly, mit der er sich in der Zwischenzeit verlobt hatte.

Sein noch immer schwächlicher Gesundheitszustand sorgte dafür, daß der Funker Conrads zum Ersatztruppenteil zurückgestellt wurde: Zwar überstand er die Einsätze an der polnischen Front ohne Verwundung, aber trotzdem nicht unversehrt. In akuter Lebensgefahr mußte er in die Universitätsklinik Göttingen eingeliefert werden. Die Ruhr hatte sein Körpergewicht unter 50 Kilogramm gesenkt, der Soldat Conrads drohte an allgemeiner Schwäche zu sterben. Als man ihn soweit kuriert hatte, daß er zumindest transportfähig war, wurde er nach Wien überstellt: Im Lainzer Krankenhaus mußte er zwei weitere Monate in einem Spitalsbett zubringen. Seine Verlobte, die mittlerweile maturiert und im Landwirtschaftsministerium eine Anstellung als Sekretärin gefunden hatte, besuchte ihn fast täglich. Dort schmiedeten die beiden auch Heiratspläne, die sie bald darauf verwirklichen sollten. Im Dezember 1939 wurden Lilly Peter und Heinz Conrads ein Ehepaar.

REIFEPRÜFUNG AM THEATER

Ein Wachtmeister als Steinklopfer-Hans

Es ist bisweilen schon grotesk, welch seltsame Kapriolen das Schicksal zu schlagen vermag. Während Millionen Menschen im schrecklichsten Krieg der Geschichte ihr inneres Gleichgewicht verloren, setzte bei Heinz Conrads eine entgegengesetzte Entwicklung ein: Trotz der Fronteinsätze in Polen, trotz seiner immer wiederkehrenden körperlichen Schwäche, wirkte er selbstbewußter als zuvor. Nicht, daß ihm vielleicht die psychologische Krücke der Befehlsausgabe dazu verholfen hätte – immerhin hatte er es in diesen Tagen schon zum Wachtmeister gebracht (wobei es bei diesem Dienstgrad bis zum Ende des Krieges bleiben sollte), vielmehr war es die allgemeine Anerkennung, die er sich innerhalb seines Bataillons verschafft hatte.

Nach dem Scheitern seiner Maturapläne entdeckte Conrads wieder seine alte Leidenschaft: die Schauspielerei. Er arrangierte Feste und Kompanieabende und stand dabei auch als Conférencier und Parodist im Mittelpunkt. Sehr bald war er der beliebteste Unteroffizier in der Kaserne. Der früher so oft herumgestoßene und vom Schicksal nicht eben verwöhnte Modelltischlergeselle genoß dieses ungewohnte Glücksgefühl, das wie Balsam auf seine empfindliche Seele wirkte: Innerhalb kürzester Zeit waren zwei Herzenswünsche in Erfüllung gegangen. Er war glücklich verheiratet, und bei den Kameraden erntete er Schulterklopfen und Bewunderung. Seine bunten

Abende lösten wahre Begeisterungsstürme der Heiterkeit aus, was in diesen grauen Tagen manchmal wichtiger war als die Ausgabe der Verpflegung.
Der talentierte Laien-Darsteller hatte auch eine äußerst kluge Strategie für seine Programme entwickelt: Beim Kompaniekommandanten erbat er die Zuteilung sämtlicher Neuzugänge, die ein gewisses musisches Talent hatten. Das brachte dem Unteroffizier Conrads zweierlei: eine ständige Blutauffrischung seiner Unterhaltungsprogramme innerhalb der Kaserne und die schicksalhafte Begegnung mit dem Musiker Heinz Sandauer, einem Mann, der die kommenden vier Jahrzehnte seines Lebens entscheidend beeinflussen sollte. Ihm verdankte er den entscheidenden Anstoß für seine spätere Karriere.
»Ich kann mich noch sehr genau erinnern«, erzählt Heinz Conrads' erste Ehefrau, »wie Sandauer zum ersten Mal zu uns gekommen ist und wie stolz der Heinz darauf war. Ich muß gestehen, daß ich – im Gegensatz zu vielen anderen – den Sandauer sehr sympathisch gefunden hab'. Anfangs hab' ich das nicht ernst genommen mit der Schauspielerei. Ich hab' gewußt, daß es dem Heinz Spaß macht. Aber vorerst war keine Rede davon, daß das einmal sein Beruf werden könnte. Es war eine langsame Entwicklung, die ich erst dann ernst nahm, als es eigentlich schon zu spät war. Ich habe gespürt, daß die Schauspielerei das Ende unserer Beziehung bedeuten wird. Zuerst habe ich versucht, gegen seine Ambitionen anzukämpfen, wollte ihm die ganze Geschichte ausreden, weil ich schlicht und einfach Angst davor hatte. Dieses Gefühl war in mir so stark, daß ich mir inständig wünschte: Hoffentlich blamiert er sich. Ich wollte, daß mein Leben mit ihm so harmonisch bleiben sollte, wie es begonnen hatte.«

Aber diese Entwicklung war nicht aufzuhalten. Oft saßen Conrads und Sandauer nach Dienstschluß beisammen, und eines Tages fragte der Musiker seinen Funker-Kollegen: »Der Krieg wird ja nicht ewig dauern. Sagen S', was werden S' denn nachher machen?« Conrads druckste herum, sprach etwas von einem Posten im Staatsdienst und davon, daß er um keinen Preis in seinen ursprünglichen Beruf zurückkehren wolle. »Na, und daß Sie vielleicht das Zeug zum Schauspieler hätten, das ist Ihnen noch nie in den Sinn gekommen?« forschte Sandauer weiter. »Das wäre schön«, erwiderte Conrads. »Aber wie soll ich das mit 29 Jahren noch schaffen?«

»Also ich sag' Ihnen was«, meinte Sandauer, »ich hab' einen Freund, der ist Schauspieler und Lehrer. Zu dem gehen wir einmal gemeinsam hin, und der soll Sie prüfen. Ich hab' so das Gefühl, daß Sie sogar sehr talentiert sind.«

Es war an einem Sonntagnachmittag im Juni des Jahres 1941, als Heinz Conrads mit seinem Kollegen Sandauer in die Kochgasse im achten Wiener Gemeindebezirk pilgerte. Dort wohnte Professor Wilhelm Schmidt. Der Kammerschauspieler galt zwar nicht als bedeutender Mime, dafür hatte er als Lehrer einen ausgezeichneten Ruf.

In den 44 Jahren seines späteren künstlerischen Schaffens konnte man bei Heinz Conrads oft ein merkwürdiges Wechselspiel zwischen einer fast naiven Unbekümmertheit und einer Art Examensangst beobachten, die ihn zu lähmen schien. Einerseits verfügte er über alle Attribute des großen Volksschauspielers, andererseits geriet er in Panik, wenn er sich unsicher fühlte. Da war er zu grüblerisch, zu forschend. Konnte selbstkritisch sein, bis zur Selbstzerfleischung. Während die sogenannte »Volksseele«, die in solchen Dingen sehr instinktsicher ist, ihn dankbar akklamierte, waren die Theaterkritiker bisweilen gnadenlos in ihrem Urteil.

Es hilft Heinz Conrads und auch seiner Nachwelt herzlich wenig, daß heute Regisseure, Direktoren, Kritiker und viele andere, die mit Heinz Conrads zu tun hatten, einig sind in ihrem Urteil: »Er hätte viel mehr am Theater machen müssen«, lautet die einhellige Meinung, die offenbar nicht nur der guten Nachred' wegen entstanden ist, »dann wäre er ein Schauspieler vom Kaliber eines Hans Moser oder Paul Hörbiger geworden.« Aber in seiner ganz speziellen Art ist er ohnehin ein Stück österreichischer Kulturgeschichte.

Unwiederbringlich wie ein Hans Moser oder Paul Hörbiger.

Aber zurück in den Juni 1941, zurück in die Wohnung des Herrn Kammerschauspielers Wilhelm Schmidt in der Kochgasse.

An diesem freundlichen Sommernachmittag hat offenbar die naive Unbekümmertheit im Innenleben des Herrn Wachtmeisters, der so gerne Schauspieler werden wollte, dominiert. Denn offenbar hatte sich der Herr Wachtmeister keine großen Gedanken darüber gemacht, was er denn eigentlich zum besten geben wollte. Als der Herr Kammerschauspieler aber weder ein paar Witze hören wollte noch die Conférence vom vergangenen Kompanieabend, kam Heinz Conrads eine glorreiche Idee: Er schlug vor, ein Chanson vorzutragen. Ohne musikalische Begleitung natürlich. Es betitelte sich »Die Fichte« und stammte aus der Feder von Hugo Wiener, der es in der Vorkriegszeit für den »Simpl« geschrieben hatte. Nur wenigen Eingeweihten war bekannt, daß sich Heinz Conrads an bestimmten Jubiläen in seiner Rundfunksendung schmunzelnd an jene erste Prüfung in seiner Kar-

riere als Schauspieler erinnerte und es wie damals vortrug: Justament ohne musikalische Begleitung!
Und so hörte ein größeres Auditorium den Vortrag jener Zeilen, die sich der Herr Kammerschauspieler Schmidt 1941 als erste Beurteilungsgrundlage vortragen ließ:

Die Fichte

Es sitzen zwei Herren in einem Café
Und spielen dort Rummy zu zweit.
Da sagt plötzlich einer: Mein Freunderl, ich seh'
Der Jolly, der wohnt bei dir heut'.
Dein Mischen, dein Teilen, dein Abheben gar
Und dann noch das Klopfen am Schluß!
Je länger ich spiel', desto mehr wird mir klar,
Daß ich bei dir aufpassen muß.

Sie schimpfen, sie streiten, sie lärmen, sie schrei'n,
Da, plötzlich im wildesten Grimm,
Erhebt sich der eine vom Tische allein
Und ruft mit erbitterter Stimm':
Du hast mich bemogelt, begaunert beim Spiel,
Das ist schon mehr als gemein.
Drum wünsch' ich dir jetzt – und das mög' sich erfüll'n:
Du sollst eine Fichte sein!

Warum eine Fichte? sagt der andre jetzt drauf.
Da sagt ihm der eine: Warum? Paß gut auf:
Als Fichte, da stehst du dann oben im Wald.
Am Tag ist dir heiß, in der Nacht ist dir kalt.
Es beutelt der Wind dich, es druckt dich der Schnee,
Du stehst und du stehst, tun die Haxn auch weh.
Und beißt dich dann etwas sogar in die Wadln,

Dann hast du zum Kratzen nur spitzige Nadeln.
Am Schluß schneid't ein Liebespaar sein Monogramm
Dir noch in den Bauch, ich mein': in den Stamm.
Doch das wär' das Ärgste noch nicht,
Denn jetzt fängt erst an die Geschicht':

So stehst du und stehst du und langweilst dich sehr,
Da kommen auf einmal drei Manderln daher.
Die haben eine Säge, ein Beil und einen Strick,
Die hau'n dir vor allem das Beil ins Genick.
Sie sägen, sie schneiden, vor Schmerz dir das Herz steht,
Dann hacken sie weg, was von dir dann so wegsteht.
Dann zieh'n sie in Streifen die Rinde dir ab
Und stoßen dich nackt übers Bergerl hinab.
Doch das wär' das Ärgste noch nicht,
Denn jetzt fängt erst an die Geschicht':

Nun wirst du zerrieben, zerstoßen, zermahlen,
Leidest dabei ganz entsetzliche Qualen,
Weil neben dir schon ein siedender Leim winkt.
Man taucht dich da ein, und es pickt und es stinkt.
Nun falzt man und walzt man und spannt man an dir,
Und endlich, jetzt bist du ein Zeitungspapier.
Als Zeitungspapier man zur Presse dich schickt,
Dort druckt man dir drauf, was es Neues heut' gibt.
Doch das wär' das Ärgste noch nicht,
Denn jetzt fängt erst an die Geschicht':

Die Zeitung, die kauf' ich und nehm' ich nach Haus',
Dann zieh' ich meinen Anzug mir aus,
Schneid' die Annoncen heraus mir dann nett,
Zum Schluß nimmt die Großmutter dich mit noch ins Bett.

Da kommt mit der Schere die Köchin Marie,
Schneid't dich so in Stückerl – du weißt ja schon, wie.
Und sie tragt auf einen Raum dich, der hat was für sich.
Dort auf dem Raum wart' ein Nagerl auf dich.
Doch das wär' das Ärgste noch nicht,
Denn jetzt fängt erst an die Geschicht':

Am Nagerl, da hängst du mit traurigem Blick
Und ahnst so beiläufig dein neues Geschick.
Nun komm' herein ich behaglich und munter
Und reiß' von dem Nagerl dich zizerlweis runter.
Ich sing' und ich spring' und ich freu' mich und lach',
Denn du mußt dulden, was ich mit dir mach'.
Und darum, mein Lieber, jetzt siehst du's doch ein,
Warum ich dir wünsch', eine Fichte zu sein.

Während Heinz Conrads nach seinem Vortrag wieder die üblichen Zweifel an seiner Person aufstiegen, dürfte der Herr Kammerschauspieler instinktiv gespürt haben, daß in dem hageren Burschen so etwas wie ein Naturtalent steckte. Obwohl er den jungen Mann auf den Herbst vertröstete – was Heinz Conrads zuerst als eine charmant formulierte Absage an seine schauspielerischen Fähigkeiten interpretierte –, hatte der Schauspieler durchaus Gefallen an ihm gefunden. Aber in den kommenden Sommermonaten hatte Wilhelm Schmidt Verpflichtungen, genauer gesagt war er bei den Salzburger Festspielen engagiert, als »Dicker Vetter« im »Jedermann«.
Im September 1941 meldete sich Wilhelm Schmidt tatsächlich bei Heinz Conrads. Über Heinz Sandauer ließ er ausrichten, daß er ihn besuchen möge. Schon tags darauf tauschte der Herr Wachtmeister seinen Dienst und stand vor der Tür des Herrn Kammerschauspielers in der

Kochgasse. »Ich glaub'«, sagte ihm der Lehrer einleitend, »daß Sie das Zeug zum Schauspieler haben. Und ich glaub' auch, daß Sie es nicht nur zum Komiker haben.« Diese Einschätzung des verehrten Lehrers bewirkte einen wahren Feuereifer bei ihm. Ab nun erhielt Heinz Conrads an drei Tagen in der Woche je eine Stunde lang Unterricht. Der unbändige Wille des jungen Mannes hatte es dem Herrn Professor Schmidt angetan: Denn der Lehrer trug nicht nur mit großer Geduld vor, er verlangte auch keinen Groschen Geld für den Unterricht. »Mein schönster Lohn wäre es«, pflegte er zu sagen, »wenn ich erleben könnt', daß du aus deinem Talent was machst.« Ein Wunsch, der fünf Jahre später mit einem gemeinsamen Auftritt in Erfüllung ging: In einer »Jedermann«-Aufführung des Burgtheaters im Ronacher, in der Conrads für einen erkrankten Kollegen als »Teufel« einsprang, stand auch Wilhelm Schmidt als »Dicker Vetter« auf der Bühne.
Leicht machte es der Herr Wachtmeister damals sich und seinen Kameraden nicht. Seine rhetorischen Übungen trieben die Kameraden bisweilen an den Rand der Verzweiflung, wenn er immer und immer wieder in den Kasernengängen laut deklamierte: »Oben thront der Nonnen Kloster. Voll von Trost, voll froher Wonnen, wohnen dort fromme Nonnen, loben Gott vor Morgenrot.« Oder: »Barbara saß nah am Abhang, sprach gar sagbar zaghaft langsam, mannhaft kam alsdann am Waldrand Abraham a Santa Clara.«
Professor Wilhelm Schmidt gehörte zu den wenigen, die sich den Komödianten von der Soldatenbühne auch in klassischen Rollen vorstellen konnten. Eine Überlegung, die heute wesentlich schwieriger zu beurteilen ist – schließlich ist sich Conrads da wohl auch ein wenig selbst

im Weg gestanden: Mit seinen Tausenden Sendungen in Rundfunk und Fernsehen hat er das Beurteilungsvermögen aller mehr oder weniger Berufenen doch sehr entscheidend beeinflußt.
Ungewollt beeinflußt, denn seine große Liebe gehörte dem Theater. Wie tragisch diese Liebe und wie unerfüllt sie eigentlich, trotz einiger schöner Erfolge, geblieben ist, hat sich gegen Ende seines Lebens immer mehr offenbart. Aber es muß schon etwas ganz Besonderes vorhanden gewesen sein, das den routinierten Schauspiellehrer Wilhelm Schmidt so beeindruckt hat. Schließlich hatte er schon Dutzende Schüler kommen und gehen sehen. Seinem Freund Sandauer hat er immer wieder vorgeschwärmt: »Du, ich glaub', mit dem Conrads wird das was!« Ein Lob, das sehr viel zählte: Denn es war frei von allen Hintergedanken. Beim kleinen Wachtmeister vom Ersatztruppenteil gut angeschrieben zu sein, brachte keinen wie immer gearteten Vorteil, geschweige denn Geld. Heinz Sandauer, er war mittlerweile eng mit Conrads befreundet, nahm regen Anteil an der schauspielerischen Ausbildung. Er schenkte dem Kameraden mehrere Werke einschlägiger Fachliteratur. Eines davon steht heute noch in den Bücherregalen im Arbeitszimmer von Conrads: »Gesicht und Charakter« heißt es und gibt einen Hinweis, wie Sandauer den talentierten Freund gesehen hat. Wäre er Regisseur gewesen, hätte er wohl den Conrads viel eher mit ernsten und hintergründigen Rollen besetzt als mit lustigen.
Nach einem knappen Dreivierteljahr hielt Professor Schmidt seinen Schützling für reif, sich einer Prüfungskommission zu stellen. Die beiden suchten nach geeigneten Rollen für den Prüfling. Schließlich machte Schmidt drei Vorschläge. Conrads willigte freudig ein, denn die

Mischung war recht abwechslungsreich: »Amphitryon« von Heinrich Kleist, »Wallensteins Lager« aus der Wallenstein-Trilogie von Friedrich Schiller und schließlich »Die Kreuzlschreiber« von Ludwig Anzengruber. Nach ein paar Wochen saßen die Rollen: Der Sosias, der Erste Kürassier und der berühmte Steinklopfer-Hans.

Conrads war nicht der einzige Kandidat, der sich der zwanzigköpfigen Prüfungskommission der Theaterkammer am 7. Mai 1942 stellte, aber er war der einzige Soldat. Ohne Zivilerlaubnis mußte er in der Wachtmeister-Uniform erscheinen und der ohnehin nervöse junge Mann wurde von den anderen Kandidaten gleich auch noch auf die Schaufel genommen. »Für welche Rolle«, so hänselten sie ihn, »ist denn dieses Kostüm?«

»Ich bin damals ein bissel wütend geworden«, erzählte Heinz Conrads oft über diesen wichtigen Tag, »und das war auch ganz gut so. Denn ich hab' innerlich fürchterlich vor der Prüfung gezittert. Sie schien für mich und mein weiteres Leben so entscheidend zu sein. Durch den Ärger wurde ich ein wenig abgelenkt und bin bei der Prüfung dadurch ruhiger gewesen.«

Wie die Prüfung in ihren ersten Phasen verlaufen ist, darüber kann man heute nur Mutmaßungen anstellen: Denn sowohl nach dem Sosias wie auch nach dem Ersten Kürassier erklang sehr bald ein höflich-scharfes »Ja, danke vielmals – haben Sie noch etwas?« Es ist ja nicht unbedingt das beste Zeichen, wenn die Kommission schon nach ein paar Augenblicken abwinkt. Schwer vorstellbar, daß sie das aus lauter Begeisterung getan hat.

Dann ist der Anzengruber an die Reihe gekommen. Und etwas Unerwartetes passierte: Kein Zwischenruf, kein Räuspern, niemand aus der Prüfungskommission sagte auch nur ein Wort.

Den »Steinklopfer-Hans« in der Wachtmeister-Uniform überkam ein Glücksgefühl, das er bislang nur von seinen Kompanieabenden her kannte. Aber diesmal saßen keine unterhaltungshungrigen Soldaten, die bei jedem halbwegs gelungenen Scherz dankbar applaudierten, sondern die höchsten Prüfungsbeamten des deutschsprachigen Theaters im Auditorium. Und er, der unglückliche Modelltischler und Berufssoldat aus Verzweiflung, er hatte die Herrschaften – wie man so schön sagt – »im Griff«. Gegen Ende seines Vorsprechens haben sich die Prüfer offenbar nur mehr am Vortrag ergötzt, so als hätten sie das Anzengruber-Drama noch niemals zuvor gehört.
Als Conrads geendet hatte, gab es gar keine Beratung mehr, sondern der Vorsitzende ging gleich auf den Kandidaten zu und sagte: »Ich gratulieren Ihnen. Sie haben nicht nur Ihre Eignungsprüfung absolviert, sondern gleichzeitig eine Reifeprüfung als Schauspieler mit ›sehr gut‹ bestanden.«
Stumm ging Kammerschauspieler Wilhelm Schmidt auf Conrads zu, und die beiden umarmten einander wortlos, mit Tränen in den Augen.
Die erfolgreiche Prüfung hatte schließlich lange gedauert. Und so war der Herr Wachtmeister, der sich plötzlich »Geprüfter Schauspieler« nennen durfte, schon sehr spät dran, als er sich auf den Weg in die Meidlinger Kaserne machen mußte. Innerlich war er so aufgewühlt, daß er in seiner ersten Aufregung sogar die falsche Straßenbahn erwischte und in die entgegengesetzte Richtung fuhr.
Irgendwie ist es schon bedauerlich, daß wir den Conrads nie in einer seiner Lieblingsrollen wie den »Steinklopfer-Hans« zu sehen bekamen. Denn daß eine 20köpfige Prüfungskommission, selbst im »Tausendjährigen Reich«, so falsch gelegen sein kann, ist kaum vorstellbar.

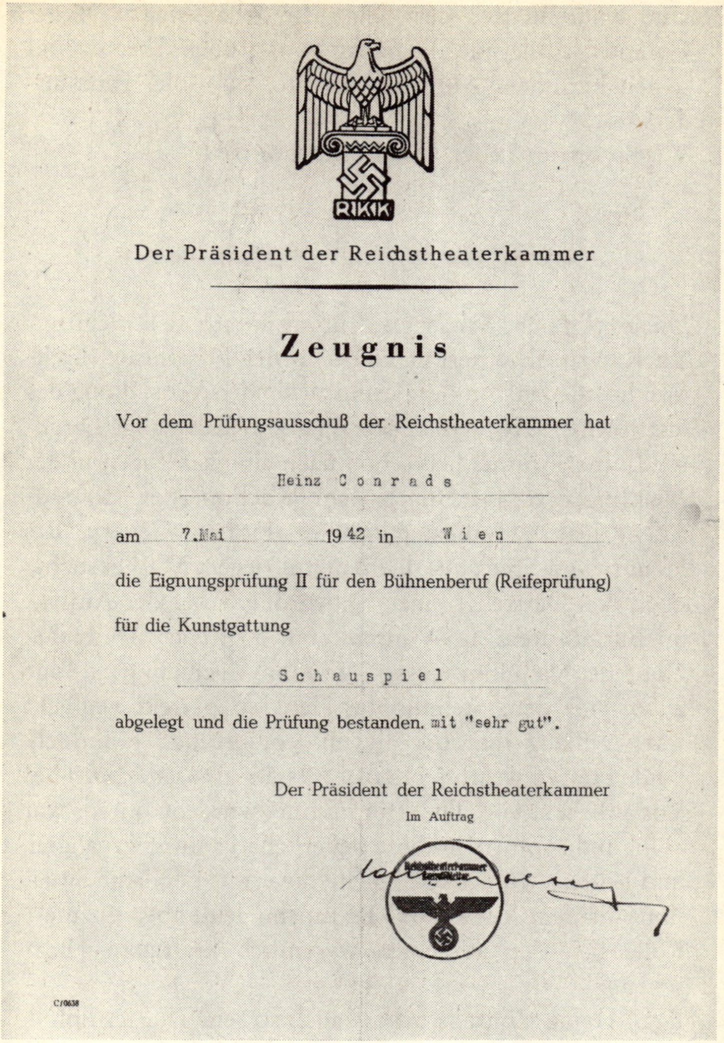

Der Präsident der Reichstheaterkammer

Zeugnis

Vor dem Prüfungsausschuß der Reichstheaterkammer hat

Heinz Conrads

am 7.Mai 1942 in Wien

die Eignungsprüfung II für den Bühnenberuf (Reifeprüfung)

für die Kunstgattung

Schauspiel

abgelegt und die Prüfung bestanden. mit "sehr gut".

Der Präsident der Reichstheaterkammer
Im Auftrag

Sosias, Kürassier, vor allem aber der Steinklopfer-Hans brachten bei der Schauspieler-Prüfung ein »Sehr Gut«.

Und während sich der »Geprüfte Schauspieler« Heinz Conrads schillernde Illusionen vom großen Theater und seinen künftigen Aufgaben machte, kam alles ganz anders.
Wie so oft im Leben von Heinz Conrads.

Komische Offiziere – gibt's die?

Die erfolgreiche Schauspielprüfung sprach sich nicht nur am Kasernenhof herum. Selbst in der Burgtheaterdirektion hörte man von der beeindruckenden Vorstellung des »uniformierten« Steinklopfer-Hans. Der damalige Direktor Lothar Müthel ließ schon nach ein paar Tagen in der Meidlinger Kaserne nach dem Wachtmeister Conrads rufen. Das Burgtheater probte »Florian Geyer«, das Hauptmann-Stück aus den Bauernkriegen. Müthel suchte noch den Darsteller einer Nebenrolle. Aber der Auftritt im Burgtheater, ein Wunschtraum im Leben des Heinz Conrads, blieb ihm versagt. Was ihm noch ein paar Tage zuvor mit dem Steinklopfer-Hans so perfekt geglückt war, mißlang ihm bei diesem Vorsprechen gründlich. Beide Herren waren recht froh, als das grausame Spiel des Vorsprechens vom Direktor beendet wurde. Conrads war völlig indisponiert in diese neuerliche Prüfung gegangen, und Lothar Müthel überspielte die etwas peinliche Situation mit dem Vorwand: »Es tut mir leid, aber für diese Rolle benötige ich einen wesentlich kräftigeren Burschen.«
Egal, Heinz Conrads bekam auch so sein Theaterdiplom und seinen Ausweis von der Reichskulturkammer ausgestellt. Er war mit der Mitgliedsnummer 81704 versehen und von der Fachschaft Bühne für die Fachgruppe der

1 Heinrich Hansal als Einjähriger in Totzenbach 2 Als Vierjähriger im Fotoatelier 3 Der neunjährige Heinrich heißt nun Conrads 4 Klassenfoto aus der Schweglerschule (in der 1. Reihe 1. von links) mit Hansi Neroth (letzte Reihe 1. von links)

5 In der väterlichen Modelltischlerei (rechts außen) 6 Die Großmutter am Grab ihres gefallenen Sohnes 7 Die Eltern Heinrich und Maria Conrads

8 Zugsführer beim Bundesheer (1936, mit Schützenschnur)
9 Feldwebel der deutschen Wehrmacht im Jahre 1940 (mit Schützenschnur und EK II)
10 Weihnachtsfest 1937 im Bundeskanzleramt. Gardesoldat Conrads (halb verdeckt) bei Schuschnigg

11 Beim legendären Wienerlied-Sänger Hansl Schmid (2. v. r.) in der Nachkriegszeit mit Fritz Muliar und Hugo Wiener 12 »Jedermann« 1952: Ausflug mit Fritz Imhoff und Erika Cecek, der zukünftigen Frau Conrads

13 Am 22. Juni 1953 heirateten Heinz und Erika in der Gumpendorfer Kirche 14 Mit Boxer Ferro 15 Das erste Kind aus zweiter Ehe: Sohn Michi

16 *Conrads mit Ehefrau Erika, den Söhnen Gerd (aus erster Ehe) und Michael sowie der Tochter Uschi* 17 *Zum 60. Geburtstag erhielt Conrads den Berufstitel Professor verliehen*

18 Die Familie feiert den 70. Geburtstag. Von links: Uschi, Gerd, Erika, die Schwiegertochter und Michael 19 Am Grab des verstorbenen Sohnes Gerd

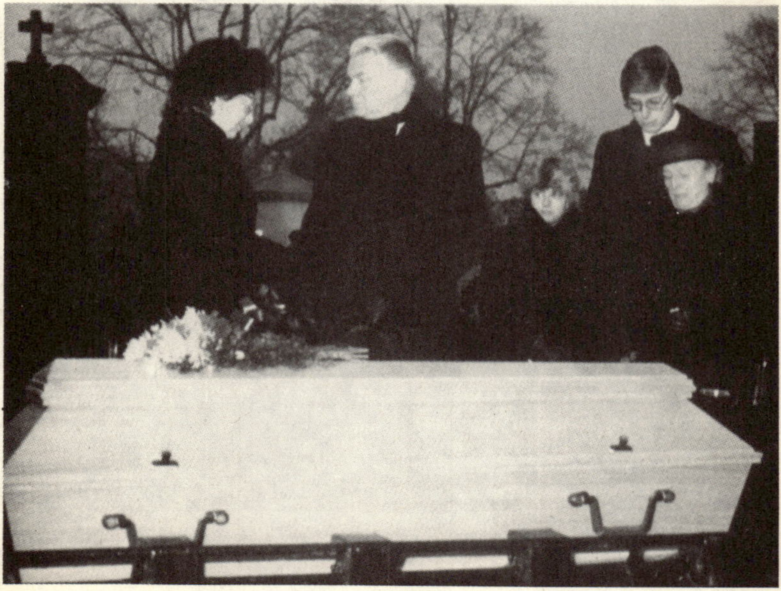

20 *Das letzte gemeinsame Foto – Heinz und Erika Conrads vor dem Opernball 1986*

Schauspieler und Sänger ausgestellt. Aber weder als Schauspieler noch als Sänger schien er vorderhand gefragt zu sein, sieht man von seinen nun schon hinlänglich bekannten Auftritten im Rahmen des Militärdienstes ab. Es war zur Weihnachtszeit 1942, als Heinz Conrads die Schauspielerin Friedl Czepa kennenlernte. So manchem wird sie vielleicht noch durch ihre großen Fernseherfolge aus den sechziger Jahren, in der »Familie Leitner«, ein Begriff sein. Zusammen mit Erich Nikowitz stand sie an der Spitze der beliebten Fernseh-Familie, der auch Dorothea Neff, Otto Schenk, Alfred Böhm und viele andere prominente Schauspieler angehörten. Zu dieser Zeit war Friedl Czepa Direktorin des Wiener Stadttheaters. Das Haus befand sich in der Skodagasse 20, im achten Wiener Gemeindebezirk. Die Frau Direktor bot dem geprüften Jungschauspieler eine Rolle an: den Gaius Lutetius, ein römischer Offizier in einer Blödelei von Max Christian Feiler, die sich »Kleopatra die Zweite« betitelte. In den Hauptrollen spielten Rolf Wanka und Trude Hesterberg sowie Josef Egger und Violet Tester. Sicherheitshalber sagte Conrads gleich zu. Ohne Rückfrage bei seinen Vorgesetzten, ob er denn überhaupt die notwendige Dienstfreistellung für sein Bühnendebüt bekommen würde.

Der Kasernenkommandant war kein ausgesprochener Theaterfanatiker. Aber er wußte, daß man sich zu dieser Zeit auch höherenorts durchaus für eine gewisse Kultur stark machte: Wenn sie nur ernsthaft, körperbetont und deutsch genug war.

Also sagte ihm Conrads, der ja bei seinen Vorgesetzten durchaus gut angeschrieben war, wahrheitsgetreu: »Ich bitte den Herrn Oberst um eine Dienstfreistellung, soweit es sich mit den militärischen Pflichten überein-

Stadttheater

Direktion: Friedl Czepa

Telefon Kassa A 24 2 13 Wien 8, Skodagasse 20

Kleopatra die Zweite

Lustspiel mit Musik in 3 Akten nach CESARE MEANO
von MAX CHRISTIAN FEILER

Inszenierung: Friedl Czepa

Musikalische Leitung: Emil Emanuel

Q/0634 PROGRAMMPREIS 20 Rpf.

Das allererste Engagement an einer Bühne: im Wiener Stadtheater während des Zweiten Weltkrieges.

P E R S O N E N

Artaxias, König der Schamarier . . Josef Egger
Kleopatra, seine Frau . . . . . . Trude Hesterberg
Burraburiasch, Ministerpräsident . Josef Menschik
Mesrop, Hauptmann der
Leibwache . . . . Harry Nestor
Baktaschian, ein Kameltreiber . . Karl Bachmann
Schirwansade, seine Tochter . . . Violet Tester
Selene . . . . Ilse Hanel
Adana . . . . Lucie Böhmer
Suleika . . . . Mary Snyders
Palanta . . . . Mimi Nirschl
Tullius Cassius, Gesandter Neros . Rolf Wanka
Caius Lutetius, Oberleutnant . . Heinz Conrads
Diener . . . . Johannes Roth

Leibwache und Soldaten.
Spielt im Palast des Königs Artaxias.

Pause zwischen dem zweiten und dritten Akt.

Antiseptisch gereinigte Theatergläser vom Optiker Kleemann zum Preise von 40 Pfg. sind bei den Platzanweiserinnen erhältlich.

Wenn das seine Vorgesetzten geahnt hätten: Der römische Offizier Lutetius war alles andere als eine ernste Rolle.

stimmen läßt. Ich habe nämlich die Möglichkeit, meine erste Bühnenrolle als Schauspieler anzutreten. Ich soll einen römischen Offizier darstellen.«

Der Kasernenkommandant, ein Berliner, zog wohlgefällig die Augenbrauen hoch, dann brummte er freundlich: »Ja, solange es etwas Vernünftiges ist und keine Blödelei, können Sie das im Rahmen der Vereinbarkeit mit dem Dienst meinetwegen tun. Für die Rolle bringen Sie ja wahrscheinlich mehr Erfahrung mit als so mancher altgediente Schauspieler.«

Wenn der Herr Oberst nur gewußt hätte: Bei dem Stück zerbogen sich die Leute vor Lachen. »Wäre der Oberst jemals in die Vorstellung gekommen«, meinte Conrads später, »er hätte meinen kleinen Schwindel wohl als Wehrmachtszersetzung betrachten können.«

Bis ins Frühjahr 1943 stand »Kleopatra die Zweite« auf dem Programm. Dann wirkte Conrads bis in den Februar 1944 noch in drei Operetten am Stadttheater mit: Zuerst im musikalischen Schwank von Rudolf Schönwiese »Franziska wird energisch«, wo er einen pensionierten Telegraphenakzessisten namens Gamperl spielte. Gegen diese Rolle und auch seine nächste hatte der Herr Oberst natürlich gar nichts einzuwenden: Zwar handelte es sich um die Lustspieloperette »Mädel im Frack« von Hans Lang, Conrads aber meldete nur den Namen des leicht verblödeten Dieners, den er darzustellen hatte – und der hieß Odoaker, so wie der berühmte Germanenführer, der sich mit den römischen Heerscharen wilde Schlachten geliefert hatte.

Der Conrads machte sich: Zuerst ein römischer Offizier, nun gar schon ein germanischer Heerführer – der Herr Oberst konnte zufrieden sein.

Nur seine letzte Premiere während des Krieges, die

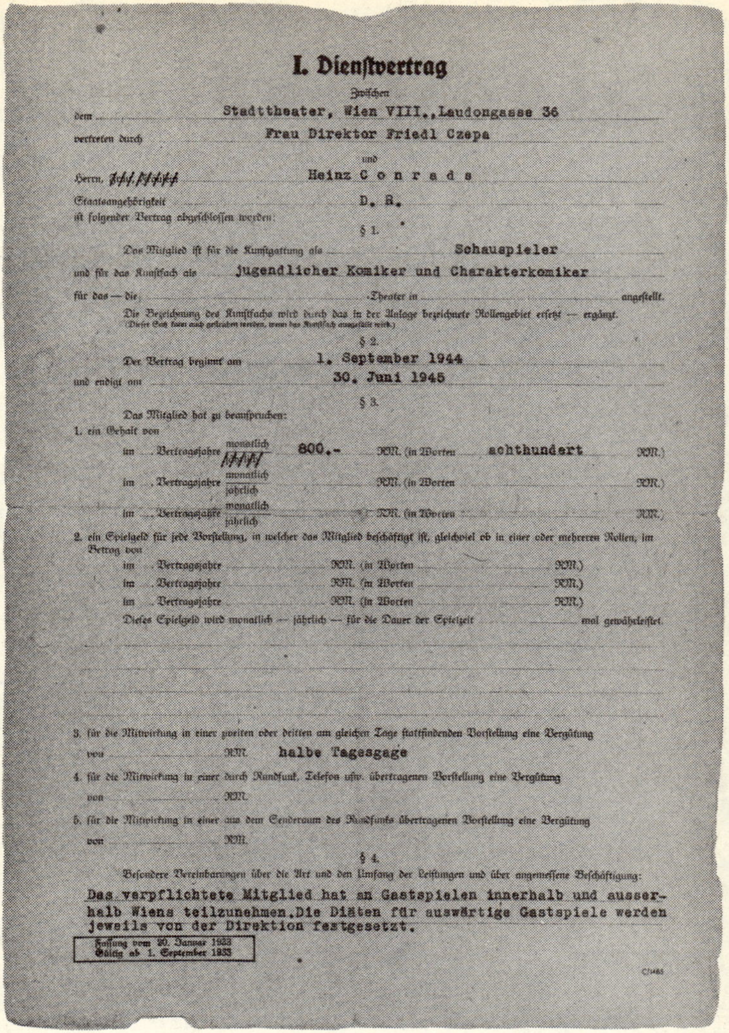

I. Dienstvertrag

zwischen

dem Stadttheater, Wien VIII.,Laudongasse 36

vertreten durch Frau Direktor Friedl Czepa

und

Herrn, ~~Frau/Fräulein~~ Heinz C o n r a d s

Staatsangehörigkeit D. R.

ist folgender Vertrag abgeschlossen worden:

§ 1.

Das Mitglied ist für die Kunstgattung als Schauspieler

und für das Kunstfach als jugendlicher Komiker und Charakterkomiker

für das — die .... Theater in .... angestellt.

Die Bezeichnung des Kunstfachs wird durch das in der Anlage bezeichnete Rollengebiet ersetzt — ergänzt.
(Dieser Satz kann auch gestrichen werden, wenn das Kunstfach ausgefüllt wird.)

§ 2.

Der Vertrag beginnt am 1. September 1944

und endigt am 30. Juni 1945

§ 3.

Das Mitglied hat zu beanspruchen:

1. ein Gehalt von
   - im ... Vertragsjahre monatlich ~~jährlich~~ 800.- RM. (in Worten achthundert RM.)
   - im ... Vertragsjahre monatlich jährlich .... RM. (in Worten .... RM.)
   - im ... Vertragsjahre monatlich jährlich .... RM. (in Worten .... RM.)
2. ein Spielgeld für jede Vorstellung, in welcher das Mitglied beschäftigt ist, gleichviel ob in einer oder mehreren Rollen, im Betrag von
   - im ... Vertragsjahre .... RM. (in Worten .... RM.)
   - im ... Vertragsjahre .... RM. (in Worten .... RM.)
   - im ... Vertragsjahre .... RM. (in Worten .... RM.)

   Dieses Spielgeld wird monatlich — jährlich — für die Dauer der Spielzeit .... mal gewährleistet.
3. für die Mitwirkung in einer zweiten oder dritten am gleichen Tage stattfindenden Vorstellung eine Vergütung von .... RM. halbe Tagesgage
4. für die Mitwirkung in einer durch Rundfunk, Telefon usw. übertragenen Vorstellung eine Vergütung von .... RM.
5. für die Mitwirkung in einer aus dem Senderaum des Rundfunks übertragenen Vorstellung eine Vergütung von .... RM.

§ 4.

Besondere Vereinbarungen über die Art und den Umfang der Leistungen und über angemessene Beschäftigung:

Das verpflichtete Mitglied hat an Gastspielen innerhalb und ausserhalb Wiens teilzunehmen.Die Diäten für auswärtige Gastspiele werden jeweils von der Direktion festgesetzt.

Fassung vom 20. Januar 1933
Gültig ab 1. September 1933

C/465

Ein Vertrag am Stadttheater, der wegen der Theatersperre nicht mehr erfüllt werden konnte.

Stadttheater

Direktion: Friedl Czepa

Telefon Kassa A 24 2 13 Wien 8, Skodagasse 20

Täglich 19.30 Uhr

Franziska wird energisch

Musikalischer Schwank in 3 Akten
von Rudolf Sehönwiese und K. Doneis
bearbeitet von Dr. Rolf Wanka

Gesangstexte: E. A. Welisch Musik v. Karl Loubé

Inszenierung: Dr. Rolf Wanka
Musikalische Leitung: Emil Emanuel

Q/0634 PROGRAMMPREIS 20 Rpf.

Friedl Czepa, 20 Jahre später die »Mutter« der beliebten Fernseh-Familie Leitner, verpflichtete Heinz Conrads ans Stadttheater.

PERSONEN

Maria Freifrau von Schwertlein . .	Rosy Werginz
Olly, deren Tochter	Carmen v, Perwolf
Alfred Grohmeier, Fabrikant . . .	Karl Bachmann
Robert, dessen Sohn	Josef Menschik
Desider Alfred Kosinski, Maler . .	Franz Larkens
Franziska Lambacher, Wäscherin . .	Mimi Stelzer
Rosi, deren Tochter	Maria Gran
Leopold, Franziskas Vater	Karl Kneidinger
Gamperl, Telegraphenakzessist i. R. .	Heinz Conrads
Georg, Diener bei der Freifrau . .	Peter Platzer
Mitzi, Hausgehilfin bei der Freifrau .	Mimi Nirschl
Lina, Hausgehilfin bei Grohmeier . .	Nelda Aska
Ein Briefträger	Wilhelm Czap

Zeit und Ort: Spielt vor einigen Jahren in Wien

— Tänze: Ballettmeisterin Adi Kühn —

Bühnenbild: G. A. Bergmann

— Größe Pause nach dem zweiten Akt —

Antiseptisch gereinigte Theatergläser vom Optiker Kleemann zum Preise von 50 Pfg. ind bei den Platzanweis erinnen erhältlich.

Der »jugendliche Komiker« und »Charakterkomiker« wurde in unbedeutenden Nebenrollen eingesetzt.

Vor 19. II. 44

Stadttheater

Direktion: Friedl Czepa

Telefon Kassa A 24 2 13 Wien '8, Skodagasse 20

Täglich 19 Uhr, Sonntag auch 15'30 Uhr

Mädel im Frack

(Susi schwindelt)

Lustspieloperette in 3 Akten v. Ernst Friese u. Rudolf Weys
Musik von Hans Lang

Inszenierung: Dr. Géza Rech
Musikalische Leitung: Emil Emanuel

Tänze: Ady Kühn — Bühnenbild: A. G. Bergmann

Kostümentwurf: Gretl Wuczkowski
Kostümausführung: Ella Bei

Q/0634

PROGRAMMPREIS 20 Rpf.

PERSONEN:

Karl Heinz Ferdinand, Fürst von Eranienburg	Karl Bachmann
Susi, seine Tochter	Mary Kött
Ludmilla, seine Schwägerin	Pepi Glöckner
Odoaker, Diener beim Fürsten . . .	Heinz Conrads
Paul Klee, Fabrikant	Rolf Wanka
Gerti, Susis Freundin	Carmen v. Perwolf
Dominik Klingenschild, Maler . . .	Josef Menschik
Georg, Kellner	Peter Platzer
Blumenmädel	Eva Trummer
Klavierspieler	Leopold Neugebauer
Die Ahnen	Lina Frank Othmar Gruber Frieda Niederhofer Willy Cap

Bargäste — Boheme-Quartett

Zeit: Gegenwart Ort der Handlung: eine süddeutsche Stadt

Die Handlung spielt innerhalb zweier Tage, erster und dritter Akt in der Halle vom Schloß Eranienburg, zweiter Akt in einer Kabarett-Bar.

— Große Pause nach dem zweiten Akt —

Conrads als verblödeter Diener Odoaker, ein Name, der im Nazi-Deutschland andere Erinnerungen wachrief: an den bedeutenden Germanenführer.

verschwieg er lieber bei den Vorgesetzten. Und so konnte auch kaum jemand in der Kaserne etwas damit anfangen, wenn seine Kameraden Heinz Sandauer und Bruno Uher beim Anblick von Heinz Conrads immer laut auflachten und riefen: »Jessas, der Drahanek.« Dabei war die Erklärung recht simpel: Conrads spielte in der Operette »Walzerträume« von Josef Strauss einen Primgeiger, bei dessen Anblick die Hauptdarsteller Rolf Wanka und Friedl Czepa immer auszurufen hatten: »Jessas, der Drahanek.« Und Bruno Uher, Kompaniekollege Conrads', wußte nur zu genau darüber Bescheid. Schließlich hatte er die musikalische Bearbeitung der Operette besorgt.
Nebenbei begann Heinz Conrads bei diversen Veranstaltungen zu tingeln. Er machte zumeist den Conférencier, wenn er mit Ensemblemitgliedern der Wiener Staatsoper, der Josefstadt und dem Raimundtheater auftrat. Zumeist hatte eine solche Veranstaltung einen karitativen Zweck. Und auch Conrads konnte damals jeden Pfennig gut gebrauchen. Oder er ließ sich in Naturalien zahlen. Das Ehepaar Conrads, das mittlerweile in die Johann-Strauß-Gasse im vierten Wiener Gemeindebezirk übersiedelt war, erwartete nämlich Nachwuchs: Im Jänner 1944 kam der Sohn Gerd zur Welt. Und noch immer hoffte seine Ehefrau Lilly, daß er sich doch für einen bürgerlichen Beruf entscheiden würde, wenn der Krieg nur erst vorbei wäre.
Nach dem Scheitern seiner ersten Ehe, die im Jahr 1949 geschieden wurde, hat Heinz Conrads in der Öffentlichkeit kaum über die Existenz dieses Kindes gesprochen: Warum er das nie getan hat, läßt sich nicht mit Bestimmtheit sagen. War es Scham über eine gescheitere Ehe? Oder war es bloß, um das Kind vor dem Gerede der Leute zu schützen? Fest steht aber, daß er sich auch nach

der Scheidung sehr um diesen Sohn gekümmert hat. Und sicher ist auch, daß ihn der frühe Tod seines Sohnes – Gerd starb 1985 im Alter von 41 Jahren – schwer erschüttert hat. »Man kann sogar sagen«, berichtet Erika Conrads, »daß sich seine Persönlichkeit dadurch verändert hat.«

Von einer solchen Persönlichkeitsveränderung durch den Tod eines geliebten Menschen blieb Heinz Conrads im Jahr 1944 weitgehend verschont: Am 28. Februar 1944, ein paar Wochen nach der Geburt seines ersten Kindes, verstarb seine heißgeliebte Großmutter in ihrer Wohnung im 15. Bezirk. Als Todesursache stellte der Amtsarzt eine extreme Verkalkung der Gefäße fest. Derselbe Befund übrigens, der sich auch nach der Obduktion von Heinz Conrads und seinem Sohn Gerd ergeben hatte. Aber der 31jährige Familienvater hatte zu jener Zeit für einen Säugling, für seine Ehefrau und seine Schwiegermutter zu sorgen, und diese Aufgabe wurde immer schwieriger. Also konnte er sich nicht lange dem Schmerz über den Verlust des geliebten Menschen hingeben.

Wenig später wurde seine Einheit verlegt. Die letzten, vergeblichen Anstrengungen für den »Endkampf« begannen. Von Bühnenauftritten war ohnehin keine Rede mehr. Auf allerhöchsten Befehl war inzwischen die Theatersperre verhängt worden.

Kriegsende

In den letzten Kriegstagen hatte Conrads nur noch eines im Sinn: die schrecklichen Ereignisse heil zu überstehen. Ein Heerestransport brachte ihn, seine Ehefrau, seine Schwiegermutter und sein Kind nach Freistadt in Ober-

Stadttheater

Direktion: Friedl Czepa

Telefon Kassa A 24 2 13 Wien 8, Skodagasse 20

Walzerträume

Singspiel in 4 Bildern von Tilde Binder und Ernst Friese

Musik von JOSEF STRAUSS

Musikalische Bearbeitung von Bruno Uher

Musikalische Leitung: Emil Emanuel

Inszenierung: Friedrich Neubauer

Q/0634 PROGRAMMPREIS 20 Rpf.

Die Kompaniekollegen Bruno Uher und Heinz Sandauer hänselten Conrads wegen der »Walzerträume«.

P E R S O N E N

Joser Strauss . . . . Rolf Wanka
Lintschi, seine Frau . . . . Friedl Czepa
Jessas der Drahanek, Primgeiger . Heinz Conrads
Lamperlhirsch . . . . Friedrich Neubauer
Wetti, Haushälterin bei Josef . . Lina Frank
Großfürst Michael Michailowitsch . Hans Brand
Fürstin Wjera Wassiljewna . . . Alice Warnke
Graf Nandi Pocci . . . . Josef Menschik
Iwan, Leiblakai der Fürstin . . . Samo Magolic

S t a d t t h e a t e r b a l l e t t

Zeit und Ort: Wien in den Siebzigerjahren u. Warschau

— T ä n z e : B a l l e t t m e i s t e r i n A d i K ü h n —

Dekorations- und Kostümentwurf: Arch. Axel Bergmann

— Große Pause nach dem zweiten Bild —

Antiseptisch gereinigte Theatergläser vom Optiker Kleemann zum Preise von 50 Pfg. sind bei den Platzanweiserinnen erhältlich.

»Jessas, der Drahanek«, riefen sie in der Kaserne, wann immer sie Heinz Conrads trafen.

österreich. »Wir haben zu diesem Zeitpunkt«, erinnert sich Lilly Obkircher, damals noch Frau Conrads, »zwei Dinge nicht gewußt, die uns beinahe zum Verhängnis geworden wären: Erstens haben wir damit gerechnet, daß die Amerikaner dort hinkommen werden, und zweitens hatten wir keine Ahnung, daß wir beim Ortsbauernführer untergebracht waren. Dann sind plötzlich die Russen dagewesen. Es war fürchterlich, das kann man sich gar nicht vorstellen. Mit ihren Pistolen haben sie gleich einmal alle Hühner auf dem Hof erschossen, dann haben sie sich den Bauern geschnappt und ihn weggebracht. Wir Frauen sind oben auf dem Heuboden gelegen und haben uns versteckt. Mein Mann, der von den Strapazen ziemlich mitgenommen war, ist im Bett gelegen und hat elend ausgesehen. Zum Glück hatte er keine Uniform an, die war in einer Truhe versteckt. Meine Mutter ist mit dem kleinen Kind im Arm zu den russischen Soldaten gegangen und hat durch Gesten versucht zu erklären, daß der Heinz ihr Sohn und sehr krank sei. Da haben sie ihn in Ruhe gelassen. Sie sind in den Weinkeller gegangen, und als sie wiederkamen, waren die meisten ziemlich betrunken. Danach haben sie begonnen, das Haus zu durchstöbern. Alles wurde durchsucht. Nur die Truhe, in der die Uniform versteckt war, haben sie wie durch ein Wunder nicht geöffnet.«

Wachtmeister Conrads überstand die letzten Kriegstage unversehrt. Sobald er sich ein wenig erholt hatte, trachtete die Familie, sich so schnell wir nur möglich wieder nach Wien durchzuschlagen. Was in diesen Tagen gar nicht so leicht war.

Da kam ihm eine Verbindung zu Hilfe, die er seit mehr als zehn Jahren nicht hatte abreißen lassen: In Großgerungs im Waldviertel wohnte ein Mann, der in den

dreißiger Jahren des öfteren in der Felberstraße bei der Großmutter als Bettgeher übernachtet hatte. Mit diesem Bauern stand er noch immer lose in Verbindung, und der sollte ihm jetzt helfen. Also tauschte die Familie Conrads übriggebliebene Zigaretten gegen ein Leiterwagerl ein, verlud die Habseligkeiten auf das Holzgefährt und machte sich von Freistadt auf den Weg nach Großgerungs. Tatsächlich trafen sie nach zweitägigem Fußmarsch, vorbei an Kolonnen von Lastwagen, auf denen sich ehemalige KZ-Häftlinge befanden, bei dem befreundeten Bauern im Waldviertel ein. Zuerst wurde die Familie ein paar Tage lang verpflegt und aufgepäppelt. Dann machten sich Heinz und Lilly Conrads auf den Weg nach Zwettl zur dortigen Kommandatur.
Denn ohne Papiere gab's keine Weiterreise nach Wien.
»Wir haben den Weg von etwa 60 Kilometern tatsächlich in einem Tag geschafft«, erinnert sich Lilly Obkircher heute, »aber der größte Witz war wohl der, daß wir diese Ausweispapiere, für die wir uns so abgestrampelt hatten, dann nirgendwo benötigten.«
Die Familie reiste unbehindert und unkontrolliert mit der Bahn nach Hause, in die Johann-Strauß-Gasse nach Wien.

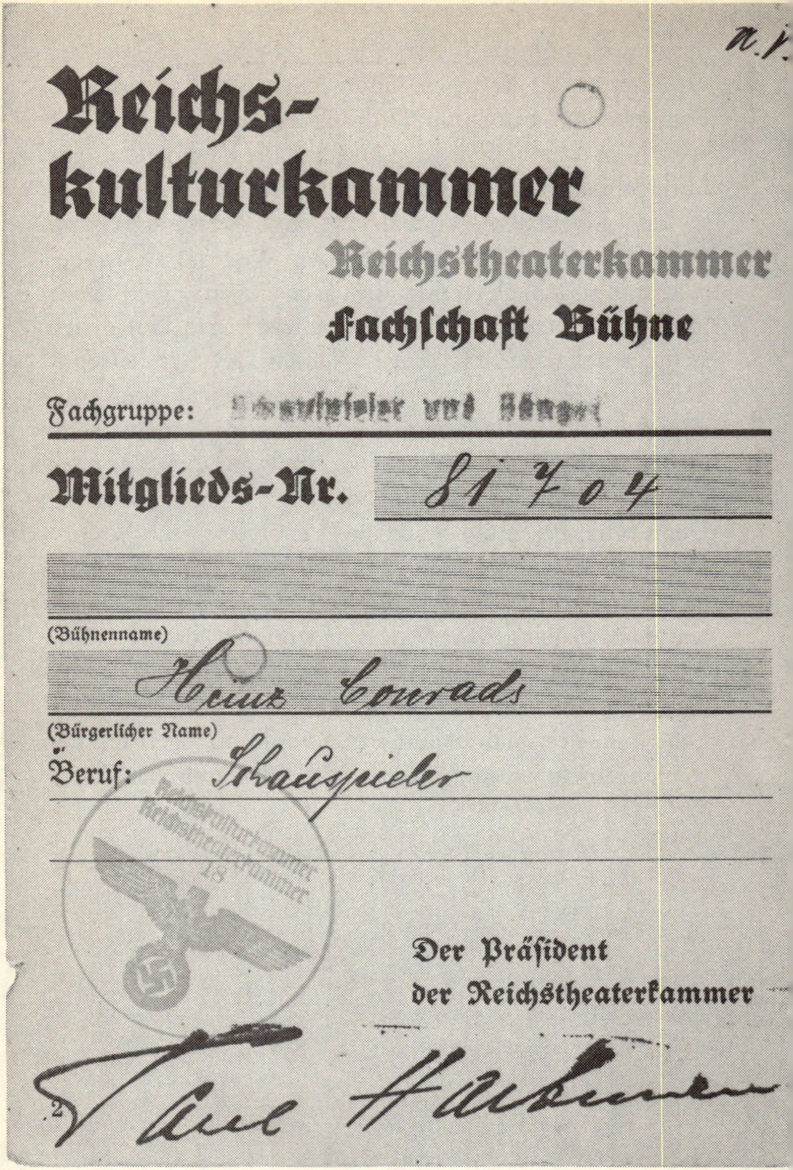

N. 1.

Reichs-kulturkammer

Reichstheaterkammer

Fachschaft Bühne

Fachgruppe: Schauspieler und Sänger

Mitglieds-Nr. 81704

(Bühnenname)

Heinz Conrads

(Bürgerlicher Name)

Beruf: Schauspieler

Reichskulturkammer Reichstheaterkammer 18

Der Präsident
der Reichstheaterkammer

2

Unterschrift: Heinz Conrads

Staatsangehörigkeit: Deutsches Reich

3

Als geprüfter Schauspieler bekam Conrads natürlich einen Ausweis der Reichskulturkammer ausgestellt. Die Gültigkeitsdauer war aber begrenzt . . .

AUF ARBEITSSUCHE

»... wirst schon was Besseres finden.«

Lilly Conrads wollte es nicht wahrhaben, aber ihr Ehemann hatte sich längst dazu entschlossen, keinen anderen Beruf mehr auszuüben als den des Schauspielers. Für die meisten anderen wäre er in diesen Tagen wahrscheinlich auch körperlich zu schwach gewesen. Das hatte er sogar amtlich: Der Magistrat der Stadt Wien stellte ihn von der wöchentlichen Pflicht über die Durchführung von Notstandsarbeiten im Stadtgebiet zurück. Im Formblatt hieß es lapidar: »Schauspieler Heinz Conrads, geboren 1913, kein Nationalsozialist, wird wegen Tbc von der 60stündigen Arbeitspflicht zurückgestellt. Gezeichnet: Gebauer.« So machte er sich auf die Beine und klapperte alle Konzert- und Theateragenturen ab, die damals wie die Pilze aus dem Boden schossen, und sagte sein Sprüchl auf: »Bitte schön, mein Name ist Heinz Conrads, ich bin geprüfter Schauspieler und suche Arbeit. Ich kann konferieren, und, wenn's sein muß, auch singen.«

Eine der ersten Agenturen, bei der er Erfolg hatte, gehörte einem gewissen Herrn Koller. »Herr Konrad«, sagte er ganz ungeniert und wußte gar nicht, wie unbeliebt man sich bei Heinz Conrads mit einer solchen Anrede machen konnte, »Herr Konrad, wenn Sie wollen, können S' bei meinen Revuen den Ansager machen.« Aber nachdem eine Beschäftigung damals mehr zählte als jede noch so falsche Anrede, nahm er mit Freuden an. Ganz egal, ob er nun in schäbigen Wirtshausräumen oder

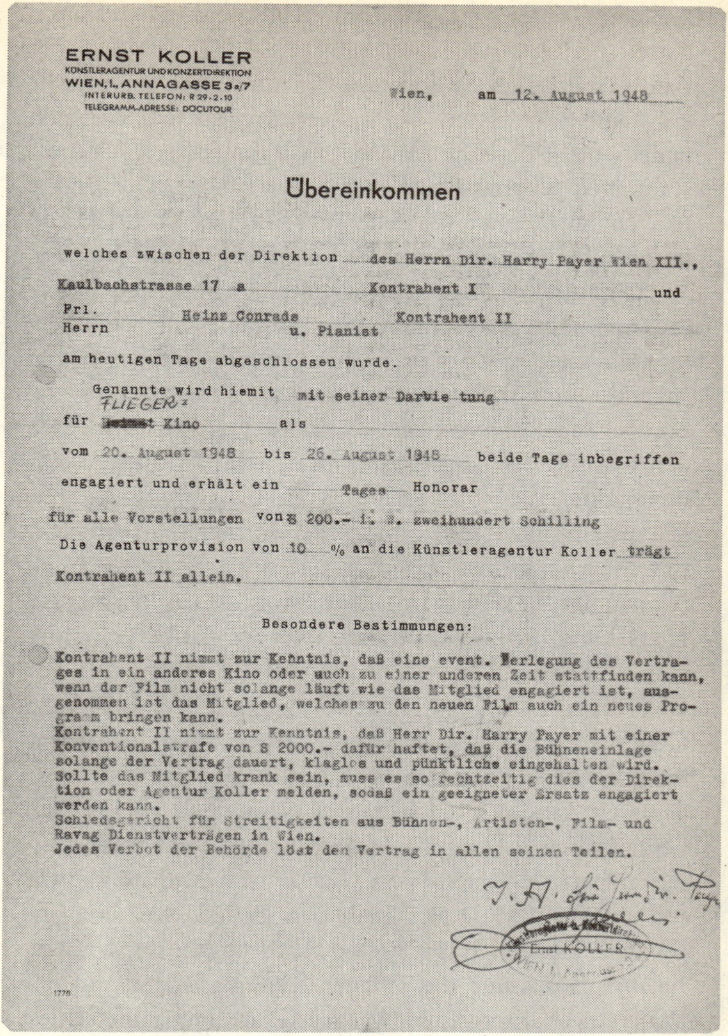

ERNST KOLLER
KÜNSTLERAGENTUR UND KONZERTDIREKTION
WIEN, I., ANNAGASSE 3a/7
INTERURB. TELEFON: R 29-2-10
TELEGRAMM-ADRESSE: DOCUTOUR

Wien, am 12. August 1948

Übereinkommen

welches zwischen der Direktion des Herrn Dir. Harry Payer Wien XII., Kaulbachstrasse 17 a Kontrahent I und
Frl.
Herrn Heinz Conrads u. Pianist Kontrahent II
am heutigen Tage abgeschlossen wurde.

Genannte wird hiemit mit seiner Darbie tung
für [redacted] Kino FLIEGER als
vom 20. August 1948 bis 26. August 1948 beide Tage inbegriffen
engagiert und erhält ein Tages Honorar
für alle Vorstellungen von S 200.- i. W. zweihundert Schilling
Die Agenturprovision von 10 % an die Künstleragentur Koller trägt
Kontrahent II allein.

Besondere Bestimmungen:

Kontrahent II nimmt zur Kenntnis, daß eine event. Verlegung des Vertrages in ein anderes Kino oder auch zu einer anderen Zeit stattfinden kann, wenn der Film nicht solange läuft wie das Mitglied engagiert ist, ausgenommen ist das Mitglied, welches zu den neuen Film auch ein neues Program bringen kann.
Kontrahent II nimmt zur Kenntnis, daß Herr Dir. Harry Payer mit einer Konventionalstrafe von S 2000.- dafür haftet, daß die Bühneneinlage solange der Vertrag dauert, klaglos und pünktliche eingehalten wird.
Sollte das Mitglied krank sein, muss es so rechtzeitig dies der Direktion oder Agentur Koller melden, sodaß ein geeigneter Ersatz engagiert werden kann.
Schiedsgericht für Streitigkeiten aus Bühnen-, Artisten-, Film- und Ravag Dienstverträgen in Wien.
Jedes Verbot der Behörde löst den Vertrag in allen seinen Teilen.

Ernst KOLLER

Radio und Film, Bühne und Conférence, Hausfrauen-Nachmittage und Kinoauftritte – Conrads nahm nahezu alles an.

kleinen Varietés die Leute durch ein Programm zu führen hatte.
Bald gesellte sich eine weitere Agentur dazu: Sie wurde von einem gewissen Hans Neroth geleitet, der sich damals nicht eben bescheiden im Rahmen seiner Veranstaltungen »König der Tanzmusik« nannte. Der wußte freilich ganz genau, wie sich »der Conrads« schrieb und welche Talente er hatte: war er doch seit dem ersten Volksschuljahr in der Schweglerstraße ein Klassenkamerad von ihm gewesen. So war es nicht nur eine rein menschliche Geste von Hans Neroth, daß er seinen Jugendfreund immer wieder mit Engagements versorgte. Und so sagte Heinz Conrads in den folgenden Monaten den »König der Tanzmusik« und seine »Morgenrhythmen« oder die »Streiflichter vom Broadway« an. Die Veranstaltungen fanden im wiedereröffneten Stadttheater bzw. im Volkstheater statt. Viele noch heute bekannte Namen waren damals im Programm: Maria Andergast, Hans Lang, Emmerich Arleth und der Zauberer Bobby Lugano.
Die Konzert- und Varietéagentur Neroth verhalf Heinz Conrads auch zu seiner ersten Verpflichtung ans Kabarett. Es hieß »Kabaret für alle« und befand sich im Schubertsaal des Konzerthauses. Von da an ging es steil bergauf. Heinz Conrads wurde zu einem Akkord-Arbeiter auf der Bühne. Noch im selben Monat, es war September 1945, holte man ihn neben den Neroth-Revuen und den Kabarett-Verpflichtungen ans Theater: Bei der Eröffnung des Wiener Künstlertheaters auf der Praterstraße im zweiten Wiener Gemeindebezirk erhielt er eine Nebenrolle in dem Premierenstück »Hotel der Emigration«. Conrads spielte einen Polizisten vor dem besagten Hotel. Dort hatten sich, sehr zeitbezogen, Emi-

granten aus aller Herren Länder getroffen, um auf bessere Zeiten zu warten. Einem, dem Demokraten Ignazio aus einem südamerikanischen Land, ist es dann vergönnt, in seine – frei gewordene – Heimat als Staatspräsident zurückzukehren.
Das Stück, in dem Harry Fuß die Hauptrolle spielte, wurde von der Kritik recht wohlgefällig aufgenommen, und der »Wiener Kurier« schenkte am 29. September 1945 auch dem Nebendarsteller Conrads eine Erwähnung. Seine erste nach dem Krieg: »Von den übrigen Mitwirkenden seien Alfred Mahrs habgieriger Wirt, Walter Sofkas windiger Gesandter, Oskar Hugelmanns Geschäftemacher samt Gattin, der Margarethe Wilt ihre beachtlichen Reize lieh, und Heinz Conrads' Polizist erwähnt.«
Auf dem Weg ins Theater in der Praterstraße passierte eines Tages auch jene köstliche Geschichte, die Conrads so oft im privaten Kreis zum besten gab. Gedankenverloren war er in die Leopoldstadt spaziert, wo man Teile des Gehsteigs aufgerissen hatte. Neue Kabel mußten verlegt werden, die Schäden des Krieges wurden behoben. Plötzlich riß eine altbekannte Stimme vom Militär den Schauspieler aus seinen Gedanken: »Ja, Heini, was machst denn du da?« Ein Funkerkollege vom Telegraphenbataillon, der augenscheinlich beim Leisten geblieben war, hielt den überraschten ehemaligen Kameraden auf. Große Wiedersehensfreude und natürlich tauschten beide ihre bisheriger Erlebnisse aus. Der Kriegskamerad – Conrads hatte ihn einmal Rudi, das andere Mal Alois genannt – war damals erst seit zwei Wochen wieder in Wien und verdiente sich als Bautrupp-Führer seinen Unterhalt. »Na«, forschte er dann bei seinem ehemaligen Spezi, »und was machst du so?« Worauf Conrads mit einem gewissen

Ein alter Freund aus Kindheitstagen verschaffte die meisten Auftritte.

SONNTAG, DEN 23. SEPTEMBER

PAUL HÖRBIGER

der Liebling
von Film und Bühne

Emmerich Arleth
Wiener Humor

Thussy Stubenbauer
Sängerin

Turvy
Exzentrik im Tanz

Ila Hartmann
„die" Parodistin

Heinz Conrads
vom Stadttheater conferiert

Hans Neroth erinnerte sich seines Klassenkameraden Conrads.

Stolz im Unterton antwortete: »Du, ich bin jetzt wirklich Schauspieler geworden.« Daraufhin klopfte ihm sein Vis-à-vis tröstend auf die Schulter und sagte: »Mach dir nix draus, du wirst schon noch was Besseres finden.«
Heinz Conrads war einfach überall: Er moderierte bei Hausfrauennachmittagen, konferierte bei Sportplatzeröffnungen, parodierte und sang, stand abends bisweilen gleich zweimal auf der Bühne. Er war ein Besessener seines Berufes, und er war stolz darauf, daß er über eine so ungeheure Bandbreite der Schauspielerei verfügte.
Hilde Alexander hat einmal, nach dem großen Erfolgsrezept ihres Mannes gefragt, schlicht geantwortet: »Die wirkliche Basis, das Fundament seines Könnens, hat sich der Peter hart erarbeitet. In den Nachkriegsjahren, wo man ums Überleben spielen mußte und wo in der Unterhaltungsbranche kein Durchschwindeln möglich war. Wo man sich von einem Engagement zum anderen durchkämpfen mußte, ohne nachzulassen. Weil hinter jeder Ecke schon ein anderer wartete, um ins Geschäft zu kommen.«
Wahrscheinlich ist diese ewige Jagd nach neuen Verpflichtungen auch zum Schicksal für Heinz Conrads geworden. Nie hat er aufhören können und auch mit Siebzig hat er nicht viel weniger gemacht, als damals in den späten vierziger Jahren. »Ich mach' mir heute ein bisserl den Vorwurf«, sagt Erika Conrads, »daß ich ihn nicht zurückgehalten habe. Er hätt' vielleicht zurückschalten sollen. Aber nachher ist man immer klüger, und wer weiß, ob er das überhaupt zugelassen hätte.«
Zurück ins Jahr 1945, wo man sich im Herbst im Wiener Stadttheater gleich bei der Eröffnungsvorstellung seiner erinnerte. Die Direktion hatte gewechselt; statt Friedl Czepa war Rudolf Österreicher nun der neue Leiter des

Als Gast aus dem »Simpl« angekündigt – dabei war das Kabarett nur eine von vielen Wirkungsstätten.

Hauses. Er holte Heinz Conrads für eine Rolle in der Oscar Straus-Operette »Ein Walzertraum«. Conrads spielte den Grafen Lothar.

Wie kometenhaft sich sein Aufstieg innerhalb von wenigen Monaten vollzogen hatte, bewiesen am besten die überschwenglichen Zeitungskritiken, die Conrads für seinen Grafen Lothar in jenen Novembertagen erhielt: »Heinz Conrads«, schrieb die »Arbeiter-Zeitung«, »muß ganz besonders hervorgestrichen werden, dessen Graf Lothar die Glanzleistung des Abends war.« Und der »Kurier« assistierte: »Conrads rundete verdienstvoll das mit Freude begrüßte Bild einer vom Dreivierteltakt beschwingten Vergangenheit, die man in Wien nicht zu vergessen gedenkt.« Und die »Volksstimme« lobte ihn: »Emmerich Arleth und Heinz Conrads holten das Höchstmaß von Komik aus ihren Rollen.«

In Wien riß man sich um den Conrads. Und so war es auch nicht weiter verwunderlich, daß man sich im neueröffneten »Simpl« in der Wollzeile für ihn interessiert. Der damalige Besitzer, es war noch die Zeit vor Karl Farkas, hieß Otto Oegyn. Er holte sich den Conrads an sein Haus. Just an seinem 32. Geburtstag unterschrieb Heinz Conrads einen Vertrag mit dem »Simpl« und erhielt dafür einen rosa Beschäftigungsnachweis mit der Nummer G 83812. Unter Oegyn blieb er bis 1948 und kehrte dann erst unter Farkas, auf Anraten von Hugo Wiener, zwei Jahre später wieder in die Wollzeile 36 zum Kabarett zurück.

Während in den fünfziger Jahren unter Farkas und Wiener der elegante Stil des pointierten Kabaretts eine Hochblüte erreichte, war in den Dezembertagen 1945 die Thematik und Ausführung hausbackener. Wärme und Lebensmittel waren rar, und wenn man sie schon nicht

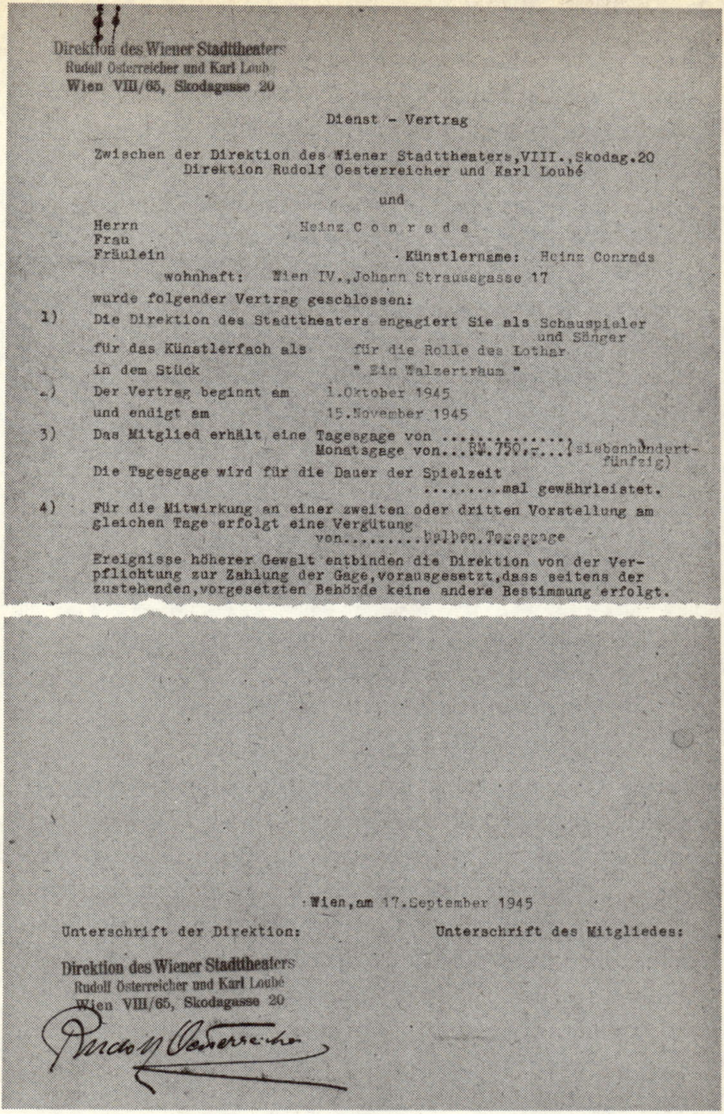

Direktion des Wiener Stadttheaters
Rudolf Österreicher und Karl Loubé
Wien VIII/65, Skodagasse 20

Dienst - Vertrag

Zwischen der Direktion des Wiener Stadttheaters,VIII.,Skodag.20
Direktion Rudolf Oesterreicher und Karl Loubé

und

Herrn Heinz C o n r a d s
Frau
Fräulein · Künstlername: Heinz Conrads

wohnhaft: Wien IV.,Johann Straussgasse 17

wurde folgender Vertrag geschlossen:

1) Die Direktion des Stadttheaters engagiert Sie als Schauspieler und Sänger
für das Künstlerfach als für die Rolle des Lothar
in dem Stück " Ein Walzertraum "

2) Der Vertrag beginnt am 1.Oktober 1945
und endigt am 15.November 1945

3) Das Mitglied erhält eine Tagesgage von ....
Monatsgage von...RM.750,-...(siebenhundertfünfzig)
Die Tagesgage wird für die Dauer der Spielzeit
..........mal gewährleistet.

4) Für die Mitwirkung an einer zweiten oder dritten Vorstellung am gleichen Tage erfolgt eine Vergütung
von.........halben Tagesgage

Ereignisse höherer Gewalt entbinden die Direktion von der Verpflichtung zur Zahlung der Gage,vorausgesetzt,dass seitens der zustehenden,vorgesetzten Behörde keine andere Bestimmung erfolgt.

Wien,am 17.September 1945

Unterschrift der Direktion: Unterschrift des Mitgliedes:

Direktion des Wiener Stadttheaters
Rudolf Österreicher und Karl Loubé
Wien VIII/65, Skodagasse 20

Das Stadttheater erinnerte sich an Conrads – auch wenn die Direktion mittlerweile gewechselt hatte.

hatte, dann wollte man wenigstens darüber lachen, daß es nichts zum Lachen gab. Und so dichtete Heinz Conrads eben auf der »Simpl«-Bühne als Prophet:

Ich prophezei' für 1946:
Am Naschmarkt sehe viel Gewürz' ich.
Gemüse gibt's in Hülle und in Fülle,
betrügt mich nicht die rosarote Brille.
O welche Wonne, kaum ist's zu beschreiben,
a jeder hat zwei neue Fensterscheiben,
und jeder hat auch einen Kohlenschein,
so wird es 1946 sein.

Jedermann weiß, daß es nicht so schnell bergauf ging, wie der Prophet in dem kleinen Lied gemeint hatte. Aber Galgenhumor war Trumpf, und alle lachten Tränen, wenn dann Wondra und Zwickl, »Simpl«-Stars in diesen Tagen, das Publikum zum Mitsingen aufforderten:

Mein Schatz, wärst du aus Zucker,
Das wär' a Hetz, juchhe!
Dich würd' ich nicht verschleicheln,
dich hau' ich in' Kaffee . . .

Heinz Conrads selbst ist es damals gar nicht mehr so schlecht gegangen. Denn schon im Februar 1946 begann er im Rundfunk mit einer eigenen Sendung, die er vierzig Jahre lang moderieren sollte. Ein einmaliger Rekord, einmalig nicht nur für Österreich. Als man sich zur Feier seines 40jährigen Jubiläums, die dann sein Tod verhindern sollte, bei den ältesten Rundfunkstationen der Welt erkundigte, ob es irgendwo noch jemanden mit einem ähnlichen Jubiläum gäbe, war nur erstauntes Kopfschütteln die Antwort: Einen Conrads gibt's eben kein zweites Mal!

Was nicht alle zu schätzen wußten!

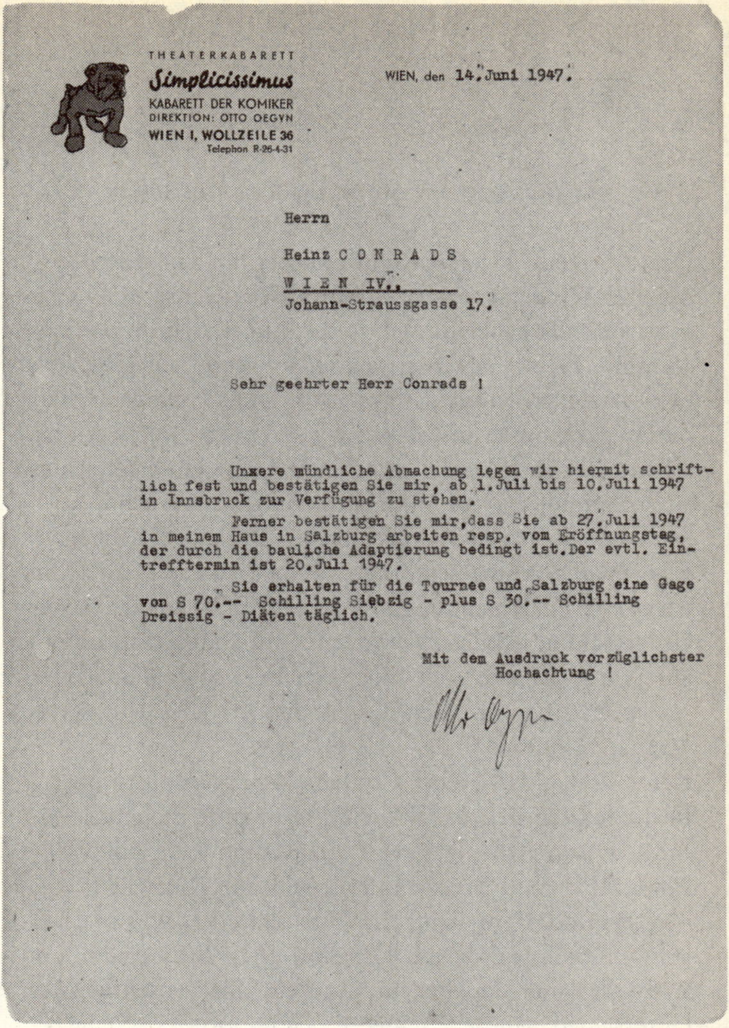

THEATERKABARETT
Simplicissimus
KABARETT DER KOMIKER
DIREKTION: OTTO OEGYN
WIEN I, WOLLZEILE 36
Telephon R-26-4-31

WIEN, den 14. Juni 1947.

Herrn

Heinz C O N R A D S

W I E N IV.,
Johann-Straussgasse 17.

Sehr geehrter Herr Conrads !

Unsere mündliche Abmachung legen wir hiermit schriftlich fest und bestätigen Sie mir, ab 1. Juli bis 10. Juli 1947 in Innsbruck zur Verfügung zu stehen.

Ferner bestätigen Sie mir, dass Sie ab 27. Juli 1947 in meinem Haus in Salzburg arbeiten resp. vom Eröffnungstag, der durch die bauliche Adaptierung bedingt ist. Der evtl. Eintrefftermin ist 20. Juli 1947.

Sie erhalten für die Tournee und Salzburg eine Gage von S 70.-- Schilling Siebzig - plus S 30.-- Schilling Dreissig - Diäten täglich.

Mit dem Ausdruck vorzüglichster Hochachtung !

Otto Oegyn

Vertrag mit Otto Oegyn über einen Auftritt in Tirol.

START BEIM RUNDFUNK

»Was machen wir am Sonntag, wenn es schön ist?«

Das Engagement beim Rundfunk begann mit einer stürmischen Wiedersehensfeier. Zum Jahreswechsel 1946 kam eines Abends lieber Besuch in die Künstlergarderobe des »Simpl«: Heinz Sandauer, ein alter Freund aus glücklich überstandenen Tagen, war aus der Gefangenschaft zurückgekommen und hatte wieder beim Rundfunk zu arbeiten begonnen. Dort erinnerte er sich bald seines alten Freundes vom Funktrupp. Aus gutem Grund, denn Sandauer hatte ein überraschendes Angebot zu machen. Eine neue Sonntagssendung war in Planung – sie sollte eine Art Veranstaltungswegweiser mit musikalischer Untermalung werden. Vorgetragen im netten Plauderton. »Na, und da hab' ich mir gedacht«, schlug Sandauer seinem Freund vor, »den Besten, den ich dafür wüßt', das wär' der Conrads.«
Keine Frage, daß Heinz Conrads begeistert zustimmte.
In der letzten Februar-Woche 1946 wurde die erste Sendung in den Äther gestrahlt: In Radio Wien, auf Welle 228,6 MHz und 506,8 MHz sowie auf Kurzwelle 25-, 30-, 41- und 48-m-Band. Ihr Titel lautete: »Was machen wir am Sonntag, wenn es schön ist?« Sie begann um 8.15 Uhr und dauerte 45 Minuten. Ihr wesentlichster Unterschied zu den späteren »Was gibt es Neues?«-Sendungen bestand wohl darin, daß die Sendung anfangs aus dem Studio kam und ohne Publikum aufgenommen wurde.

In den ersten Monaten wachte Professor Heinrich Kralik, einer der Programmgestalter bei Radio Österreich, persönlich über diese Sendung. Der Rundfunk-Neuling Heinz Conrads sollte nicht überfordert werden, zumal die Sendung von allem Anfang an zu einem Publikumserfolg wurde. Die Zusammenarbeit mit Kralik sah er nie als lästige Überwachung an. Kralik war ein Fachmann, der seine große Rundfunkerfahrung mit viel Gefühl für die Erfordernisse der Zeit an Heinz Conrads weitergab. Sein wichtigster Rat lautete: »Nur keine Bitterkeit in den Texten aufkommen lassen.« Ein Rat, den Conrads nicht bloß blind befolgte, sondern zu einer wahren Meisterschaft ausbaute. Zwar hat er in seinen Sendungen auch schon kritische Anmerkungen gemacht, jedoch – wie er es nannte – eingepackt ins »Stanniol der Freundlichkeit«. Jedenfalls startete die Conrads-Sendung im Radio ebenso erfolgreich, wie sie 40 Jahre später abrupt endete: Sie fand großen Anklang beim Publikum.
Nach einem Jahr erhielt sie einen neuen Titel – »Was gibt es Neues hier in Wien?« – und Conrads hatte einen neuen musikalischen Begleiter: seinen in späteren Jahren so geliebten Gustl Zelibor. Ihm hielt er 31 Jahre lang die Treue – bis zu dessen Tod im Jahr 1978, ein Ereignis, das Heinz Conrads schwer erschütterte. Im Laufe der vier Jahrzehnte war er mit nur fünf Pianisten für seine Radiosendung ausgekommen: Freund Gustl, Carl de Groof (der durch Herbert Seiter ersetzt wurde, als er wegen einer chronischen Gelenkserkrankung nach Spanien auswanderte) sowie Franz Bauer-Theussl, der dann infolge von Arbeitsüberlastung in den achtziger Jahren an Heinrich Hrusa übergab.
Und ein paar kleine, aber nicht unwesentliche Korrekturen waren 1947 in Gemeinschaftsarbeit mit Heinrich

Kralik durchgeführt worden. So haben beispielsweise viele gerätselt, ob denn der Conrads vielleicht etwas gegen Künstlerkolleginnen habe: Denn 39 Jahre lang traten keine Sängerinnen in den Sonntagmorgen-Sendungen auf. Und das hatte seinen Grund. An einem Montag kam Professor Kralik zu Heinz Conrads und meinte: »Also ich habe mir die Sendung gestern früh angehört, und ich glaub', wir sollten in Hinkunft am Morgen auf die Damen verzichten. Ich glaub', das ist eine zu große Belastung für das menschliche Gehör. Wenn dir gleich in aller Herrgottsfrüh', nur mit Klavierbegleitung, eine hohe Frauenstimme ans Ohr dringt. Da ist ein harmonisches und sanftes Erwachen – und das wollen wir ja gerade am Sonntag genießen – wohl doch empfindlich gestört.«
Und so blieben die großen Duette in der sonntäglichen Morgenstund', wie beispielsweise zwischen Dagmar Servaes und Johannes Heesters, zwischen Friedl Loor und Robert Montana oder zwischen Jane Tilden und Fred Kraus, Ausnahmen in einer fast vierzigjährigen Regel. Aber für so manche Damen wird das schon allein deshalb ein leichter Verzicht gewesen sein, weil die Sendung ja einen recht eisernen Willen erforderte. Schließlich war es eine Direktsendung und das bedeutete – im allergünstigsten Fall –, daß man um sieben Uhr früh mit der Probe beginnen mußte. Wer lange zum Einsingen benötigte, mußte daher schon um halb sechs Uhr früh im Funkhaus sein. Hatte einer gar eine längere Anreise, dann zahlte es sich oft gar nicht aus, am Samstagabend schlafen zu gehen. Und es gab nicht wenige prominente Sänger, die liebend gern beim Conrads aufgetreten wären, wenn er nicht diese unchristliche Beginnzeit am Sonntagmorgen gehabt hätte. Etliche Künstler traten daher beim Conrads zwar im Fernsehen auf, nie aber in der Radiosendung.

Einmal in der Woche, meistens Freitag nachts, zwischen zwei und sechs Uhr in der Früh, arbeitete Conrads am Manuskript für seine Sendung. Eine wesentliche Hürde war dabei zu überwinden: Wie gestaltet man einen möglichst witzigen Text, der auch noch den Weg durch die Zensur schafft? Samstag früh war Abgabetermin im Funkhaus. Dann wurde das Manuskript korrigiert beziehungsweise von den Zensoren der jeweiligen Besatzungsmacht auf seine Sendbarkeit geprüft. Oft passierte es, daß von acht abgegebenen Schreibmaschinenseiten nur noch die Hälfte übrigblieb. Dann war es dem künstlerischen Geschick des Vortragenden überlassen, den gekürzten Text auf 44 Minuten und 30 Sekunden zu »dehnen«.
Aber so manchem typisch wienerischen Idiom war auch der strengste Zensor nicht gewachsen. Da konnten seine Deutschkenntnisse noch so gut sein. Und gerade mit diesen pointierten Texten, die ganz ohne Augenzwinkern vorgetragen werden konnten und trotzdem ihre Doppeldeutigkeit nicht verloren, hat Heinz Conrads sein Publikum immer wieder begeistert. Darin war er Meister. So trug er mit Unschuldsmiene eine Meldung über die mitteleuropäische Großwetterlage vor, ohne daß sich der russische Zensor daran gestoßen hätte: »Diese Woche hat sich eine Staubwolke aus der Sahara nach Mitteleuropa verirrt. Sie ist über Italien und Österreich nach Ungarn weitergezogen, wo sie unseren Nachbarn roten Regen beschert hat.«
Oder jener legendäre Satz, über den halb Österreich lachte. Conrads hatte in den Zeitungen von Österreichs ersten Exportgütern nach dem Krieg, von Ofenrohren, gelesen. Folglich kommentierte er: »Ist ja wirklich was typisch Österreichisches. Außen schwarz – aber innen sitzt der Russ'.«

Schon acht Jahre vor dem Staatsvertrag fand Conrads, daß die Österreicher von ihren Besatzern eigentlich genug hatten. Das sagte er auch. Öffentlich im Rundfunk. Ohne Zensur. Ob es durchgegangen wäre, hätte der Zensor die Bedeutung des wienerischen Dialektwortes »drah'n« verstanden, muß freilich bezweifelt werden. So aber fand man nichts an der scheinbar harmlosen Conrads-Anspielung auf die vier restlichen Waggons, die hoch am stillgelegten Riesenrad hingen. »Irgendwie«, fragte sich Conrads öffentlich, »laßt' mir das ka Ruah: Wann drah'n sich denn die vier endlich?«

EIN VIELGEFRAGTER MANN

»Überrumpelt«

In den späten vierziger Jahren war es bald kaum mehr möglich gewesen, von Heinz Conrads nicht gehört zu haben: Denn zum einen war er ein charmanter Unterhaltungskünstler mit viel Geist und manchmal auch derbem Humor. Zum anderen war es nahezu unmöglich, in Wien zu leben und nicht auf den Namen Conrads zu stoßen. Spindeldürr war er auch noch damals. Aber das war viel weniger Ausdruck einer angegriffenen Gesundheit als das Ergebnis der unzähligen Verpflichtungen, die er eingegangen war. Conrads trat bis spät in die Nacht auf. Wann hätte er da noch Zeit für ein geregeltes Essen finden sollen?

Sein Terminkalender war übervoll. Nehmen wir nur wahllos ein Beispiel: Am 8. Juni 1947, einem Sonntag, begann sein Tag wie immer an Wochenenden um 6 Uhr früh. Um 8 Uhr 15 lief seine Morgensendung in Radio Wien. Kurz nach 9 Uhr verließ er das Funkhaus und eilte zu Fuß in den dritten Bezirk: Im Wiener Konzerthaus konferierte er eine Matinee mit Horst Winter. Statt des Mittagessens marschierte er durch den Stadtpark zur Rotenturmstraße. In den Kellerräumen des Imperial-Kinos waren die Olympia-Studios untergebracht. Dort wurden die Innenaufnahmen für den Franz-Schubert-Film »Seine einzige Liebe« gedreht. Es war sein erster Film und Conrads spielte dabei eine Figur um Schubert, der von Franz Böheim dargestellt wurde. Meisterwerk

war es keines. Selbst Heinz Conrads war gar nicht unglücklich darüber, daß dieser Streifen später in Vergessenheit geraten ist. Die Dreharbeiten an jenem Sonntag dauerten jedenfalls bis in die Nachmittagsstunden. Dann verwandelte sich der Filmschauspieler in einen Kabarettisten: Abendvorstellung im »Simpl«.
Nach Mitternacht stand noch ein Auftritt im Programm. In der Sansi-Bar konnte man Heinz Conrads mit einer illustren Schar anderer Künstlerkollegen auftreten sehen. Fritz Imhoff, Lotte Lang und Rudolf Carl waren die letzten Partner seines zwanzigstündigen Arbeitstages.
Hatte noch ein paar Monate zuvor der Jungschauspieler Heinz Conrads zaghaft an die Türen der diversen Künstleragenturen geklopft, so war es nun umgekehrt. Besonders gewieften Veranstaltern gelang es auch, Conrads gleich von der Straße weg zu engagieren.
Robert Jungbluth, heute Bundestheater-Generalsekretär, war Augenzeuge einer solchen kuriosen Verpflichtung. Jungbluth war damals in Diensten von Carl Spiehs, der heute Filmproduzent in München ist. Dieser Carl Spiehs war wie viele andere Veranstalter von Bunten Abenden und Hausfrauennachmittagen schon die längste Zeit hinter Conrads her.
»Carl Spiehs hat ihn damals vor dem Simpl abgepaßt«, erinnert sich Robert Jungbluth an seine erste Begegnung mit Heinz Conrads. »Und wie er rausgekommen ist, hat er ihn angesprochen und ihm sein Leid geklagt. Sein Hauptdarsteller sei ihm ausgefallen. Aber die Vorstellung in einem Kino in der Brigittenau kann unmöglich abgesagt werden, denn die Leute stünden dort schon Schlange. Er hat den Conrads angefleht, er möge ihm doch aus der fatalen Situation helfen und einspringen. Der Conrads hat sich erst nach einer Weile breitschlagen

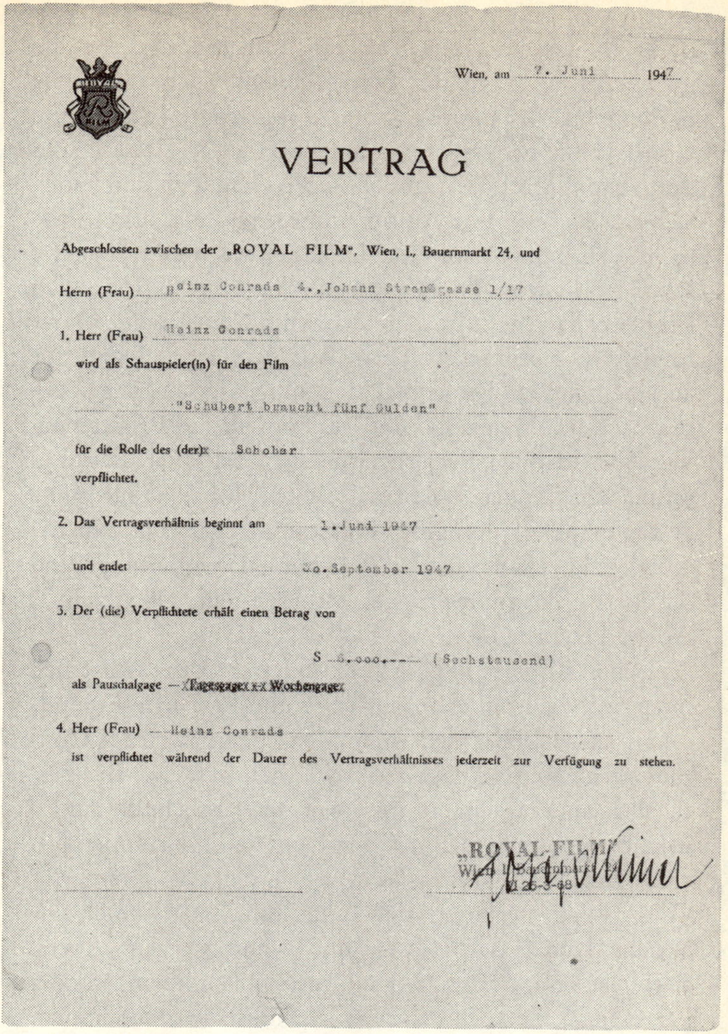

Wien, am 7. Juni 1947

VERTRAG

Abgeschlossen zwischen der „ROYAL FILM", Wien, I., Bauernmarkt 24, und

Herrn (Frau) Heinz Conrads 4.,Johann Straußgasse 1/17

1. Herr (Frau) Heinz Conrads
   wird als Schauspieler(in) für den Film
   "Schubert braucht fünf Gulden"
   für die Rolle des (der) Schober
   verpflichtet.

2. Das Vertragsverhältnis beginnt am 1.Juni 1947
   und endet 30.September 1947

3. Der (die) Verpflichtete erhält einen Betrag von
   S 6.000.-- (Sechstausend)
   als Pauschalgage — ~~Tagesgage — Wochengage~~

4. Herr (Frau) Heinz Conrads
   ist verpflichtet während der Dauer des Vertragsverhältnisses jederzeit zur Verfügung zu stehen.

„ROYAL-FILM"

Der erste von insgesamt 32 Filmen.

lassen, weil er offenbar ziemlich müde gewesen ist. Dann ist er in das wartende Taxi eingestiegen, weil ihn die unangenehme Lage des Herrn Spiehs doch irgendwie berührt hat. In der Brigittenau angelangt, kam Heinz Conrads aus dem Staunen nicht heraus: Die Leute sind dort schon in Massen auf der Straße gestanden und haben sich auch gleich um Autogramme angestellt. Eine Frau meinte zu ihm: ›Also, Herr Conrads, ich freu' mich jetzt schon seit zwei Wochen darauf, Sie einmal persönlich kennenzulernen.‹ Auf seine erstaunte Gegenfrage, woher sie denn von seinem Auftritt wisse, deutete die Dame nur aufgeregt auf ein Riesenplakat, das am Kinoeingang angebracht war: ›Heinz Conrads kommt in die Brigittenau‹ war dort in Balkenlettern zu lesen. Carl Spiehs hatte es schon vor längerer Zeit anbringen lassen, und seine gewagte Spekulation ging auf. Conrads war zuerst fuchsteufelswild, später hat er sich aber dann beruhigt und darüber geschmunzelt: Es ist noch ein sehr lustiger Abend geworden.«

Zwischen Robert Jungbluth und Heinz Conrads hat sich in späteren Jahren eine sehr enge und herzliche Freundschaft entwickelt. Nicht viele Menschen hat Heinz Conrads so an sich herangelassen wie den heutigen Bundestheater-General. Traditionell war der jährliche Sommerurlaub, den die beiden mit den Familien in Krumpendorf am Wörther See verbrachten.

»Der Heinz«, erinnert sich Jungbluth, »war immer eine Woche früher da als wir, und wenn wir am Abend angereist sind, durften wir uns nie etwas mitbringen oder gar essen gehen. Bei unserer Ankunft bot sich immer dasselbe Bild: Da stand auf dem Tisch vor dem Haus eine Flasche Schnaps, ein zünftiger Laib Brot und Speck. Dazu ein Taschenfeitel. Wir wären richtig erstaunt gewesen, hätt' das einmal gefehlt. Als er vor ein paar Jahren wegen einer Augenoperation in Deutschland war und auf den Urlaub verzichten mußte, hat er vom Krankenhaus beim Fleischhauer angerufen und unsere Brettljause bestellt. Einen treueren und verläßlicheren Freund als ihn gibt's wohl kaum mehr.«

OPERETTE

Ein gewisses Fräulein Cecek

Die stille Harmonie mit Familie und Freunden hat Heinz Conrads erst viel später gefunden. Sicherlich nicht in jenen Nachkriegsjahren, als er versuchte, in jenem Metier Fuß zu fassen, in dem sich für ihn die einzig wirkliche Chance auf Erfüllung bot. Seine erste Ehefrau Lilly hatte schon recht gehabt mit ihren instinktiven Befürchtungen noch während der Kriegszeit: Daß sie ihren Mann an den Beruf verlieren würde. »Ich war«, sagt sie heute ein wenig wehmütig, »ganz einfach nicht dafür geschaffen, das Leben mit einem Künstler zu teilen. Ich war da, schon allein vom Elternhaus her, viel zu konservativ und überhaupt nicht flexibel. Ich wollte halt einen Mann, der zu geregelten Zeiten nach Hause kommt und für den die Familie sein ein und alles ist. Und der Heinz wiederum konnte nicht aus seiner Haut heraus. Aber ich hätt' wahrscheinlich alles ertragen, wenn es da nicht immer so kleine und lächerliche Affären gegeben hätte. Vier Jahre nach dem Krieg habe ich die Scheidung eingereicht.«

Der entscheidende Trennungsgrund war eine Kleindarstellerin aus dem »Simpl«. Sehr bald jedoch kam Heinz Conrads dahinter, daß die Dame gar nicht daran dachte, ihre Karriere zu opfern, um nur für ihren Heinzi dazusein. Im Gegenteil, sie spekulierte vielmehr, über den Namen Conrads ein paar Sprossen auf der Karriereleiter hinaufzusteigen.

Heinz Conrads hatte ganz eigene Vorstellungen von der

Harmonie zwischen Beruf und Privatleben. »Ich habe«, pflegte er auch in späteren Jahren seine Idealvorstellung von der Partnerschaft zu beschreiben, »eben mein ganz persönliches Bild von einer Ehe. Und ich will das auch gar niemanden aufzwingen. Ich möchte, daß mein Partner Verständnis für meinen Beruf aufbringt. Ich möchte aber nicht mit einer Frau verheiratet sein, die ebenfalls auf der Bühne steht.«

Oft hat er in den Nachkriegsjahren mit engen Freunden über sein Dilemma mit den Frauen gesprochen. Ein Ehepaar hatte er dabei besonders ins Vertrauen gezogen: den Operettenkönig Robert Stolz und dessen Gattin Yvette Louise, genannt »Einzi«. Die beiden waren unmittelbar nach Kriegsende aus der Emigration in den Vereinigten Staaten nach Österreich zurückgekehrt. Die Stolz-Wohnung in der Elisabethstraße im ersten Wiener Gemeindebezirk war Teffpunkt der verschiedensten Künstler. Einzi Stolz erinnert sich heute noch an den hageren jungen Mann, der in späteren Jahren zu den engsten Freunden des Ehepaares Stolz zählte: »Viele Menschen haben damals noch in Notquartieren hausen müssen. Wir haben Kohle bekommen und von unseren vielen Freunden in Amerika Care-Pakete. In unserer Wohnung verköstigten wir immer viele Menschen. Vor allem Künstler. Und da war einer dabei, ein gewisser Heinz Conrads, den hatte der Robert bei einem dieser Bunten Abende kennengelernt. Dieser Heinz Conrads hat dem Robert so gut gefallen, daß er ihn öfter zu uns nach Hause eingeladen hat. Zwischen dem Conrads und uns entstand ein Vertrauensverhältnis. Er hat uns all seine Sorgen und Nöte anvertraut. So hat er uns damals erzählt, daß er in seiner Ehe sehr unglücklich sei. Aber nicht auf eine ungute Art und Weise, sondern so wie es im Leben

eben manchmal passiert, wenn zwei Menschen nicht zusammenpassen. Und er und diese Frau, er hat sie immer ›Würmerl‹ genannt, die haben eben nicht zusammengepaßt.«

Die Bekanntschaft mit Robert und Einzi Stolz führte auch dazu, daß Heinz Conrads seine alte Liebe zur Operette bald nach dem Krieg wieder entdeckte: Im September 1947 sogar mit einer Hauptrolle. »Die drei von der Donau« hieß dieses Werk von Robert Stolz, das auf dem Text von Nestroys »Lumpazivagabundus« basierte und im Stadttheater Wien seine Weltpremiere erlebte.

Heinz Conrads spielte und sang die Rolle des »Zwirn«, den Schneider aus dem »liederlichen Kleeblatt«. Neben Conrads waren Eddy Urban und Erich Dörner in den weiteren Hauptrollen zu sehen. Und auch eine gewisse Hilli Reschl, heute bewährte Kollegin von Alfred Böhm im TV-Seniorenclub, erhielt als »Nanette« ausgezeichnete Kritiken. Was man von den übrigen Rollen und auch dem Werk selbst nicht behaupten konnte. Zwar wurde die Weltpremiere von der Kritik nicht gerade in der Luft zerrissen, aber für Stolz und das Ensemble war es keineswegs die Erfüllung, was da beispielsweise in der »Weltpresse« zu lesen stand: »Wenn man dereinst die großen musikalischen Würfe von Robert Stolz rühmen wird, dürfen ›Die drei von der Donau‹ nicht in vorderster Reihe stehen. Es fehlte der zündende Funke, ein matter Glanz bloß lag über der sauber und routiniert gemachten Partitur. Ein effektvolles Finale, ein paar nette, aber wenig ins Ohr gehende Nummern und eine zuweilen recht ansprechende Szenenuntermalung. Das ist alles.« Und dann über die Darsteller: »Ob die Besetzung des liederlichen Kleeblattes glücklich war, bleibe dahingestellt. Dem Tischler fehlt das Urwüchsige, der Schneider (Conrads) ist zuviel Kasperl und der Schuster ein herabgekommener Intellektueller.«

»Nach dieser Kritik«, erinnert sich Einzi Stolz, »hat es Wochen gedauert, bis wir den Heinz wieder aufrichten konnten. So sehr ist sie ihm unter die Haut gegangen.«

Vielleicht war eine solche Zeitungskritik auch schuld daran, daß Heinz Conrads wenig später beim »Simpl« ausstieg. Möglich, daß es auch bloß die schlechte finanzielle Situation war, in der sich das Haus 1948 unter der Leitung von Otto Oegyn befand.

Die wurde aber nicht angesprochen, als der Kulturkritiker Hugo Huppert in der »Österreichischen Zeitung« wild über den »Simpl« herzog: »Einst war der Wiener ›Simpl‹, mit dem Wahrzeichen der bissigen Bulldogge im Wappen, eine gute satirische Kleinbühne. ›Simpl‹ glossierte die Zeitgeschichte. ›Simpl‹ gab kein Pardon. Er war ein Degen im Griff eines tüchtigen Fechters, der zuletzt Fritz Grünbaum hieß. Er war ein spitzer, flink kreisender Sekundenzeiger in der Lokalgeschichte Wiens (samt Umgebung). Er stand als scharfer Patron Schulter an Schulter neben dem ›Lieben Augustin‹, später neben der ›Literatur am Naschmarkt‹, der Hinterlassenschaft und Überlieferung. Der ›Simpl‹ focht gegen Bürger und Spießer, gegen Bürokraten und Spezi. Der ›Simpl‹ kritisierte von unten. Er belästigte die Liberalen und störte die Klerikalen. Er stand auf der Seite des mokanten Volkshumors. Sein Mutterwitz war voll fortschrittlicher Grundsätzlichkeit und Parteinahme. Versteht sich, daß er einflußreiche Feinde hatte. Aber umzubringen war er nicht (bis auf Fritz Grünbaum, den die Nazis umbrachten). Nun ist der ›Simpl‹ 35 Jahre alt geworden und wie wenig gibt er Anlaß zum Jubel. Wie stumpf sind seine Zähne, seine Stachel sind weg. Er ist zum stinklangweiligen

›Unterbrettl‹ geworden, das alles kann, nur nicht unterhalten.«
Über Heinz Conrads hieß es in der Kritik: »Ein Sonderkapitel ist der gewandte, literarisch kultivierte Conferencier Heinz Conrads, dessen gediegender Sprechkunst die seichte Programm-Anlage wenig Chancen gibt. Diesem Vortragsmeister geziemt eine bitterwürzige Humoristik; sogar große Satire dürfte man ihm zutrauen, der Mann

Wir erlauben uns, Sie zu der am Freitag, den 2. September 1949,
um 19.30 Uhr stattfindenden Pressevorstellung

Kathrin
und die Wunderlampe

Operette in zwei Akten (14 Bildern) von Hugo Wiener

Musik von Jara Beneš

aufs Herzlichste einzuladen.

Zwei Namen unter den Mitwirkenden, die später zu den herausragendsten Publikumslieblingen der Nachkriegszeit wurden:

hat eine deutlich polemische Sendung. Aber leider trägt die rote ›Simpl‹-Bulldogge längst einen Maulkorb.«
Nur wenige Monate, nachdem diese Zeilen erschienen waren, verließ Heinz Conrads den »Simpl« und kehrte erst wieder zurück, nachdem Karl Farkas das Haus in der Wollzeile übernommen hatte.
Es war kein großer Verzicht, auf den sich Heinz Conrads eingelassen hatte, und die Zahl seiner Verpflichtungen

wurde dadurch auch nicht geringer. Denn zum Jahreswechsel 1949 holte ihn Franz Stoß an das Wiener Bürgertheater. »Ich war von 1945 an Direktor am Bürgertheater«, erinnert er sich an jene Zeit, als er Heinz Conrads zum ersten Mal verpflichtete, »und habe ein gemischtes Repertoire gespielt. Teils Volksstücke, teils Operette. Da bin ich manchmal zu Bunten Abenden oder ins Kabarett gegangen, weil man dort die eine oder andere Entdeckung

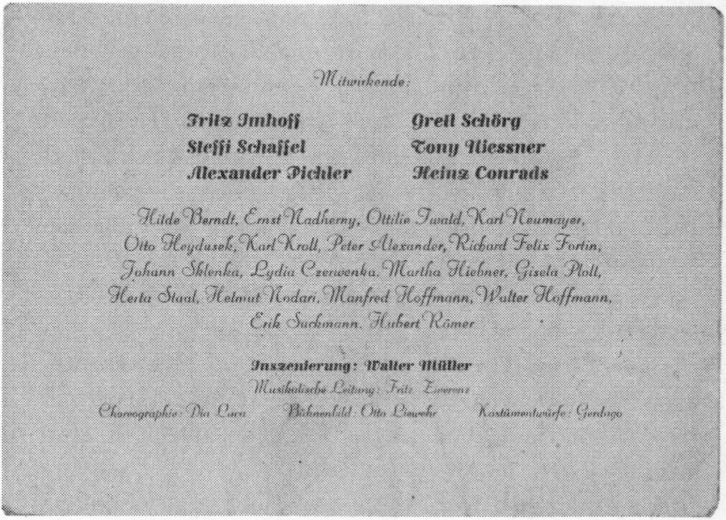

Heinz Conrads und Peter Alexander.

machen konnte. Den Conrads habe ich zuerst im Simpl gesehen, und mir ist an ihm aufgefallen, daß man über ihn wirklich herzlich lachen konnte. Da hab' ich mir gedacht, so ein guter junger Komiker ist doch etwas, was du am Theater brauchen könntest. Und so ist es zu seinen ersten Verpflichtungen gekommen.«

Diese Verpflichtungen, die Heinz Conrads unter der Direktion Stoß abwechselnd am Stadt- und am Bürgertheater zu erfüllen hatte, waren damals keine großen Rollen, aber auffallend genug, daß sich so mancher Zuschauer noch nach Jahren daran erinnern konnte. Er spielte im Stadttheater in der Operette »Kathrin und die Wunderlampe« von Hugo Wiener, stand im Bürgertheater mit »Frühling im Prater« von Robert Stolz auf der Bühne. Einzi Stolz denkt heute noch mit besonderer Freude daran: »Conrads war als Gustl grandios.«

Auch ein gewisser Peter Alexander gehörte zum Ensemble. Er hatte einen Pagen darzustellen mit dem bedeutungsvollen Satz: »Ein Kipferl für den Herrn Hofrat.« Im übrigen hatte er hinter der Bühne zu stehen und zu warten – für den Fall, daß dem Gustl etwas passiert. Conrads kommentierte das giftig: »Das tät' dem so passen, daß ich mir den Haxn brech'.« Ein Satz, über den beide in späteren Jahren herzlich gelacht haben.

Das wichtigste Ereignis aber spielte sich hinter den Kulissen ab. Denn in diesem Stück wirkte noch jemand mit, für den Heinz Conrads weit mehr Sympathie empfand als für seine Zweitbesetzung: Erika Cecek, Bäckermeisterstochter und Balletteuse, die seine zweite Ehefrau wurde.

Schon zu Jahresbeginn waren die beiden in der Operette »Aber Ninette« auf der Bühne gestanden, in der Marika Röck die Hauptrolle spielte. Aber die berühmte Liebe auf dem ersten Blick war es nicht, zwischen Heinz Conrads und Erika Cecek.

Und so machte es auch wenig aus, daß Direktor Stoß dem Fräulein Cecek Anfang Mai folgenden Brief schrieb: »Der Ordnung halber erlaube ich mir Ihnen mitzuteilen, daß die ensuite Vorstellungen von ›Aber Ninette‹ am 29. Mai beendet werden. Ihr Vertrag mit dem Bürgertheater endet also mit dem obigen Tage.«

Wiener Bürgertheater
3. Vordere Zollamtsstr. 13
Direktor Franz Stoß

Telephon: Direktion und Verwaltung: U-18-403, U-11-1-69
Kassa: U-18-2-97

WIEN, den 15. Feburar 1949

V e r t r a g

zwischen

Herrn Dir. Franz S t o s s

und

Herrn Heinz C o n r a d s

Herr Conrads ist für die Rolle des Polizeikommissärs in "Aber Ninette" auf Stückdauer verpflichtet. Herr Conrads erhält eine Monatsgage von S 2.4oo, in diesem Honorar ist die Vergütung der Vorproben inbegriffen. Der voraussichtliche Premierentermin ist der 21. März 1949. Herr Conrads ist berechtigt in der Zeit zwischen dem 4.5. und 18.5. nicht zu spielen, desgleichen ist Herr Conrads berechtigt den Vertrag früher zu lösen, wenn er ein auswärtiges Filmengagements hat und mindestens 3 Wochen vorher der Direktion davon Mitteilung macht.

Im übrigen gelten die Bestimmungen des Kollektivvertrages.

Dieser Vertrag brachte privates Glück – Heinz Conrads lernte Erika Cecek kennen: seine spätere Ehefrau.

Aber diese Vertragslösung bedeutete keineswegs, daß sich Heinz Conrads und das Mädchen vom Ballett nun tatsächlich aus den Augen verloren. Denn weder das Bürgertheater noch Heinz Conrads beendeten die Partnerschaft. Der »Ninette« folgte der »Frühling im Prater« und »Auf der grünen Wiese«. Conrads scherzte später: »Auf der grünen Wiese hat es uns so gut gefallen, daß wir beschlossen, ohne Publikum weiterzuspielen.« Und Erika Conrads erinnert sich: »Aufgefallen war er mir schon von Anfang an. Was freilich weniger an seiner unwiderstehlichen Ausstrahlung als Mann, sondern eher als Komiker lag: Schlank, mit einem Mittelscheitel und einer so grotesken Mimik, daß er mich immer an einen anderen Schauspieler erinnerte, wenn ich ihn sah – an Theo Lingen.«

Sehr oft haben die beiden damals miteinander gesprochen. Hinter der Bühne. Ausgegangen ist das Fräulein Cecek aber mit anderen. Vorerst zumindest. »Dann«, so erzählt sie weiter, »hab' ich immer mehr entdeckt, wie liebenswürdig er ist. Und gelitten hat er damals: Seine Ehe war geschieden und der eigentliche Scheidungsgrund, eine Tänzerin und Kleindarstellerin vom ›Simpl‹, ich glaube sie hieß Hilde, war offenbar auch nicht die Richtige. So war ich für ihn eine Art Seelentröster. Hinter den Kulissen, weil ich seine Einladungen eigentlich nie angenommen habe. Er wollte mich immer zum Essen einladen, und ich hab' ihm geantwortet: ›Wenn's soweit ist, dann werd' ich's Ihnen sagen‹.«

Erika Cecek ließ lange mit der Antwort auf sich warten. Im Herbst war es, und die beiden standen miteinander in der Operette »Auf der grünen Wiese« wieder einmal auf der Bühne des Bürgertheaters. »Wir Mädeln«, schmunzelt Erika Conrads, »haben damals so eine blöde Masche gehabt, indem wir einen halt länger ›dunsten‹ haben

lassen. Eines Tages bin ich zu ihm hingegangen und habe gesagt: ›Wenn S' wollen, dann treffen wir einander.‹«
Erst im Oktober 1949 haben sie sich zu einer Jause im Hochhaus in der Herrengasse getroffen. Den ganzen Nachmittag über erzählte Heinz Conrads seiner jungen Kollegin – er war damals schon 36 Jahre alt – von seinen Verpflichtungen und seinen vielen Auftritten. »Er war lustig, charmant und sehr zuvorkommend«, erzählt Erika Conrads, »und ich muß sagen, er hat mir unglaublich imponiert. Aber ich glaube, daß es nie zur Heirat gekommen wären, wenn wir nicht in den kommenden zwei oder drei Jahren immer mitsammen gespielt hätten.«
Eine These, die von Einzi Stolz nicht geteilt wird. Und die ist in diesem Fall wirklich dazu berufen, ein Urteil abzugeben. Denn zuallererst präsentierte Heinz Conrads seine neue Freundin bei den beliebten Künstlertreffen im Haus der Familie Stolz in der Elisabethstraße. »Nie werd' ich den Tag vergessen, an dem der Heinz mit seinem neuen Mädel bei uns aufgetaucht ist«, erzählt Einzi Stolz, »mich hat das immer an das Sprichwort erinnert: Man wechselt den Partner und man wechselt das Glück. Jedenfalls kam der Heinz eines Tages mit einem wunderschönen Mädchen in unsere Wohnung. Eine Haut wie Milch und Honig, leicht rötliches Haar, und er hat uns gleich gefragt: ›Na, wie g'fallt sie euch?‹ Beim Robert hat er gar nicht auf die Antwort warten müssen, der hat seine Augen kaum von ihr wegwenden wollen, so schön war sie. Ich glaube nicht, daß der Heinz noch jemals von ihr gelassen hätte. Bei ihr hat er all das gefunden, was für ihn und seinen anstrengenden Beruf notwendig gewesen ist. Notwendig, weil er sich so engagiert hat. Und weil er immer möglichst viele Dinge gleichzeitig machen wollte. Da hat ihm die Erika Geborgenheit gegeben, ein Gefühl

der Sicherheit. Und sie hat ihn auch von seiner Lungenschwäche geheilt. Zumindest indirekt, indem sie keine Ruhe gegeben hat, bis er von Zeit zu Zeit auf Erholung gefahren ist und sich auskuriert hat.«

Nur etwas haben weder Erika noch Heinz Conrads besonders gut verstanden: Sich so zu verkaufen, daß sie es zu materiellem Reichtum gebracht hätten. Als Heinz Conrads 1986 im Frühjahr verstarb, bestand sein ganzes Vermögen aus den Wohnungen für die Kinder und dem Haus in der Zichygasse.

Er hat sich immer unter seinem Wert verkauft. Die Tatsache, als Künstler auftreten zu können, war ihm die wichtigste Genugtuung. Da war für konsequente und beinharte Gagenverhandlungen kein Platz mehr.

»Ich glaube«, sagt Einzi Stolz, selbst eine unermüdliche Verwalterin des künstlerischen Erbes ihres Mannes, »daß Conrads und Peter Alexander vom Charakter her ähnlich sind. Aber Peter Alexander hat seine Hilde. Er selbst würde sich ebensowenig gut verkaufen können wie der Conrads. Ein Künstler, der seinem Beruf absolut treu und ergeben ist, kann sich nicht mit finanziellen Dingen belasten. Der Robert Stolz war so, der Peter Alexander ist so und auch der Heinz Conrads. Conrads hat doch in seinem Leben mehr gearbeitet als alle anderen. Wie ein Besessener. Aber zu großen Besitztümern haben es die beiden nie gebracht, weil die Erika keine große Geschäftsfrau war. Dafür hatte sie andere Talente. Sie hat die Familie zusammengehalten und seine Welt in Ordnung, vielleicht wäre er sonst gar nicht in der Lage gewesen, all das zu leisten.«

Auch Erika Conrads vermutet heute rückblickend, daß ihr Bühnenkollege von damals mindestens ebensoviel Überlegung wie Gefühl in ihre Beziehung investiert hat.

»Ich glaube, er hat einen inneren Halt gesucht«, sagt sie, »weil ich noch sehr genau weiß, wie er aufgeblüht ist, als ich ihn zum ersten Mal in mein Elternhaus mitgenommen habe. Es war halt so eine richtige Großfamilie – wir hatten eine Bäckerei und da sind halt alle beisammen gesessen und jeder hat mit dem anderen geredet. Und das hat ihm ungeheuer gut gefallen. Dort ist er ganz aus sich herausgegangen.«

Mit der großen Liebe trat aber auch eine Eigenschaft von Heinz Conrads zutage, die man ihm nicht zugetraut hätte. Er war ungeheuer eifersüchtig. Sogar auf Bühnenkollegen von Erika. Wenn sie bei einem Auftritt von ihrem Ballett-Partner nur in die Höhe gehoben wurde, stand Heinz Conrads schon mit verkniffenem Mund hinter der Bühne und schaute beleidigt drein.

»Oft habe ich mir dann vom Doktor Blasen an den Füßen aufschneiden und mich krankschreiben lassen«, schmunzelt sie, »wenn es mit seiner Eifersucht gar zu arg geworden ist.«

Später gab Erika Conrads dann ihre künstlerische Karriere auf – dem Mann zuliebe, den sie 1953 geheiratet hat.

Die Trennung der Sonntagsbrüder

Welche Gründe es tatsächlich waren, die Heinz Conrads seinerzeit dazu veranlaßt hatten, den »Simpl« zu verlassen, sind nicht ganz geklärt. Sicher dagegen ist, daß er im Jahr 1950 wieder dorthin zurückkehrte: Karl Farkas, der große Kabarettist, hatte die künstlerische Leitung übernommen und auf Anraten von Hugo Wiener holte er den Conrads an seine Bühne. »Ursprünglich hatten wir zwischen Maxi Böhm und Heinz Conrads zu wählen«, erinnert sich Hugo Wiener, der damals mit seinen Texten und der Musik Farkas zur Seite stand, »ich habe ihm dazu geraten, sich für den Conrads zu entscheiden. Maxi Böhm ist dann erst viel später ans Haus gekommen.«

Unter der Leitung von Otto Oegyn war das Haus nicht nur künstlerisch, sondern vor allem auch wirtschaftlich ruiniert worden. Die folgende Anekdote ist zwar nicht verbrieft, wird aber immer wieder gerne erzählt: Oegyn soll einmal am Programm solange herumgetüftelt und umgestellt haben, bis er es schließlich fertigbrachte, sein Publikum mit einem »Gute Nacht und auf Wiedersehen«-Lied in die Pause zu schicken.

In Wien, der Stadt mit den bekannt boshaften Unterstellungen, ist man ja einiges gewohnt. Aber Hugo Wiener, sicherlich kein Giftspritzer, bekräftigt, daß diese Geschichte wahr ist.

Kein Wunder also, daß der »Simpl« unter Oegyn in den Konkurs schlitterte – mit einer halben Million Schilling

Schulden. Aber auch seine Nachfolger machten es nicht viel besser: Mit einem Aufgebot an prominenten Namen wie Ernst Waldbrunn, Fritz Imhoff, Gunther Philipp, Wondra und Zwickl, Maxi Böhm, Cissy Kraner und Hugo Wiener versuchte ein gewisser Direktor Fierlinger, das Publikum in den Simpl zu locken. Aber das Haus war keineswegs ausverkauft. Und selbst wenn es ausverkauft gewesen wäre – die Gagen der vielen bekannten Darsteller wären auch nicht bei einem ausverkauften Haus mit erhöhten Preisen einzuspielen gewesen.
Ganz abgesehen davon, daß man dieselben Stars damals in diversen Kinos und Nachtklubs ebenfalls bewundern konnte: So trat Heinz Conrads beispielsweise noch in der Allotria-Bar in der Webgasse im sechsten Wiener Gemeindebezirk auf. Seine Partner hießen Lucie Englisch und Rudolf Carl. Sie nannten sich »Die drei Pessimisten«, und nicht nur der Eintritt war frei, sondern auch die Abholung von daheim mit dem Haustaxi.
So war es kein Wunder, daß auch der Nachfolger von Oegyn in die roten Zahlen schlitterte. Und es ist irgendwie verständlich, daß Karl Farkas, als er vom nächsten Besitzer, dem Spenglermeister Baruch Picker, als künstlerischer Leiter eingesetzt wurde, zuerst schwor: »Ich will niemand mehr vom früheren ›Simpl‹ da haben.«
Doch als er am 8. September und 17. Oktober 1950 sowie am 5. Jänner 1951 seine ersten drei Revuen produzierte, standen Hugo Wiener, Cissy Kraner und Ernst Waldbrunn, Peter Wehle und auch Heinz Conrads auf der Bühne. Noch einer stand im Programm bei der Revue »Kolumbus entdeckt Österreich«: Ein junger Mann von 25 Jahren. Er hieß Peter Alexander und hatte damals keinen leichten Stand beim »Simpl«. Denn Karl Farkas, der auch hartherzig sein konnte, nahm dem jungen

Burschen, der einen Steuermann namens Pedro darstellte, gleich seinen einzigen Gesangsauftritt weg: »Das kann man nicht machen«, meinte er zum Kolumbus, den Fritz Muliar spielte, »am besten ist, Sie singen sich das Liedl auch noch selber, denn unser junger Kollege hat ja leider gar kein Talent fürs Singen.«
Mit diesem »fehlenden« Talent ist der junge Mann von damals zum erfolgreichsten deutschsprachigen Unterhaltungskünstler unserer Tage geworden.
»Kolumbus« Fritz Muliar war zu dieser Zeit ebenso Debütant auf der »Simpl«-Bühne wie Peter Alexander. Während Alexander und Conrads einander nur recht flüchtig aus dem Bürgertheater kannten, waren Muliar und Conrads durch gemeinsame Auftritte im »Moulin Rouge« gut befreundet. Und dem Conrads verdankte Muliar auch sein Engagement an den »Simpl«. Denn für Conrads waren nach dem Neubeginn am »Simpl« die Auftritte in Bars und Nachtklubs noch lange nicht erledigt.
Jeden Tag beziehungsweise jede Nacht um halb zwölf, nach Ende der Vorstellung, ging er in jenen Tagen von der Wollzeile hinüber in die Walfischgasse, weil er im »Moulin Rouge« noch eine weitere Stunde die Conférence machte. Dem damaligen Besitzer aber war das zu wenig, was dem Conrads aufgrund seines enormen Tagespensums ohnehin schon zuviel war. So engagierte er sich einen zweiten Conférencier: Fritz Muliar vom Raimundtheater. Eines Tages hatte Hugo Wiener für den »Simpl« einen Sketch geschrieben, der Heinz Conrads überhaupt nicht behagte. Er sollte darin einen Pelzhändler spielen. Aber die Rolle lag ihm nicht und er fand, daß sie nicht zu ihm passe. Und das sagte er auch Karl Farkas. Worauf ihm dieser erwiderte: »Also gut, wenn Sie die Rolle nicht

spielen wollen – meinetwegen, aber dann müssen Sie mir einen bringen, der sie spielen kann.«
Noch am selben Abend erzählte er in der »Moulin Rouge«-Garderobe Fritz Muliar von dieser Möglichkeit. Am nächsten Tag war Fritz Muliar schon in der »Simpl«-Direktion, von Heinz Conrads geschickt. Vorerst umsonst, denn der Farkas war nicht da. Dafür kam Karl Farkas noch an diesem Abend in die Conférence von Fritz Muliar. »Burscherl«, sprach er Muliar an, »ich hab' was für Sie. Wenn S' wollen, können Sie bei mir drei Monat' lang Revue spielen.« Aus dem Vierteljahresvertrag sind dann ganze 13 Jahre geworden.
Seine Arbeit im »Moulin Rouge« beendete Muliar ein knappes Jahr später. Seine Freundschaft mit Conrads zwei Jahre danach. Und erst viele Jahre später haben die beiden sich wieder versöhnt. Wer schuld daran war? Wohl beide zu gleichen Teilen: Der leicht angerührte und aufbrausende Conrads und der eigensinnige und dickköpfige Muliar.
Für die Zeitungen war dieser spektakuläre Zwist natürlich in all den Jahren, in denen die beiden kaum miteinander sprachen, ein gefundenes Fressen. Zumal die beiden Künstler nicht nur prominent, sondern auch wirklich eng befreundet waren. Das hatten sie einander sogar schriftlich gegeben.
Zusammen mit ihrem Künstlerkollegen Carl W. Fernbach gründeten sie im Jahr 1951 den »Verein der Sonntagskinder«. Ein Verein mit drei Mitgliedern – Conrads, Muliar, Fernbach –, der sich einmal wöchentlich im »Feuchten Stock« in der Inneren Stadt traf und zu dem nur manchmal noch der eine oder andere Gast mitgenommen werden durfte. Auch mit den Frauen, Fritz Muliar war damals schon mit Österreichs erster Fernsehspreche-

rin Franziska Kalmar verheiratet, traf man sich des öfteren. Ausflüge wurden in die Wachau unternommen. Und 1952 besuchte das Ehepaar Muliar seine Freunde Heinz und Erika während des Sommers in Salzburg. Heinz Conrads spielte dort den Dünnen Vetter im »Jedermann«, sein Partner vom »Simpl«, Fritz Imhoff, den Dicken Vetter.

Das war ein Sommer, in dem wieder einmal die ganze Kompliziertheit seiner Person zum Ausbruch kam. »Ich habe ihn damals ertappt«, erzählt Erika Conrads, »wie er zu Beginn des Sommers in sein Tagebuch schrieb: ›Ich werde den Dünnen Vetter ablehnen – zu viele Kränkungen.‹ Erst nach langem Zureden hat er sich dann bereit erklärt, nicht abzulehnen.«

So manche Künstler, die von der hohen Schule des Wiener Kabaretts gekommen waren, hatten darunter zu leiden, als Schauspieler nicht ernstgenommen zu werden: Welche Demütigungen mußten sie ertragen, nur weil sie die Gabe besaßen, ungekünstelt zu wirken. Offenbar nach dem Motto: Wer Hunderttausenden gefällt, kann nicht wirklich gut sein. Aber was mußten die Protagonisten des psychologischsten aller Theater, denn das Kabarett war in der Nachkriegszeit Ventil für Kritik und Humor, für Zukunftsangst und Selbstbestätigung zugleich, was mußten sie alles beweisen!

Fritz Muliar mußte jahrzehntelang um seine Reputation als Schauspieler und vor allem um seine Anerkennung kämpfen; Heinz Conrads war abgestempelt als Rundfunkmoderator; Max Böhm mußte in aller Öffentlichkeit einen erniedrigenden Prozeß führen, wo Richter darüber urteilen durften, ob er nun Schauspieler sei oder nicht.

Unter diesem Aspekt muß man die Situation betrachten, als Heinz Conrads im Juni 1952 zögerte, nicht zum ersten

DIREKTION
DER SALZBURGER FESTSPIELE

Salzburg, 27.12.1951
Tel. 2021

Herrn
Heinz Konrad

Wien I.
Kabaretbühne Simplizissimus

Sehr geehrter Herr Konrad !

Im Anschluss an das soeben geführte Telefongespräch zwischen Ihnen und Dr.Nekola laden die Salzburger Festspiele Sie zur Mitwirkung höflichst ein und würden sich über eine Zusage Ihrerseits freuen. In diesem Falle bitten wir Sie, in der unter Ernst Lothar geplanten Neuinszenierung von "Jedermann" die Partie des "Dünnen Vetter" zu übernehmen. Die Proben beginnen in den ersten Julitagen, die Premiere ist am 27.7.52, die übrigen Aufführungen sind an den jeweiligen Sonntagen und am 15.8.

Einer prinzipiellen Antwort Ihrerseits danbar entgegensehend, verbleiben wir

mit dem Ausdruck grösster Wertschätzung

DIREKTION
der Salzburger Festspiele

Eine Aufgabe, die Ehre und Kummer einbrachte: Als »Dünner Vetter« war Conrads Nachfolger von Theo Lingen.

und schon gar nicht zum letzten Mal, ob der den Dünnen Vetter spielen sollte oder nicht. Heinz Conrads, dem heute so manche Fachleute attestieren, daß er ein ganz großer Volksschauspieler vom Schlage des Hans Moser oder seines großen Vorbildes Alexander Girardi hätte sein können, war seiner selbst nicht sicher. Wie so oft in seinem Leben.

Schuld daran waren »nette« Kollegen, die sich in einer Radiosendung zum Gaudium von Tausenden Hörern darüber lustig gemacht hatten, daß Heinz Conrads und Fritz Imhoff im Salzburger »Jedermann« den »Dünnen« beziehungsweise »Dicken Vetter« darstellen sollten. Die Kollegen hießen Maxi Böhm, Fritz Eckhardt und Peter Hey. An Peter Hey, der damals in der Schlickgasse im neunten Wiener Gemeindebezirk wohnte, adressierte Heinz Conrads deshalb am 27. Juni 1952 den folgenden Brief:

Lieber Peter!

Ich habe eben in der RAVAG Deinen Brief erhalten und ich glaube, es ist am besten, daß ich Dir sofort darauf antworte.

Vor allem schreibst Du mir, daß Dir in jüngster Zeit Bemerkungen meinerseits durch Kollegen überbracht wurden. Daran bin ich unschuldig, denn bis zu einem gewissen Vorfall habe ich keine einzige Bemerkung über Dich gemacht.

Nun zu der Sendung ›Die Befreiten‹ vom 9. 6. 1952.

Mir wurde ein, zwei Tage nachher von einem, unserem Beruf vollkommen ferne stehenden Menschen wortwörtlich gesagt, daß Maxi Böhm, Peter Hey und Fritz Eckhardt mich in der letzten ›Befreiten‹-Sendung verrissen hätten. Und zwar dahingehend, daß man betonte, wenn jetzt schon Kabarettisten wie Fritz Imhoff und Heinz Conrads im Salzburger ›Jedermann‹ spielen, man ja sofort Turandot als die große Chance herausbringen könnte.

Lieber Peter! Als ich im Jänner, nachdem sich Hofrat Ernst Lothar im ›Simpl‹ die Vorstellung angesehen hatte, die Berufung erhielt, in Salzburg den ›Dünnen Vetter‹ zu spielen, hat sich sofort die Wiener Tageszeitung in wüsten Schimpfereien gegen Imhoff und mich ergangen und vorgeschlagen, dann gleich den ›Jedermann‹ von Hubert Marischka und den Tod von Paul Löwinger spielen zu lassen. Nach einer ähnlichen Äußerung Hans Weigels begann dann eine sehr üble Polemik für und wider, bei der ich mich nur sehr wunderte, daß man es nicht einmal erwarten konnte, bis Imhoff und ich in Salzburg schlecht gewesen sind, um dann erst über uns herzufallen. Auch damals wunderte man sich sehr, daß Kabarettisten diese Rolle übernommen hätten. Wie Du selber weißt, ist die Bezeichnung Kabarettist eher ein Ehrentitel als ein Negativum. Zur Orientierung aber müßte man immerhin wissen, daß Imhoff von der Operette, ich aber vom Schauspiel komme.

Vielleicht wirst du aus dieser Vorgeschichte ersehen, daß ich in diesem speziellen Fall sehr erstaunt war, nach Monaten in eurer Sendung, ob nun im guten oder bösen Sinne, glossiert zu werden. Das ist weder Eitelkeit noch eine menschliche Schwäche, sondern die natürlichste Bitte eines Schauspielers, ihn doch erst die Rolle einmal spielen zu lassen, ehe man sich über ihn lustig macht. Ich habe mich auch gar nicht verhetzen lassen, sondern das war eine Mitteilung des Publikums und ich habe mich auch sofot und direkt an Maxi Böhm gewandt, mir die Sache zu erklären.

Wer das Manuskript verfaßt hat, will ich nun gar nicht

mehr wissen; es hat mich nur irgendwie gekränkt, daß meine engsten Kollegen gar nicht ein bißchen mehr Takt bewiesen haben.
Lieber Peter, Du siehst daraus, daß auch ich jedem das ins Gesicht sage, was ich denke. Und weder auf Tratschereien etwas gebe, noch mich an Gesprächen beteiligt habe, die man im ›Simpl‹ über Dich geführt hat.
Ich war immer loyal, werde es bleiben und erhoffe es nach wie vor auch von allen anderen.
Ich danke Dir für die guten Wünsche für Salzburg. Du kannst nun ermessen, mit welchen Gefühlen ich an diese, meine bisher schwerste Aufgabe herangehe.
Vielleicht hat dieser Brief aber geholfen, die ungünstige Atmosphäre zu reinigen. Ich wünsche das wirklich vom ganzen Herzen und möchte weiter bleiben Dein alter
Heinz.

Schwere psychische Belastungen äußern sich oft in körperlichen Erkrankungen. Heinz Conrads wurde in Salzburg krank. Als nämlich Fritz Imhoff, als Dicker Vetter vorgesehen, plötzlich absagte und im allerletzten Augenblick der Schauspieler Hugo Lindinger als Dicker Vetter einspringen mußte, ging das Conrads an die Nieren – im wahrsten Sinne des Wortes.
Erika Conrads, damals noch die Verlobte des Künstlers, erinnert sich: »Wir waren in einem Privatquartier in der Salzburger Innenstadt, und die Hauswirtin achtete streng darauf, daß wir in getrennten Zimmern schliefen. Kurz vor der Premiere hat der Heinz eine Nierenkolik bekommen, während wir noch einmal den Text durchgegangen sind. Ich mit meinen 21 Jahren habe so etwas zum ersten Mal mitgemacht. Es war fürchterlich: Ich habe geglaubt, der Heinz stirbt, solche Schmerzen hat er

bekommen. Die Hausfrau und ein Arzt haben ihn dann ruhiggestellt und er konnte, zwar mit Injektionen, aber doch, seinen Dünnen Vetter spielen. Wir haben niemandem etwas davon gesagt. Ich finde, der Heinz hat die Nachfolge von Theo Lingen, der vorher die Rolle gespielt hatte, durchaus würdig angetreten.«

Nur das Ehepaar Muliar, das sie damals in Salzburg besuchte, wurde über diesen Vorfall informiert. Seinem Freund Fritz vertraute Conrads alles an. Und das war schließlich auch entscheidend für den großen Krach, der die beiden entzweite.

Es war ein paar Monate nach den Salzburger Festspielen, um den Jahreswechsel 1952/53. Conrads kam etwas verspätet in den »Feuchten Stock«, wo schon Charly Fernbach und Fritzl Muliar auf ihn warteten.

»Kinder, schickt's den Wein zurück, heute gibt es Sekt«, verkündete er freudestrahlend, »es gibt einen Grund zum Feiern: Ich bin an die Josefstadt engagiert worden.« Nach mehreren Flaschen Sekt klopfte Fritz Muliar seinem »Sonntagsbruder« auf die Schulter und sagte: »Also Heinz, da beneid' ich dich.« Worauf Conrads ein hochrotes Gesicht bekam und Muliar anpfauchte: »So ein Freund bist du? Du bist mir neidig, wenn ich ein Engagement bekomm'?« Darauf Muliar: »Jetzt sei doch nicht so komisch, na klar bin ich dir neidig, wenn du ein Engagement bekommst, von dem man als Schauspieler nur träumen kann.«

Conrads stand auf, zahlte: »Mich kannst du gern haben, so was macht kein Freund, das verzeih' ich dir nie«, und verließ wutentbrannt die Runde.

Tag für Tag spielten die beiden am »Simpl«, bis in das Jahr 1955, ehe Conrads die Farkas-Bühne verließ. Wie zwei echte Theaterprofis, die sie ja waren, ließen sie es sich auf der Bühne nicht anmerken, daß sie einander privat nichts mehr zu sagen hatten. Denn als Gustav Manker zwei Jahre später Muliar ans Volkstheater holte, schickte Conrads zwar ein versöhnliches Telegramm: »Ab jetzt wieder in alter Zuneigung – weil wir einander auf nichts neidig zu sein brauchen.« Aber da wollte Muliar nicht. Ein Brief, den Conrads Weihnachten 1962 an Muliar schrieb und dessen handgeschriebene Antwort leiteten freundlichere Zeiten ein, die bei einem Winterspaziergang im Jahr 1976, wieder besiegelt wurden.

Fritz Muliar erinnert sich: »Es war in Schönbrunn, da ist der Heinz allein durch den winterlichen Schloßpark gestapft, eine Pelzmütze auf dem Kopf und in einen dicken Mantel eingepackt, und wir haben einander zufällig getroffen. Sehr müde hat er ausgesehen. Da hat er so vor sich hingeraunzt, in seiner liebenswürdigen, unnachahmlichen Art: ›Weißt, ich bin net ganz g'sund, und in letzter Zeit werde ich immer grantiger und ich weiß auch nicht, was das mit mir ist.‹ Und nach einer Weile hat er ganz plötzlich und unvermittelt gesagt: ›Weißt Fritzl, bled war'n wir schon damals, wir beide. Ich war bled und du warst bled.«

Und die beiden gingen miteinander eine halbe Stunde durch den Schnee spazieren und redeten sich endlich von der Seele, was sie im Grunde ihres Herzens mehr als zwanzig Jahre lang geplagt hatte.

Zu seinem 70. Geburtstag, als das Fernsehen eine große Geburtstagsfeier veranstaltete – eine größere hat es noch nie für einen österreichischen Künstler gegeben –, war auch das »Sonntagskind« Fritz Muliar aus den »Simpl«-Zeiten unter den zahllosen Gratulanten.

»In deinem Lager, Heinz«, schloß Muliar seine Laudatio vor einem Millionenpublikum, »ist Österreich.«

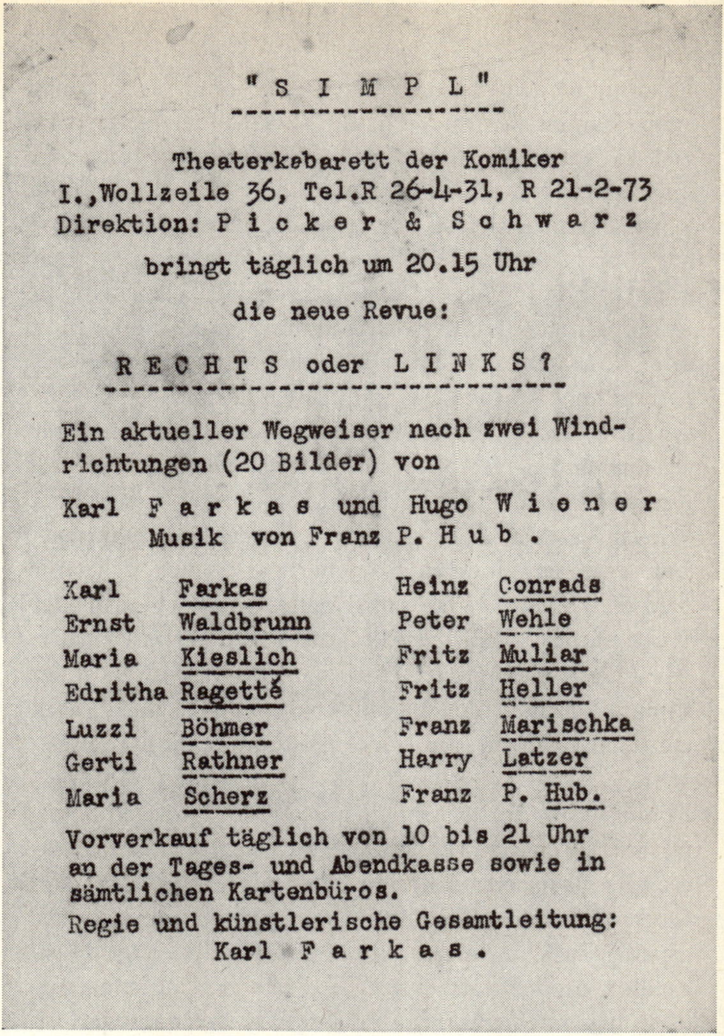

"S I M P L"

Theaterkabarett der Komiker
I.,Wollzeile 36, Tel.R 26-4-31, R 21-2-73
Direktion: P i c k e r & S c h w a r z

bringt täglich um 20.15 Uhr

die neue Revue:

R E C H T S oder L I N K S ?

Ein aktueller Wegweiser nach zwei Windrichtungen (20 Bilder) von

Karl F a r k a s und Hugo W i e n e r
Musik von Franz P. H u b .

Karl	Farkas	Heinz	Conrads
Ernst	Waldbrunn	Peter	Wehle
Maria	Kieslich	Fritz	Muliar
Edritha	Ragetté	Fritz	Heller
Luzzi	Böhmer	Franz	Marischka
Gerti	Rathner	Harry	Latzer
Maria	Scherz	Franz	P. Hub.

Vorverkauf täglich von 10 bis 21 Uhr an der Tages- und Abendkasse sowie in sämtlichen Kartenbüros.
Regie und künstlerische Gesamtleitung:
Karl F a r k a s .

Programmzettel aus dem Beginn der »goldenen« Simpl-Zeit mit Karl Farkas.

Es kommt nicht von ungefähr, daß Conrads und Muliar ein so ambivalentes Verhältnis zueinander hatten. In vielen Eigenschaften, in den künstlerischen wie auch den menschlichen, waren sie einander sehr ähnlich. Zu ähnlich manchmal, als daß aus dieser Beziehung eine dauerhafte und unzertrennliche Freundschaft hätte werden können. Hugo Wiener, ein Zeitzeuge aus gemeinsamen »Simpl«-Tagen, erinnert sich schmunzelnd: »Sie waren in ihrer Mimosenhaftigkeit sehr ähnlich. Aber der Conrads hatte damals schon den Spitznamen ›Mimose‹ von uns erhalten, also blieb dem Muliar, der ein bißchen später gekommen ist, ein solcher erspart.«

Zusammen mit Karl Farkas hatte Hugo Wiener dem Wiener Kabarett zu einer ersten Blüte in der Nachkriegszeit verholfen. Und Hugo Wiener war es auch, der dafür plädierte, Heinz Conrads ein zweites Mal ans Haus in der Wollzeile zu holen, das er schon einmal verlassen hatte. Als Hugo Wiener drei Jahre nach Kriegsende aus der Emigration mit seiner Frau Cissy Kraner nach Wien zurückkehrte, war der Name Conrads für ihn kein Begriff.

Er traf Conrads, der damals mit seiner populären Sonntagmorgensendung schon das 100. Sende-Jubiläum gefeiert hatte, zum ersten Mal vor dem Hotel Bristol bei der Oper. »Er hatte weiße kurze Hosen an und sah irgendwie gspaßig aus«, erinnert sich Hugo Wiener, »der Gustl Zelibor, den ich dort an der Ecke getroffen hatte, hat uns dann bekannt gemacht. Und bevor er weggegangen ist, hat er mir zugeflüstert: ›Das ist jetzt einer der bekanntesten Leute in Wien.‹«

Hugo Wiener war in der ersten Zeit nach seiner Rückkehr

21 Im Jahre 1958 erhielt Heinz Conrads das Goldene Ehrenzeichen für Verdienste um die Republik Österreich, überreicht durch Bundespräsident Adolf Schärf

22 Im Gespräch mit Bundeskanzler Leopold Figl

23 Zu Besuch im Kanzleramt bei Julius Raab

24 Bei Dreharbeiten am Wörther See im Jahre 1960 mit Helmut Qualtinger

25 Auf dem Gaisberg im Sommer 1958 mit Regisseur Ernst Marischka

26 Private Feier mit den Freunden Robert Jungbluth und Karl Dönch 27 Das Ehrenmitglied von Rapid mit Fußball-Star Hans Krankl und Nationalratspräsident Anton Benya 28 Beim Heurigen: das Ehepaar Conrads mit dem Ehepaar Kreisky

29 Conrads als römischer Offizier mit Rolf Wanka in dem Lustspiel »Kleopatra II« 30 Auch bei Modeschauen verdiente sich Conrads nach dem Krieg sein Geld 31 Noch während des Krieges am Stadttheater als Primgeiger Drahanek

32 Vor der Wiener Staatsoper mit Richard Eybner

33 Der populäre Conrads wird zur Verkehrserziehung eingesetzt

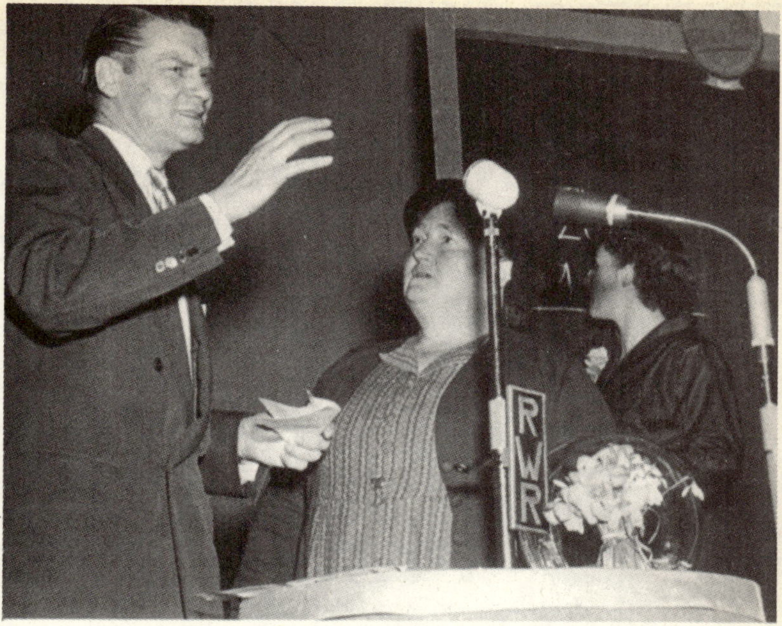

36 Bei »Faß das Glück« war es fast schwieriger zu verlieren als zu gewinnen 37 Conrads hatte den Auftrag, Kandidaten nach Möglichkeit gewinnen zu lassen

34 Conrads beim Ball der Gärtner Mitte der fünfziger Jahre 35 Und beim Faschingsspaß in den Sofiensälen

38 Doppelconférence mit Karl Farkas, Conrads ist der »Blöde« 39 Conrads in Frauenkleidern bei einer Revue im Simpl 40 Und noch eine Doppelconférence 41 Parodie auf den »Schwejk« mit Karl Farkas, Fritz Muliar, Fritz Heller und Heinz Conrads

in einer Kabarett-Bar in der Annagasse im ersten Wiener Gemeindebezirk tätig. Die künstlerische Leitung hatten dort Fritz Imhoff und Hermann Leopoldi. Imhoff war der beste Freund von Hugo Wiener. Er hatte Hugo Wiener vor Kriegsbeginn zur Flucht verholfen und ihm dadurch vermutlich das Leben gerettet.

Hugo Wiener: »Ich hatte Steuerschulden, ziemlich viel sogar. Ohne die zu bezahlen, wäre ich niemals weggekommen. Fritz Imhoff hat mir damals, es war im Jahre 1938, aus München einen Blankoscheck geschickt. So sind wir gerade noch im letzten Augenblick rausgekommen.«

Dieser Fritz Imhoff half ebenso schnell bei Wieners Rückkehr zehn Jahre später: Hugo Wiener und Cissy Kraner wurden im Oktober 1948 engagiert. Im Jahr darauf kamen beide an das »Simpl«. Noch vor Karl Farkas. Und sie blieben auch, als Baruch Picker Farkas mit der künstlerischen Leitung betraute.

Entgegen Farkas' ursprünglicher Absicht, niemand aus der Direktion Fierlinger und Oegyn zu übernehmen, blieben doch Hugo Wiener, Cissy Kraner und Ernst Waldbrunn. Und ein paar Monate später kam Heinz Conrads. Auf den ausdrücklichen Wunsch von Hugo Wiener: »Wir haben uns damals mit dem Farkas beraten. Maxi Böhm und Heinz Conrads standen zur Diskussion. Farkas hat gemeint, daß beide eigentlich keine richtigen Kabarettisten wären, sondern reine Conférenciers für Aktualitäten. Rein gefühlsmäßig habe ich dann für Conrads plädiert, weil ich ihn als ein wenig kantiger und ruppiger empfunden habe. Eigenschaften, die vielleicht besser zum ›Simpl‹ gepaßt haben.«

Also kam Heinz Conrads, und er hatte großen Erfolg am »Simpl«. Nicht zuletzt durch seine ungeheure Populari-

tät, die er sich – in wahrhaft mühevoller Kleinarbeit – erarbeitet hatte.
Conrads war anders als alle anderen. Ein ganz eigenartiger Mensch als Schauspieler.
Hugo Wiener: »Ich habe in meinem Leben noch keinen anderen so wie ihn erlebt. Wenn der einen Sketch bekommen hat, hat er sich zuerst die Rollen der anderen durchgelesen. Dann hat er sich seine Rolle angesehen und verglichen, ob sie vielleicht schlechter war als die der anderen, ob sie auch zu ihm passe oder ob sie ihn lächerlich machen würde.« Bekanntlich verdankt Fritz Muliar einer solchen Rollen-Ablehnung – als Conrads einen Pelzhändler spielen sollte – sein Engagement an den »Simpl«.
Eine weitere Eigenart von Heinz Conrads war, daß er immer auf einer Berufsangabe zu seiner Rolle bestand. »Ich muß doch wissen«, pflegte er sich zu rechtfertigen, »ob ich einen Generaldirektor oder einen Gemüseverkäufer darstelle«.
Eine Eigenart, die er offenbar vom großen Volksschauspieler und Publikumsliebling Hans Moser übernommen hatte: Auch der mußte immer wissen, welcher Beruf hinter der Rolle steckte, die er darzustellen hatte. Als Moser einmal einen alten Büroschreiber spielen mußte, kam er während der Proben immer mit einem alten Polster unter der linken Achsel. Seinen erstaunten Kollegen erklärte er: »Der hat doch sicher vom vielen Schreiben schon eine ganz verzogene Schulterpartie, das muß man doch irgendwie darstellen.«
Ein Gemüseverkäufer namens Joresch war die Conrads-Paraderolle im »Simpl«-Programm. Auch als Herr Stransky und als Herr Brumbirl trat Conrads auf. Karl Farkas war in dieser Doppelconférence natürlich der

Gescheite, Heinz Conrads immer der Blöde. »Die Doppelconférence«, definierte Karl Farkas einmal, »ist der Dialog zwischen einem G'scheiten und einem Blöden, worin der G'scheite dem Blöden etwas Gescheites möglichst gescheit zu erklären versucht, damit der Blöde möglichst blöde Antworten darauf zu geben imstande ist – mit dem Resultat, daß zum Schluß der Blöde zwar nicht gescheiter, aber dem Gescheiten die Sache zu blöd wird. Beide haben daher nichts zum Lachen. Dafür desto mehr das Publikum ...«

Hugo Wiener, der geistige Vater so vieler grandioser Doppelconférencen, hat auch jene geschrieben, die »Geldzirkulation« heißt und mit Farkas und Conrads am »Simpl« ihre Premiere hatte. Mittlerweile ist sie schon zu einem Klassiker des Kabaretts geworden, von vielen Künstlern gespielt. Sie spielt, wie so oft, in einem kleinen Kaffeehaus in Wien, die Herren Stransky (Conrads) und Leubusch (Farkas) sind die Hauptfiguren. Auch ein Ober Josef ist mit von der Partie.

STRANSKY (tritt auf): Guten Tag ...

LEUBUSCH (freudig überrascht): Guten Tag, Herr Stransky! Setzen Sie sich zu mir!

JOSEF: Was wünschen Herr Stransky?

STRANSKY: Einen Kaffee ohne.

JOSEF: Wollen Sie einen Löffel?

STRANSKY: Natürlich. Ich kann doch nicht mit der Nase umrühren.

JOSEF: Dann sagen Sie nicht »ohne«! (Ab)

STRANSKY (ruhig zu Leubusch): Was sagen Sie zu dem Josef, Herr Leubusch?

LEUBUSCH: Das Kaffeehaus wird man sich abgewöhnen müssen. Wie geht es Ihnen, Herr Stransky?

STRANSKY: Gesundheitlich nicht gut. Morgen lasse ich mich untersuchen, bei dem Dr. Werner in Ihrem Haus.
LEUBUSCH: Der ist doch Doktor der Musik –?
STRANSKY: Ich weiß es.
LEUBUSCH: Was wollen Sie dann bei ihm?
STRANSKY: Ich habe Singen im Ohr. Außerdem fühle ich mich furchtbar müde.
LEUBUSCH: Nehmen Sie Fichtennadelbäder.
STRANSKY: Das sticht zuviel.
LEUBUSCH: Dann gehen Sie zum Dr. Jellinek.
STRANSKY: Der ist mir zu teuer.
LEUBUSCH: Zu teuer? Wissen Sie, was der Spesen gehabt hat, bis er überhaupt Arzt geworden ist?
STRANSKY: Natürlich weiß ich das, aber die kann er doch nicht alle von *einem* Patienten zurückhaben wollen. Auch verschreibt er mir zu moderne Mittel. Da muß einer schon sehr gesund sein, daß er die aushält. – Was macht die Familie? Ist das Fräulein Tochter schon verlobt?
LEUBUSCH: Leider noch nicht. So ein hübsches Mädel ... mir aus dem Gesicht wie herausgerissen und findet keinen Mann. Neulich habe ich ihr Bild an den »Klub der Einsamen« geschickt ... ich habe mir gedacht, vielleicht interessiert sich doch einer für sie.
STRANSKY: Und? Was haben die geantwortet?
LEUBUSCH: *So* einsam sind sie nicht. – Wie geht es der Frau Gemahlin?
STRANSKY: Fragen Sie nicht! Bevor wir geheiratet haben, habe ich ihr einmal gesagt, daß sie schöne Zähne hat – seitdem macht sie den Mund nicht mehr zu. Und Geld gibt sie aus! Jetzt will sie sich wieder eine elektrische Geschirrspülmaschine kaufen.
LEUBUSCH: Seien Sie froh! Meine glaubt, sie hat eine geheiratet!

JOSEF (kommt mit zwei Tassen Kaffee): Da ist der Kaffee! Haben die Herren noch einen Wunsch?
STRANSKY: Bringen Sie mir eine Semmel – aber eine braune.
JOSEF: Leider – wir haben nur platinblonde. (Ab)
STRANSKY (immer verwundeter): Was sagen Sie zu dem Josef?
LEUBUSCH: Das Kaffeehaus wird man sich abgewöhnen müssen!
STRANSKY: Ich habe Sie sowieso lange nicht hier gesehen.
LEUBUSCH: Drei Wochen. Ich war in Rom.
STRANSKY: Nicht möglich ...
LEUBUSCH: Da haben Sie ein Foto von dort. (Nimmt ein Foto aus der Tasche) Da stehe ich neben dem Apoll von Belvedere. Das links ist der Apoll.
STRANSKY: Das hätten Sie mir gar nicht erst sagen müssen. (Bewundernd) Sie in Rom! Können Sie Italienisch?
LEUBUSCH: Si, signore. Italienisch ist gar nicht schwer. »Giorno« heißt »Tag«, »notte« heißt »Nacht« – und mit den anderen Worten ist es dasselbe. Außerdem kennt jeder ein paar Brocken Italienisch. Sie bestimmt auch. Was heißt zum Beispiel »casa piccola«?
STRANSKY: »Wenig Geld«.
LEUBUSCH: »Kleines Haus«! Wir kommen Sie auf »wenig Geld«?
STRANSKY: Ich hab' geglaubt, weil Sie gesagt haben »Kassa«.
LEUBUSCH (weich aussprechend): »Casa«! Das heißt »Haus«. Aber was anderes. Was heißt »tutti avanti«?
STRANSKY: *Das* weiß ich: »Brust heraus«!
LEUBUSCH (wütend): Nein!! »Alles voran«!
STRANSKY: Ich hab' geglaubt, weil Sie gesagt haben Tu –
LEUBUSCH (unterbricht ihn schnell): Ich weiß! Aber auch

wenn Sie nicht Italienisch können, würde ich Ihnen wünschen, einmal nach Rom zu fahren. Dort herrscht ein Leben! Eine Elegance! Eine Geldzirkulation!

STRANSKY: Eine – was?

LEUBUSCH: Eine Geldzirkulation.

STRANSKY: Was ist das?

LEUBUSCH: Sie wissen nicht, was Geldzirkulation ist?

STRANSKY: Nein ...

LEUBUSCH (versucht zu erklären): Das Geld zirkuliert ... es geht von einem zum andern ... es macht einen Kreislauf ...

STRANSKY: Da muß *ich* eine Kreislaufstörung haben! Zu mir kommt es nicht.

LEUBUSCH: Sie und Ihr Geld zählen doch da nicht. Ich spreche doch von wirklichem Geld. Von Kapital und Arbeit.

STRANSKY: Was ist da eigentlich für ein Unterschied?

LEUBUSCH: Das kann ich Ihnen sagen. Wenn ich Ihnen hundert Schillinge borge, ist das ein Kapital – wenn ich sie wieder zurückhaben will, ist es eine Arbeit. Aber das meine ich jetzt nicht. Nehmen Sie an, Sie wären ein italienischer Großindustrieller und erzeugen – sagen wir – Fieberthermometer.

STRANSKY: Warum grad' Fieberthermometer?

LEUBUSCH: Es ist mir so eingefallen.

STRANSKY: Hätte Ihnen nicht etwas Besseres einfallen können? Was kann man an Fieberthermometern schon verdienen?

LEUBUSCH: In der heutigen Zeit, wo niemand krank sein will, ein Vermögen. Sie haben, Ihrer Stellung entsprechend, natürlich auch einen Sekretär.

STRANSKY: Wozu?

LEUBUSCH: Weil Sie eine Hilfe brauchen.

STRANSKY: Aha!
LEUBUSCH (fortsetzend): Und bezahlen ihm in unserer Währung achttausend Schilling im Monat.
STRANSKY: Das ist mir zuviel.
LEUBUSCH: Warum?
STRANSKY: Weil ich bei solchen Gehältern in Konkurs gehen muß! So viel Fieber können die Italiener gar nicht haben, daß ich das hereinkriege!
LEUBUSCH: Dann zahlen Sie ihm siebentausend Schilling!
STRANSKY: Sechs – und keinen Groschen mehr!
LEUBUSCH (gereizt): Gut – sechs! Das ist ein Einkommen, das es dem Mann ermöglicht, seiner Frau zum Geburtstag ein Geschenk zu kaufen. Er geht also zum Juwelier und kauft ihr einen Stein.
STRANSKY: Für *mein* Geld.
LEUBUSCH: *Ihr* Geld ist ja bereits *sein* Geld! Das Geld hat ja schon begonnen zu zirkulieren. Denn der Juwelier braucht einen Anzug und geht zum Schneider – der Schneider braucht ein Paar Schuhe und geht zum Schuhmacher – und der Schuhmacher braucht ein Schloß und geht zum Schlosser. Der Schlosser wieder braucht ein Bett und geht zum –
STRANSKY (fällt ein): Zum Bettler –
LEUBUSCH: Zum Tischler! Der Tischler aber erkältet sich (triumphierend) und –?
STRANSKY: Kriegt einen Schnupfen.
LEUBUSCH: Richtig! Und was macht man, wenn man einen Schnupfen hat?
STRANSKY: Man niest.
LEUBUSCH: Nein!!
STRANSKY: Also *ich* niese immer.
LEUBUSCH: Man kauft sich –?
STRANSKY: Einen Glühwein.

LEUBUSCH: Ein Fieberthermometer! Dieses Fieberthermometer aber erzeugen *Sie* – und so kommt das Geld, das Sie Ihrem Sekretär gegeben haben, wieder zu Ihnen zurück.

STRANSKY: Das ist ein schönes Verlustgeschäft.

LEUBUSCH: Wieso?

STRANSKY: Na hören Sie?! Ich bezahle meinem Sekretär sechstausend Schilling, und der Tischler kauft sich ein Fieberthermometer? Was kann so ein lumpiges Fieberthermometer schon kosten? Außerdem, was mache ich, wenn der Tischler *kein* Fieber bekommt? Wenn das ein gesunder Tischler ist?

LEUBUSCH: Wenn Sie eine Frau wären und so schön wären, wie Sie dumm sind, wäre die Brigitte Bardot eine Mißgeburt gegen Sie! Ich wollte Ihnen doch nur erklären, daß in Italien das Geld den Besitzer wechselt.

STRANSKY: Und in Österreich nicht?

LEUBUSCH: Nein. In Österreich wechselt höchstens der Besitzer das Geld.

JOSEF (kommt): Darf ich kassieren? Ich werde abgelöst! Da fällt mir grad' ein, Herr Stransky, ich krieg' noch hundert Schilling von Ihnen.

STRANSKY: Ich weiß es, Josef, aber heute habe ich sie leider nicht. Ich habe nur fünfzig.

JOSEF (deutet auf einen Fünzigschillingschein, den Stransky in der oberen Seitentasche trägt): Dann geben Sie mir einstweilen den! (Nimmt den Schein und steckt ihn in seine eigene obere Seitentasche) Krieg' ich noch fünfzig.

STRANSKY: Ja.

LEUBUSCH (zu Josef): Sagen Sie einmal, Josef – Sie haben mir doch neulich auf tausend Schilling nicht zurückgeben können und sind mir hundert Schilling schuldig geblieben.

JOSEF: Ja. Aber heute habe ich sie nicht.

LEUBUSCH: Das macht nichts. Geben Sie mir einstweilen die fünfzig Schilling, die Ihnen der Herr Stransky gegeben hat. (Nimmt den Schein aus Josefs Tasche und steckt ihn in seine obere Seitentasche) Krieg' ich noch fünfzig.

JOSEF: Ja.

STRANSKY (zu Leubusch): Sagen Sie einmal, Herr Leubusch – Sie sind mir doch von der letzten Dominopartie noch hundert Schilling schuldig.

LEUBUSCH: Ja. Aber heute habe ich sie leider nicht.

STRANSKY: Das macht nichts. Geben Sie mir einstweilen die fünfzig Schilling, die Ihnen der Josef gegeben hat. (Nimmt den Schein und steckt ihn wieder in seine obere Seitentasche.) Krieg' ich noch fünfzig.

LEUBUSCH: Ja.

STRANSKY (zu Josef): Sagen Sie einmal, Josef – ich bin Ihnen doch eben jetzt fünfzig Schilling schuldig geblieben?

JOSEF: Ja ...

STRANSKY: Da haben Sie sie! (Gibt Josef die fünfzig Schilling) Sind wir quitt.

JOSEF (überrascht): Ja. (Im selben Ton wie Stransky, zu Leubusch) Sagen Sie einmal, Herr Leubusch – ich bin Ihnen doch eben jetzt fünfzig Schilling schuldig geblieben?

LEUBUSCH: Ja ...

JOSEF: Da haben Sie sie. (Gibt ihm den Schein) Sind wir quitt.

LEUBUSCH (verwundert): Ja. (Im selben Ton zu Stransky) Sagen Sie einmal, Herr Stransky – ich bin Ihnen doch eben jetzt fünfzig Schilling schuldig geblieben?

STRANSKY (hat alles erstaunt verfolgt): Ja ...
LEUBUSCH: Da haben Sie sie. (Gibt ihm den Schein) Sind wir quitt.
STRANSKY (erstaunt): Ja. Und ich habe wieder meine fünfzig Schilling ...
LEUBUSCH: Wer ist jetzt wem was schuldig?
JOSEF: Keiner – keinem.
STRANSKY: Sehen Sie, meine Herren – *so zirkuliert das Geld in Österreich!!*

Diese Doppelconférence fand immer im ersten Teil des Programms statt. Farkas hat Conrads nie schlecht behandelt, obwohl er nicht gerade ein begeisterter Anhänger von ihm gewesen ist. »Aber der Farkas«, sagt Hugo Wiener, »war überhaupt ein Mensch, der nicht gern den Erfolg von anderen akzeptiert hat. Er konnte sich auch für niemanden mitfreuen. Er hat höchstens gebrummt: ›Na, wird schon nicht so großartig gewesen sein.‹ Für ihn durfte nur der ›Simpl‹ erfolgreich sein und seine schrecklichsten Tage waren Karfreitag und Weihnachten – weil er da keine Vorstellungen geben konnte.«
Aber bei der »Mimose« war selbst Farkas zurückhaltend. Nur Hugo Wiener selbst passierte einmal ein Mißgeschick: »Ich hab' ihm gesagt, daß wir durch seine Verpflichtung den Zuschauerkreis enorm erweitert hätten. Ich habe das wirklich positiv gemeint. Da hat er mich gleich ganz grantig angefahren: ›Aha, ich versteh', du glaubst, daß jetzt mehr Hausmeister kommen.‹« Tagelang hat er dann mit Hugo Wiener kein Wort mehr gesprochen.
Dabei hat er in seinem alten Freund Hugo Wiener bis zum heutigen Tag einen seiner größten Bewunderer: »Ich

glaube, daß der Conrads ein zweiter Girardi geworden wäre. Eine moderne Ausgabe davon. Wenn man manche Lieder von ihm hört wie beispielsweise: ›Wennst nimma weiter kannst‹ – da ist soviel Herz dabei, wie es nur ein ganz großer Künstler auszudrücken vermag. Irgendwie habe ich halt immer das Gefühl gehabt, daß ihn das nicht befriedigte, was er machte, und daß er darunter sehr gelitten hat.«

Hugo Wiener und Heinz Conrads waren bis zuletzt befreundet. »Er hat unsere Beziehung aus alten ›Simpl‹-Tagen eigentlich nie abreißen lassen«, erzählt Wiener, »obwohl er dann ziemlich bald den ›Simpl‹ verlassen hat. Aber er war ja in seiner Treue und in seinem Willen, alle beisammen zu halten, sehr konsequent und rührend. Wer einmal in seinem Leben etwas Entscheidendes zu tun gehabt hat, den hat er um sich geschart. Wir waren bis zuletzt mindestens dreimal im Jahr bei ihm zu Gast.«

Wie angerührt Conrads in diesen Tagen reagieren konnte, beweist die kleine Episode, die sich mit Fritz Imhoff am Wolfgangsee ereignete. Es war in jenem Festspielsommer 1952, als die beiden im »Jedermann« engagiert waren: Zum Mittagessen waren sie nach St. Wolfgang gefahren, ein Katzensprung von der Festspielstadt entfernt. Nach dem Essen ist der Wirt zum Imhoff gekommen und hat ihn um eine Eintragung ins Gästebuch gebeten. Der Imhoff hat langmächtig etwas hineingeschrieben. Und als sich der Wirt bedankte und weggehen wollte, fragt ihn der Imhoff: »Ja und vom Conrads wollen Sie kein Autogramm haben?« Der Wirt, der offenbar nicht so viel mit der Person anfangen konnte, nickte nur eilfertig und sagte: »Dürft' ich Sie auch bitten, Herr Konrad?« Worauf sich Heinz Conrads umdrehte und mit den Worten »Mich können S' gernhaben« das Lokal verließ.

REFRAIN:
FLOTT
LAUTER
BLÖDE
LAUTER BLÖDE
LAUTER
BLÖDE
LAUTER BLÖDE
LAUTER BLÖDE
LAUTER BLÖDE
LAUTER BLÖDE
LAUTER

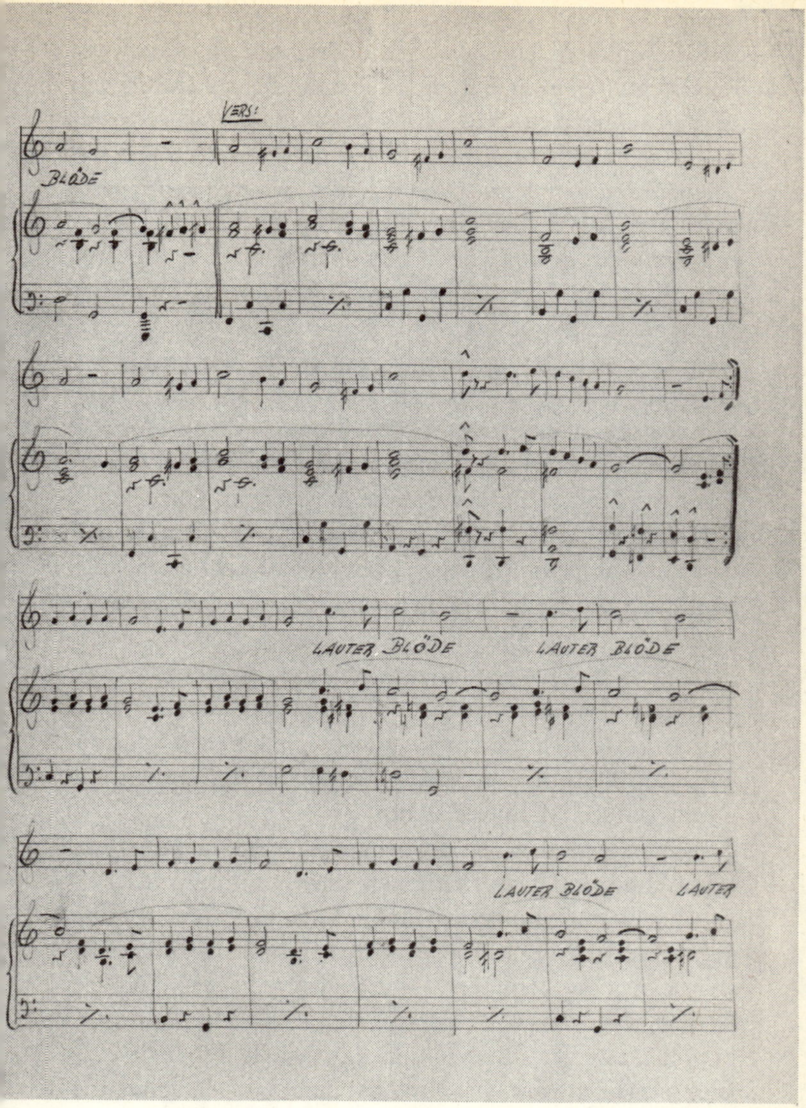

Ein Conrads-Spruch wird zum Gassenhauer – Hugo Wiener und Trojan Welisch vertonen »Lauter Bleede«. Eine Redewendung, die zum schicksalhaften Verhängnis wurde.

Sein besonderes Talent während der »Simpl«-Zeit war, Redewendungen zu erfinden, die sich dann viele Österreicher zu eigen machten.
Solche Pointen waren nicht von einem Textdichter verfaßt worden, sondern entsprangen immer der spontanen Idee eines Augenblicks. Viele dieser mittlerweile zum Allgemeingut gewordenen Formulierungen sind entstanden, als Heinz Conrads noch auf der Kabarett-Bühne in der Wollzeile stand.
»Lauter Bleede« ist so ein Spruch, der durch ganz Österreich ging und später sogar zu einem Schlager wurde. Die Musik dazu stammte von Hugo Wiener. Aber bevor die allererste Note dazu geschrieben wurde, hatten die Worte auf der »Simpl«-Bühne Premiere. Erdacht von Heinz Conrads während eines Schul-Sketches, bei dem er mit Farkas, Waldbrunn, Fritz Heller und Muliar die Schulbank drücken mußte – als »böhmisches« Kind. Und so extemporierte er plötzlich und unvermutet: »Lauter Bleede«. Seine Bühnenkollegen gerieten für Sekunden aus der Fassung, während sich das Publikum vor Lachen bog. Farkas hatte sich als erster erfangen, zwinkerte ihm zu und bis ans Ende des Abends fiel alle paar Minuten die Redewendung »Lauter Bleede«.
Am Ende lachten selbst die Schauspieler Tränen über die Wortschöpfung ihres Bühnenkollegen.
In einer Sonntagmorgensendung ist Conrads darauf eingegangen. »O Freunde«, erzählte er seinem Publikum, »es lacht des Komikers Herz und weint auch bittere Tränen, wenn man ihm, dem greisen Künstler, ununterbrochen aufs Kreuz haut und das geniale Wort ›Lauter Bleede‹ nachschreit. Ich habe nämlich das beklemmende Gefühl, daß dieser ›Simpl‹-Schlachtruf allmählich ein österreichischer Slogan wird.«

Die Zusammenarbeit mit Farkas war nicht immer einfach. Denn Farkas konnte ganz schön grantig sein, wenn nicht alles nach seinem Willen lief. Oft stand er während der Vorstellung hinter der Bühne und gab seine Anweisungen so laut, daß man ihn bis in den Zuschauerraum hören konnte. Nicht allen war das angenehm, wenn es hinter dem Vorhang zischelte.

Conrads hat das, was seine Person betraf, abgestellt, indem er während eines Sketches plötzlich unterbrach und, zurückgewandt, fragte: »Bitte, Karl, was hast du gesagt? Ich hab's nicht verstanden. Soll ich mehr nach links gehen? Ist das in Ordnung?« Ausnahmsweise war einmal nicht Conrads der Beleidigte, sondern sein künstlerischer Direktor. »Das wär' wirklich nicht notwendig gewesen«, brummte dieser mißmutig nach der Vorstellung. Freilich, gar so schlecht war es auch wieder nicht, das Verhältnis zwischen Karl Farkas und Heinz Conrads. Und wie sehr sich der künstlerische Direktor in die Seele seines Schauspielerkollegen hineinversetzen konnte, beweisen doch einige Lieder, die er dem Conrads geradezu auf den Leib geschrieben hat.

Ein kleines Kunstwerk darunter ist das »Hundelied«, das Farkas geschrieben und Gustl Zelibor komponiert hat. Es war für den »Schwejk« an der »Josefstadt« eingebaut worden. Mit welchem Einfühlungsvermögen es vorgetragen wurde, beweisen die folgenden drei Jahrzehnte: Dieses Lied gehörte zu den meistgewünschten in allen Conrads-Sendungen, immer wieder mußte er es bringen.

Das Hundelied

Ein Hunderl nämlich hat einen Charakter
Und folgt dem Herrn treu durch dünn und dick.

Der Mensch hingegen ist mehr ein Kalfakter,
Und außerdem betreibt er Politik.
Ein Hund kennt keinen Unterschied der Klasse,
Ihm ist der schönste Stammbaum allerlei.
Und hat ein and'rer Hund a and're Rasse,
So findet er nichts Schreckliches dabei.
Doch wenn der Mensch sich mal ärarisch einlebt,
Muß stramm vor Klassenhöhern er marschier'n
Und macht die Augen links, wenn er das Bein hebt,
Sowas kann einem Hunderl nicht passier'n.

Hunde sind von ganz verschied'ner Färbung,
Sind schwarz und weiß, gefleckt und grau und braun,
Doch dient die Farbe nicht als Stimmenwerbung
Für gleichfarbiges, hündisches Vertrau'n.
Der Mensch jedoch hat Farbe der Gesinnung
Und ändert sie oft nach der Konjunktur
Im Tausch für Stellung oder Geldgewinnung
Und manchmal auch für einen Titel nur.
Den Farbenwechsel, der jetzt so in Mod' ist,
Energisch alle Vierfüßler negier'n.
Denn, daß er heute schwarz und morgen rot ist,
Sowas kann einem Hunderl nicht passier'n.

Ein Hundefräulein flirtet nicht so häufig,
Verschmäht normalerweise Schmutz und Schund.
Nur wenn der Frühling kommt, wird sie beiläufig
Erweckt und kommt moralisch auf den Hund.
Doch wählt sie dann den kühnsten Schwerenöter,
Der toll um ihre Gunstbezeugung rauft,
Und geht nicht mit einem alten fetten Köter,
Nur weil er ihr ein neues Halsband kauft.
Die Dame, die zu Tanz und Tee und Turf kommt,
Denkt bei der Liebe nur ans Profitier'n,

Und neppt dann jeden, der ihr in den Wurf kommt.
Sowas kann einem Hunderl nicht passier'n.

Ein Hund will nichts als seinem Herren dienen,
Jahraus, jahrein ergeben treu und stumm.
Er will nur eines einz'gen Gunst gewinnen
Und schert sich nicht um großes Publikum.
Dem Menschen kann man 'n Brotkorb höher hängen,
Dem Hund hängt man den Maulkorb nie zu tief.
Er braucht sich nicht der Masse aufzudrängen,
Bis beifällig sie seinen Namen rief.
Ich aber steh' verzagt vor Ihnen allen
Und hoffe gern, daß Sie auch applaudier'n,
Ich muß ja jedem einzelnen gefallen, seh'n Sie,
Sowas kann einem Hunderl nicht passier'n.

»FASS DAS GLÜCK«

Rateonkel für sieben Jahre

Was immer Heinz Conrads in diesen Tagen anpackte, es begeisterte sein Publikum. Er war von einer so erfrischenden Herzlichkeit und natürlichen Überzeugungskraft und als Unterhaltungskünstler so erfolgreich, daß er alle Beliebtheitsrekorde übertraf. Vor allem, wenn man sich, so wie Conrads, eigentlich als Schauspieler sah: Denn wenige Kritiker sahen eine Kunst darin, so populär zu sein und so vielen Menschen gleichzeitig zu gefallen. So etwas war verdächtig.

Peter Loos, damals noch Kulturkritiker, war einer der wenigen, denen das nicht suspekt war. Im »Abend« vom 25. März 1952 schrieb er über die »Simpl«-Revue von Karl Farkas und Hugo Wiener: »Auch ich sage, schauen Sie sich die neue Revue ›Vorwärts ins Gestern‹ unbedingt an! Und wenn Sie beim ersten Mal vor lauter Lachen nicht dazukommen, jede Pointe der fast unerschöpflichen Reihe zu genießen – dann schauen Sie sich's ein zweites Mal an. Sie werden es nicht bereuen. Ich garantiere dafür.«

Wer glaubte, daß diese Lobeshymne nicht mehr zu übertreffen war, der wurde eines Besseren belehrt. Denn in den allerhöchsten Tönen schwelgte der Kritiker – trotz Farkas, trotz Wiener, trotz des köstlichen Fritz Heller und Franz Marischka – über Heinz Conrads: »Und damit«, so heißt es weiter, »komme ich schon zu den Darstellern dieses Jubiläumsprogramms, das ins Gestern

des Kabaretts zielt und ins Heute trifft. Da ist diesmal weit vor allen andern zu nennen: Heinz Conrads!
Was hat Karl Kraus vorgeschlagen? Heinrich Eisenbach ans Burgtheater? Heinz Conrads ebenfalls! In der Nähe ist er schon? Natürlich, er spielt ja den ›Dünnen Vetter‹ im Salzburger ›Jedermann‹. Na, umso besser, denn er verdient es! Allein sein Schöner Edi aus der Jahrhundertwende ist ein künstlerischer Hochgenuß.«
Kritikerwünsche, die nie in Erfüllung gingen. Obwohl Heinz Conrads viel dafür gegeben hätte, einmal an der Burg zu spielen.
Fast genau 25 Jahre später schrieb ihm Peter Loos, mittlerweile Mitglied des Theaters in der Josefstadt, in einem Brief: »Mein lieber Heinz Conrads! Bei der Durchsicht meiner berüchtigten Kritiken fand ich das Exemplar jener Zeitung, in der ich die Revue ›Vorwärts ins Gestern‹ kritisiert habe. Vielleicht macht es Dir Spaß zu hören, daß ich immer noch derselben Meinung bin. Mit dem Unterschied, daß heute – mehr denn je – Dein Wirken mehr Menschen Freude macht, als es im Burgtheater möglich wäre!«
Conrads ans Burgtheater! An den heiligsten aller Musentempel im deutschsprachigen Raum! Was für eine utopische Forderung gerade zu Beginn der fünfziger Jahre: Schließlich hatte Conrads damals mit dem Medium Rundfunk ganz neue Dimensionen in den Zuhörerzahlen erreicht, mit seiner ungekünstelten Art und seinem ebenso unverfälschtem Humor, der bisweilen volkstümlich derb sein konnte, aber immer innerhalb der Grenzen des Erlaubten.
»Faß das Glück« hieß diese Rundfunk-Sendung und Heinz Conrads verdankt diese neue Welle der Popularität nicht nur seinem künstlerischen Können, sondern auch

der unternehmerischen Überlegung der bekannten Mautner Markhof-Familie.
Genauer gesagt dem Konsul Manfred Mautner Markhof. Denn »Faß das Glück« war eigentlich dem ersten österreichischen Austauschstudenten in Amerika zu verdanken. Und der hieß Manfred Mautner Markhof. Gegen Ende der fünfziger Jahre war er an die amerikanische Ostküste gekommen. Aber wesentlich mehr als das Studium interessierten den jungen Mann die schon damals atemberaubenden Methoden amerikanischer Werbung. Besonders faszinierte ihn ein Jingle: Das ist die ständig wiederkehrende Kennmelodie eines Produkts, bestehend aus ganz wenigen, charakteristischen Takten. Eine Zahnpastafirma hatte einen Werbesong kreiert, der so ins Ohr ging, daß Mautner Markhof sich dabei ertappte, wie er selber immer wieder in die Werbefalle ging und fast automatisch im Drugstore nach diesem Produkt griff.
Eine Entdeckung, die ihn so faszinierte, daß sie ihm nicht mehr aus dem Kopf ging. Auch dann nicht, als sein Studienaufenthalt zu Ende war, er in die Heimat und in die elterliche Brauerei zurückkehrte.
Sofort erkundigte er sich, ob es in Österreich Werbeagenturen nach amerikanischem Muster gäbe. Aber außer ein paar provinziellen Beratern war da nichts.
Daraufhin begann Mautner Markhof auf diesem Gebiet Ideen für Österreich zu entwickeln. Er wandte sich an Josef Sills beim Sender Rot-Weiß-Rot, und so kam es zur ersten Werbeeinschaltung, die je während einer Rundfunksendung über den österreichischen Äther gelaufen ist.
»Der Heribert Meisel«, so erzählt Konsul Mautner Markhof, »war ein persönlicher Freund von mir. Und während einer seiner legendären Sportreportagen von einem Län-

dermatch sagte er den Satz: ›Bei der Hitz' wär' jetzt ein Krügel Schwechater herrlich.‹«
Diese – offiziell angemeldete – Einschaltung kostete 2000 Schilling und sorgte für Riesenaufregung: Schließlich hatte es so etwas in Österreich noch nie gegeben.
Der Familie Mautner Markhof konnte das nur recht sein, denn die ganze Geschichte brachte eine ungeheure Publicity für die Brauerei. Manfred Mautner Markhof entschloß sich auch gleich, die Patronanz einer ganzen Sendung zu übernehmen. Am besten einer Quizsendung. Als Quizmaster und Moderatoren standen Maxi Böhm und Heinz Conrads zur Diskussion. Anders als einst im »Simpl« wurden hier die beiden Publikumslieblinge beurteilt: Mautner Markhof hätte viel lieber Maxi Böhm als Rateonkel gehabt, aber der »Unilever«-Konzern schaltete schneller als die Bierbrauer-Dynastie und engagierte Maxi Böhm für eine höhere Gage. »Die große Chance« hieß seine ebenfalls populäre Sendung. Also blieb nur Heinz Conrads. Eine Konsequenz, die sich für Mautner Markhof als Volltreffer erwies: »Conrads«, erzählt er, »hat damals einen herrlichen Schlager gehabt, der hieß ›Laß das sein‹. Und dieses populäre Lied, das so wuchtig ins Ohr ging, haben wir als Kennmelodie gespielt. Mit geändertem Text: ›Faß das Glück‹ hieß es bei uns, nach dem Titel der Sendung.«
Jeden Freitag, am späten Nachmittag, wurde die Direktübertragung auf Rot-Weiß-Rot angekündigt: »Und nun aus dem großen Saal des Schwechater Hofes – ›Faß das Glück‹ mit Heinz Conrads.«
Eine Bombenstimmung herrschte, und Conrads heizte die gute Laune gleich zu Beginn mit ein paar zünftigen Bonmots an, die zwischen Bier und Weinbrand, wofür ja schließlich geworben werden sollte, durchaus gut ange-

setzt waren: »Ich bin grad' mit der Straßenbahn hierhergekommen. D' Straßenbahn besteht ja aus Eisen, Blech, unten aus Räder, oben einem Bügel, vurn ein' Fahrer und hint' aus Leuten, die miteinander schimpfen, indem sie nicht hineingekommen sind. Der Fahrer vurn schimpft auch, weil ihn die Leute stessen. Er schimpft aber allein vor sich hin, indem daß das Sprechen mit dem Fahrer während der Fahrt verboten ist. Außerdem bin ich drauf-'kommen, hat die Straßenbahn drei Wagen und wenn sehr viel' Leut' mit ihr fahren wollen, hat sie zwei. Außerdem gibt es drinnen im Wagen klasse Sachen: Eine Klingel, Plakatna und den Schaffner. Manchmal kommt auch ein schwarzer Mann. Wenn der einsteigt, springen viele ab – damit er Platz hat. Der Schaffner zwickt die Karten und sagt vurgeh'n. Wenn er alle Leut' vurn hat, sagt er wieder vurgeh'n und deutet nach hinten.
In der Straßenbahn gibt es gute Menschen und die schau'n auf die Plakatna und in die Luft. Es gibt gute Menschen und nur schlechte Luft. Die schlechte Luft kummt vun die Chesterfields und Johnnys und den anderen heimischen Kräutern.
Bei jeder Haltestelle ruft der Schaffner die vorhergegangene Station aus und macht ein Fenster auf, damit die Leut' aussteigen können. Da verschiebt sich auch manchmal die Luft und man sieht eine Tafel: Rauchen verboten! Aber mehr weiß ich jetzt wirklich net von der Tramway, weil ich fahr' ja immer nur auf dem Puffer.«
Den Leuten gefiel es. Herrn Mautner Markhof auch. Denn im Laufe der Zeit wurde die Sendung nicht nur ein überragender Publikumserfolg, was gleichbedeutend war mit einem großen kommerziellen Gewinn für das Bier- und Senfimperium. Aber noch erstaunlicher waren für den Erfinder der Sendung die überraschenden Entdek-

kungen, die er an seinem Publikumsmagneten machte: »Conrads«, erzählt er, »war ganz anders, als man nach oberflächlicher Betrachtung vermuten konnte. Seinen großen Erfolg hat nicht ausgemacht, daß er ein paar derbe Witze unter sein Publikum geschleudert hat. Vielmehr war er ein Mensch mit einer unbeschreiblichen Sensitivität, und wenn er seine Lieder und Texte vorgetragen hat,

Restaurant „Schwechater-Hof"
Wien, III., Landstraßer Hauptstraße 97

EINTRITTSKARTE
für die
ROT-WEISS-ROT RÄTSELREVUE
„FASS' DAS GLÜCK"
am Freitag, den 13. Februar 1953

Einlaß 18'30 Uhr Beginn 19 Uhr Ende 19'45

№ 000403

»Faß das Glück« war einer der größten Publikumserfolge des Österreichischen Rundfunks.

dann war da so unglaublich viel Gefühl dabei. Derb war er nie in dem Sinn, daß er jemanden weh getan hätte. Wenn er seine Hörer herzlich begrüßt hat, dann hat er das auch gemeint. Er hat sein Publikum so im Griff gehabt, genauso wie wir uns es vorgestellt hatten, und ich habe erst im Laufe der Sendungen gesehen, wo der Unterschied zwischen Maxi Böhm und ihm wirklich lag. Der Böhm hat die Leute ein bisserl papierlt. Conrads dagegen hat sie in die richtige Stimmung versetzt, so wie es sein soll, wenn man bei einem guten Glas Bier sitzt. Er konnte

sein Publikum in Sekunden vom hellsten Lachen bis zu Tränen bringen.«
Zumeist waren Sachpreise und Geschenkkörbe zu gewinnen. Die Fragen waren läppisch einfach. Und wenn einer einmal auch die leichteste Frage nicht beantworten konnte, dann war als letzter Rettungsanker noch das Publikum. »Wenn S' schon einsagen«, pflegte Conrads immer zu sagen, »dann auch deutlich, bitt' schön.« Wissen war also nicht unbedingt notwendig bei dieser Quiz-Sendung, die sieben Jahre lang lief: Die Menschen wollten sich unterhalten und ihre Sorgen vergessen.
Trotzdem war die Sendung anfangs nicht ungefährdet.
Josef Sills war zu dieser Zeit Programmdirektor des amerikanischen Senders Rot-Weiß-Rot, in dem »Faß das Glück« gesendet wurde. Er erinnert sich noch genau an sein erstes Zusammentreffen mit Conrads. Es war, wie bei so vielen anderen, anfangs von einer großen Skepsis gezeichnet und hat sich erst ein paar Jahre später in Freundschaft und Bewunderung verwandelt: »Meine erste Begegnung mit dem Heinz«, erzählt Sills, »war irgendwie symptomatisch für meine Einschätzung seiner Person in den folgenden Jahren. Ich traf ihn, ich glaube es war 1948, bei einem Faschingskränzchen im Künstlerhaus. Er war mit Gustl Zelibor dort und die beiden hatten sich, offensichtlich als Anspielung auf die Morgensendung, weiße Nachthemden angezogen, trugen Kerzenleuchter in der Hand und auf dem Kopf eine Schlafmütze. Es war dort ein kolossales Hallo und ich hab' mir eigentlich gedacht, daß dieser Conrads ein oberflächlicher Spaßmacher und Blödler sei.«
In der Sendeleitung von Rot-Weiß-Rot war man trotz des großen Publikumserfolges gar nicht so erbaut über »Faß das Glück«. Programmdirektor Josef Sills, der später

einer der engsten Mitarbeiter von Heinz Conrads im Fernsehen werden sollte, gibt das auch offen zu: »Mir persönlich war das schon gar nicht recht, daß der Conrads die Sendung überhaupt moderierte. Wo er doch mit seiner Sonntagmorgen-Sendung der Star bei Radio Wien war. Ich hab' ein bissel Angst gehabt, ihn zu nehmen, auch wenn meine Mama, die sonst nur Rot-Weiß-Rot hörte, am Sonntag in der Früh auf Radio Wien geschaltet hat. Heute glaube ich, daß nur der Conrads diese Sendung so populär gemacht hat und nur er sie so populär machen konnte.

Wir haben aber die Sendung für schlecht gehalten, weil sie nach einem einfachen Schema gestrickt war. Doch die Leute haben sich wohl gefühlt, etwas Besseres kann man gar nicht über eine Sendung sagen. Aber wir versnobten Kulturschaffenden haben die Sendung furchtbar verrissen, ohne sie – wie das meistens so ist – genau zu kennen. Aber dem Mautner Markhof ist offenbar zugetragen worden, daß wir beabsichtigten, die Sendung abzuwürgen, und so hat er zu einer List gegriffen. Wir wurden zu einer Besprechung eingeladen: Arthur Schuschnigg, Peter Cordes und der Eugen Lessing. Plötzlich schaut der Mautner Markhof auf seine Uhr und sagt: ›So und jetzt schau'n wir uns ›Faß das Glück‹ an.‹ Er hat das so bestimmt gesagt, daß wir alle mitgekommen sind. Wir sind also hingegangen und haben mit eigenen Augen gesehen, wie der Conrads im Schwechater Hof sein Publikum im Griff gehabt hat. Ich habe nie mehr wieder einen Künstler erlebt, der eine solche Faszination auf seine Zuschauer ausübte. Fast andächtig sind die Leute dort gesessen und haben ihn angesehen. Man kann auch nicht behaupten, daß dieses Publikum aus Menschen bestanden hat, die man generalisierend als ›Hausmeister‹-

Publikum bezeichnet. Nein, es war alles vertreten in dem Saal, der etwa 400 Personen faßte und zum Bersten voll war.
Und der Conrads stand dort wie ein Dirigent vor seinem Orchester. Einmal ließ er das Publikum aufjauchzen, dann wiederum packte er es so, daß man schon im nächsten Augenblick eine Stecknadel fallen gehört hätte. Wie wir dann hinausgegangen sind, waren wir alle richtiggehend beeindruckt und keiner von uns Programm-Machern wäre aus ehrlicher Überzeugung in der Lage gewesen, dem Mautner Markhof zu sagen, daß wir die Sendung nicht mehr haben wollen.«
»Schwechater – recht hat er« ist eine Conrads-Wortschöpfung aus dieser Zeit, die noch heute in der Werbung Verwendung findet.
Mit einer weiteren Sendung erlebte Conrads und auch Mautner Markhof eine fürchterlichen Reinfall. Noch heute begreift Konsul Mautner Markhof nicht, wieso es damals nicht klappte, denn die Besetzung war Spitzenklasse: Die Sendung hieß »Die drei Musketiere« und neben Heinz Conrads wirkten Heinz Rühmann und Karl Farkas mit.
»Wir haben im Studio Tränen mit den dreien gelacht«, erinnert sich Mautner Markhof, »und dann kam die erste Sendung und die war eine reine Katastrophe. Das war im Jahr 1952 und wir wollten die ganze Sache parallel laufen lassen zu ›Faß das Glück‹. Nach der Sendung haben wir sofort entschieden, daß sie nicht mehr ins Programm kommt. Es kann sein, daß sie für das Medium Radio nicht geeignet war. Denn wir haben uns bei den Proben schon allein über die Grimassen krummgelacht.
Für mich war's zwar unbegreiflich – aber vielleicht ist es am Text gelegen. Möglich, daß der zu schwach war.«

Dem persönlichen und freundschaftlichen Verhältnis, das sich seit dem Beginn von »Faß das Glück« zwischen Mautner Markhof und Heinz Conrads entwickelt hatte, tat das aber keinen Abbruch.
»Mich hat er immer ein wenig auch an einen anderen berühmten Freund unseres Hauses erinnert«, sagt der Industrielle. »In ihren menschlichen Eigenheiten waren Heinz Conrads und Karl Böhm, der geniale Dirigent, sich sehr ähnlich. Das Schöne, das überaus Menschliche an diesen beiden großen Männern war ihre ungeheure Verletzlichkeit.«

FILM

»Hamlet von links«

Anfang der fünfziger Jahre begann auch die große Zeit des deutschsprachigen Unterhaltungsfilms. Es waren meist Gemeinschaftsproduktionen, in denen österreichische Schauspieler, aber deutsche Finanzkraft dominierten. Der österreichische Film hatte schon in den ersten Jahren der Nachkriegszeit sein Leben ausgehaucht. Der – heute verschollene – erste Film, in dem Heinz Conrads mitwirkte (»Seine einzige Liebe«) war wohl einer der letzten und nicht gerade typischsten aus einem an sich glorreichen Stück »Filmgeschichte«.
Die deutschen Finanziers hatte natürlich andere Vorstellungen von Erfolg als die österreichischen Kulturkritiker: Sie waren auf der Suche nach hochkarätigen Publikumsmagneten und da war es klar, daß sie an dem Namen Heinz Conrads nicht vorbeigehen konnte. Innerhalb von fünfzehn Jahren wirkte Heinz Conrads in nicht weniger als 32 Filmen mit. Eine stolze Zahl, wenn man bedenkt, wieviel andere Verpflichtungen er noch nebenbei übernahm. Aber gerade diese Vielfalt war ja der Grund dafür gewesen, daß eigentlich niemand – ob nun Publikum oder Kunstschaffender – den Namen Heinz Conrads' übersehen konnte. Und die Leute vom Film waren ständig unterwegs, um Begabungen zu entdecken: in Nachtbars, auf Kellerbühnen, in Kleintheatern und natürlich auch beim Rundfunk.
Herta Hoesch, Ehefrau des mittlerweile verstorbenen

großen österreichischen Regisseurs und Produzenten Eduard Hoesch, hatte zusammen mit ihrem Mann das große komödiantische Talent von Conrads als erste entdeckt: »Ich glaube mich erinnern zu können, daß wir ihn schon 1946 im Stadttheater gesehen haben. Wir waren uns einig, daß wir da einen ganz großen Schauspieler gesehen hatten. Zu einer Zusammenarbeit ist es aber erst viel später gekommen.«

Insgesamt hat Heinz Conrads bei Eduard Hoesch in fünf Filmen mitgewirkt. Ihre Titel waren: »Der Page vom Palast-Hotel«, fast ein Klassiker der Kino-Unterhaltung, der im österreichischen Fernsehen noch heute immer wieder gezeigt wird; der Episoden-Film »Männer sind keine Engel«, in dem Peter Weck und Ingrid André seine Partner waren; sowie die beiden Show-Filme »Rosemarie kommt aus Wildwest« und »Liebe, Sommer und Musik«. Der spektakulärste aller Streifen aber war der Klamauk-Film »Skandal um Dodo«, mit Olive Moorefield und Oskar Sima. Der Regisseur des von Eduard Hoesch produzierten Steifens war Eduard von Borsody. Die Dreharbeiten begannen mit einem Knalleffekt: Conrads weigerte sich, die ihm zugedachte Rolle zu spielen. Bis zu Beginn der Dreharbeiten hatte man ihm nämlich wohlweislich verschwiegen, daß er in dem Film mit einer ungewöhnlichen Partnerin auftreten müsse – einer Riesenschlange. Seine Rolle in dem Stück war ein etwas versponnener Diener, der immer irgendwelche exotischen Haustiere mit sich herumtragen mußte. Andere Mitwirkende aus dem Tierreich waren eine Affe und ein Löwe. Aber die hatten nichts mit Conrads zu tun.

»Der Heinz«, erinnert sich Herta Hoesch, »ist zu meinem Mann gegangen und hat gesagt: Wir können gleich unseren Vertrag lösen, denn das kommt überhaupt nicht in Frage, daß ich mir ein so grausliches Tier um den Hals hänge. Ich begreif' schon, daß das vielleicht wichtig sein mag für das Drehbuch, aber nicht mit mir. Nicht bös sein.«

Eduard Hoesch ist zunächst gar nicht darauf eingegangen und hat Heinz Conrads nur beruhigt. Ja, er hat sich sogar auf einen Kompromiß eingelassen und dem Schauspieler gesagt: »Also, bevor ich dich verliere, verzichte ich lieber auf die Schlange.«

Am nächsten Tag war dann endgültig Drehbeginn. Die interessantesten Wetten wurden da hinter dem Rücken von Heinz Conrads abgeschlossen.

Oskar Sima beispielsweise, der grandiose Komiker und niederösterreichische Großgrundbesitzer, war bereit, eine Kiste Bier darauf zu verwetten, daß Conrads beides akzeptieren werde: Schlange und Rolle. Sima mußte sich seiner Sache schon sehr sicher gewesen sein, sonst hätte er eine solche Wette niemals riskiert. War er doch als – gelinde gesagt – äußerst sparsamer Mensch bekannt gewesen. Aber offenbar war er auch ein profunder Menschenkenner: »Bevor der Conrads die Rolle ausläßt, nimmt der die Schlange mit nach Hause.« Und daß Produzent und Regisseur trotz aller Versprechungen auf die Schlange verzichten sollten, das schien ausgeschlossen.

Also kam Conrads ins Studio auf dem Rosenhügel und begegnete in seiner Nachbargarderobe einem alten Freund: Rudi Rebernigg aus der berühmten Zirkus-Dynastie. Dieser Rudi Rebernigg trug etwas um den Hals: Es war die Python, gut ihre drei Meter lang. Was Conrads aber nicht weiter beunruhigte, denn er schloß gleich messerscharf: »Gehe ich recht in der Annahme, daß du mich doubeln wirst für den Film?« Ein trockenes »Nein« war die ernüchternde Antwort.

Conrads konnte es nicht glauben, daß Eduard Hoesch sich an ein gegebenes Versprechen nicht halten wollte. Aber der Schlangenbändiger Rebernigg hat damals auch den Conrads recht gut in den Griff bekommen. Denn tatsächlich gelang es ihm, den Schauspieler davon zu überzeugen, daß das Tier nicht nur ungiftig sei, sondern auch völlig harmlos.
»Der Erfolg war«, lächelt Herta Hoesch, »daß der Conrads während der gesamten Dreharbeiten die 30 Kilogramm schwere Schlange mit sich herumgeschleppt hat. Die beiden waren nahezu unzertrennlich. Jedenfalls hat es ihm damals Spaß gemacht, die anderen ein bisserl damit zu schrecken. Und ich glaube, er war auch ein wenig stolz darauf, daß er von allen wegen seines Mutes bewundert wurde.«
Zu guter Letzt war Conrads während der Dreharbeiten für »Skandal um Dodo« im wahrsten Sinne des Wortes der lachende Dritte: Denn seine 30-Kilo-Schlange hatte es sich auf seinen Schultern so bequem gemacht, daß sie gar keine Anstalten machte, gefährlich zu werden. Mit dem Affen und dem Löwen dagegen hatten die Filmleute ihre liebe Not. Der Affe biß alles, was ihm in die Quere kam, und der kleine Löwe zerfetzte Bezüge und Kulissen. Die Conrads-Schlange züngelte höchstens ein wenig, wenn man sie an einer bestimmten Körperstelle drückte. Als Heinz Conrads dahinterkam, wie das funktionierte, hat er sich mit den »Erfindern« der Schlange, Eduard Hoesch und Eduard von Borsody, so manchen Spaß erlaubt und sie erschreckt.
Im Hoesch-Film »Der Page vom Palast-Hotel« hatte Conrads, wie so oft, in Frauenkleidern aufzutreten. »Ich hatte das Gefühl«, sagt Herta Hoesch, »als hätte er immer schon für die klassische Komödie ›Charleys Tante‹ trai-

niert. Eine Rolle, die ihm dann soviel Unglück gebracht hat. In diesem Film mit Erika Remberg und Rudolf Carl wirkte auch Charles Regnier mit. Und dieser Charles Regnier war fasziniert davon, wie Heinz Conrads sich in den Frauenkleidern bewegte und vor der Kamera produzierte.«

Herta Hoesch war vor den Dreharbeiten mit Conrads zu einem erstklassigen Couturier in der Wiener Innenstadt gegangen, und Conrads selber hatte alles ausgesucht: von den Schuhen über die Kostüme bis hin zu den Hüten. »Ich war beeindruckt, wie zielsicher er da war und wie geschmackvoll. Und wie er sich erst in die Rolle hineinversetzen konnte! Charles Regnier war jedenfalls so beeindruckt, daß er nach Ende der Dreharbeiten anfragte, ob er die Kleider haben könnte. Wir haben sie ihm auch gegeben, allerdings habe ich keine Ahnung, wofür er sie benötigt hat.«

Auch der Familie Hoesch hielt Heinz Conrads die Treue bis zum Tod. »Für mich«, meint Herta Hoesch, »gibt es da gar keine Frage: Conrads war ein großer Volksschauspieler, weil er ein Publikum hatte, das aus allen Alters- und Sozialschichten stammte und das ihm treu war. Aber obwohl er so verehrt und geliebt wurde, hat er sich so seltsam verhalten. Selbst im größten Erfolg konnte ihn eine Kleinigkeit ungeheuer verletzen. Nur beim Film, so hatte ich das Gefühl, da machte ihm Kritik nicht ganz so viel aus wie in allen anderen Bereichen der Kunst. Vielleicht deshalb, weil sein großes Idol, Alexander Girardi, so wenig von diesem Medium gehalten hat.« Alexander Girardi hatte, nachdem er sich zum ersten Mal in seinem einzigen Film gesehen hatte, ganz erschrocken ausgerufen: »So schau' ich auf der Leinwand aus? Also nein, da mach' ich nie mehr wieder einen Film.«

Oft war das Ehepaar Conrads bei den Hoeschs in deren Grinzinger Villa zu Gast – in späteren Zeiten, als beide die Filmerei schon längst ad acta gelegt hatten. »Zum 90. Geburtstag meines Mannes«, erzählt Herta Hoesch, »ist der Conrads vorbeigekommen und hat gleich gesagt, wie er die vielen Gäste gesehen hat: ›Ich bleib' nur ganz kurz.‹ Die Wahrheit ist, daß er als letzter Gast gegangen ist und es ganz rührend war, mit welcher Herzlichkeit er dem Edi gratuliert hat. Ich glaube, das ist ein ganz bezeichnendes Beispiel. Er hat immer zuerst eine Art Schutzmechanismus ausgefahren, ehe er sich in eine Gesellschaft begeben hat, wo er nicht alles überschauen konnte.«
Es wäre unwahr zu behaupten, daß Heinz Conrads ein Schauspieler gewesen sei, der es nicht genossen hätte, im Mittelpunkt zu stehen. Ganz im Gegenteil: Er trachtete immer, in einer Gesellschaft der Mittelpunkt zu sein. War das – was ohnehin selten vorkam – nicht der Fall und hatte er keinen guten Tag, dann konnte er äußerst beleidigt darauf reagieren.
Unter den sechs Regisseuren, mit denen er zusammenarbeitete, war einer, der Heinz Conrads sehr gekränkt hat. Franz Antel, der mit Conrads auch drei Filme gemacht hat, weiß davon zu berichten: »Geza von Cziffra war richtiggehend allergisch auf den Conrads und hat ihn nicht leiden können. Der hat ihn so gequält, daß dem Conrads fast die Tränen gekommen sind, wann immer er davon erzählt hat. Und er hat diese Geschichte oft erzählt. Offensichtlich, um sich die ganze Sache von der Seele zu reden.«
Der Film hieß »Ich bin kein Casanova«, und Peter Alexander spielte eine seiner ersten Hauptrollen. Der Drehort war San Remo an der italienischen Riviera und

der Regisseur war, wie gesagt, Geza von Cziffra. Heinz Conrads hatte in dem Filmklamauk einen neureichen Ignoranten darzustellen.
In der Öffentlichkeit hat er immer ein wenig verniedlicht, was sich damals an der italienischen Riviera zwischen ihm und dem Regisseur abgespielt hat. So meinte er beispielsweise in einem Interview: »Nicht gleich auf Anhieb verstand ich mich mit Geza von Cziffra, als wir mit Peter Alexander am Mittelmeer drehten. Cziffra war wohl einer der vitalsten Regisseure, die ich kennengelernt habe, und er hat sich viel von einem Komiker erwartet. Ich bin ja bei der Wahl meiner komischen Mittel nie zimperlich gewesen und habe mir überlegt, wie ich denn die komische Hauptrolle in diesem Film lustig, aber doch auch irgendwie menschlich und hintergründig anlege.«
Angesichts dieser Überlegungen und der Tatsache, daß Cziffra Conrads ohnehin nicht leiden konnte, kann man sich vorstellen, was daraus resultierte: Schließlich wollte Cziffra einen Klamaukfilm machen, bei dem die Leute lachen sollten, ohne lange nachzudenken. Als Conrads zur ersten Probe antrat, schüttelte Cziffra nur den Kopf und sagte: »Liebär Freind, das ist ausgäzeichnät, aber ganz schlächt. Ich brauche in diesem Stück hier kein Hamlet. Da brauch ich einän, der eventuäll auch Hose runterlassän kann.«
Conrads erinnerte sich dann, in verletzter Eitelkeit: »Also den Hamlet hatte ich bis dahin nicht in der Rolle gesehen, und wir haben uns sehr schwer getan, hier zusammenzukommen.«
Cziffra konnte es während der ganzen Dreharbeiten nie unterlassen zu provozieren: »Hamlet von links, bittä! Herr Hamlet, darf ich Sie bittän!« rief er, wenn Conrads einen Auftritt hatte. Geza von Cziffra hatte als Regisseur

RODOLFO LOEWENTHAL

MÜNCHEN 27
HOLBEINSTRASSE 16
TELEFON: 44 06 09 u. 44 09 10
Telegr.-Adr.: Rolomag München
Bankkonto: Dresdner Bank 14 [illegible]

SASCHA FILM GMBH.
Herrn Dr. Herbert Gruber

W i e n VII
Siebensterngasse 31

München, den 8. 6. 59
L/le

Ein[illegible]
10. JUNI 1959
Erledigt am ....

Betr.: Vertrag HEINZ CONRADS -
"Peter-Alexander-Film"

Sehr geehrter Herr Doktor Gruber!

Bezüglich der Mitwirkung HEINZ CONRADS in der zweiten männlichen Hauptrolle des oben bezeichneten Films, haben wir folgendes vereinbart:

Der Genannte steht Ihnen zwischen 15. 6. und 31. 7. 59 für die erwähnte Rolle des Peter-Alexander-Films zur Verfügung und erhält eine Pauschalgage in Höhe von

DM 17.500,--.

Sollten Sie Herrn Conrads noch nach Vertragsschluß in Anspruch nehmen, so erhält er für jeden weiteren Tage eine Tagesgage in Höhe von DM 1.200,--.

Ich darf Sie bitten, bei der Vertragsausstellung meine Provision in Höhe von DM 1.750,-- absetzen und mir hierüber einen direkten Bestätigungsbrief geben zu wollen.

Bitte veranlassen Sie, daß mir zwei Vertragsexemplare zugehen, wovon eines für meinen Klienten bestimmt ist.

Herr Conrads erwartet ehestens die Übermittlung des Drehbuches und freut sich im übrigen auf die erneute Zusammenarbeit mit Ihnen.

Mit besten Empfehlungen

(RODOLFO LOEWENTHAL)

FILM-MANAGEMENT

BERLIN · PARIS · LONDON · ROM · NEW YORK · HOLLYWOOD

Vertrag für den Film mit Géza von Cziffra: Conrads und der Regisseur konnten einander nicht ausstehen.

noch eine Eigenheit, die Conrads rasend machte. Er wollte selbst bei den Proben alles ganz genau sehen und konnte es nicht ausstehen, wenn einer eine Geste oder Aktion nur andeutete. Etwas, was ihn und Heinz Conrads neuerlich zu einer nervös-gereizten Diskussion brachte.

»Ich hatte«, erzählte Heinz Conrads, »in der Vorhalle eines Hotels mit jemandem zusammenzustoßen und demjenigen eine Ohrfeige zu geben. Die richtige Detsch'n wollte ich mir natürlich nur für die Original-Aufnahme aufheben. Dem Cziffra ist dabei die Geduld gerissen und er hat sich etwas einfallen lassen, um mich doch zum Zuschlagen zu bewegen.«

Es war schon am Ende der Außenaufnahmen von San Remo, als Cziffra auf Conrads losging und plärrte: »So, jätzt bin ich Ihr Partnär, und jetzt hauen Sie mir ändlich einä hinein. Als Revanche für alles, bittä!«

Für eine weitere Revanche ergab sich keine Möglichkeit. »Ich bin kein Casanova« war der erste und letzte Film, in dem Geza von Cziffra und Heinz Conrads zusammenarbeiteten.

Drei Filme hat Conrads mit Franz Antel gemacht: »Der erste davon«, erinnert sich Franz Antel, »hieß ›Vier Mädels in der Wachau‹ und neben dem Heinz sind damals die Kessler-Zwillinge erstmals aufgetreten. Er hat einen Gendarm gespielt und war der Bräutigam von einem der Mädchen. Und das, was eigentlich nur im Film der Gag sein sollte – daß man die Zwillinge verwechselte –, das ist dem Conrads auch in Wirklichkeit passiert. Er war der einzige, der die Alice und die Ellen bis zum Ende der Dreharbeiten nicht auseinanderhalten konnte.«

Was vielleicht auch ein wenig daran lag, daß das Arbeitstier Conrads am wenigsten von allen am Drehort in

Dürnstein anwesend war. Er hatte seinem Regisseur nämlich vorher verschwiegen, daß er noch andere künstlerische Verpflichtungen hatte: Er mußte jeden Abend im »Simpl« auf der Bühne stehen. »Ich hab' es jedenfalls dann so eingerichtet«, erzählt Franz Antel, »daß er immer zwischen drei und vier Uhr nachmittags fertig war. Es waren schon die absurdesten Ausreden, die uns da eingefallen sind. Einer aus dem Ensemble war auch sehr argwöhnisch und hat immer ganz verwundert gefragt, warum sich das beim Conrads immer so herrlich ausgeht, daß er schon am frühen Nachmittag nach Wien heimfahren kann.«

Der mißtrauische Schauspieler hieß Hans Moser. Einer, der im Umgang mit den anderen Kollegen sehr vorsichtig war. Es wird ihm sogar nachgesagt, daß er die meisten einfach nicht beachtete. Und vor der Kamera habe er zumeist so geschickt agiert, daß die anderen gezwungen waren, mit dem Rücken oder im besten Fall seitlich zur Kamera spielen zu müssen.

Aber Heinz Conrads schien er irgendwie ins Herz geschlossen zu haben, auch wenn er das nicht überschwenglich gezeigt hat. Beweise gab es dafür auch später immer wieder. Allein die Tatsache, daß er sich mit Conrads unterhielt, war schon gewissermaßen ein stilles Einbekenntnis seiner Zuneigung.

Recht freimütig hat Heinz Conrads auch zugegeben, daß er sich das Lernen eines Textes – vor allem beim Film – von Hans Moser abgeschaut habe. Oder besser gesagt, Hans Moser hat ihm während der Dreharbeiten freiwillig erklärt, wie er bei seinen Texten sattelfest wird: Er zeigte ihm eine kleines Notizheft, in welches er fein säuberlich die Texte übertragen hatte. Eine Lerntechnik, die Hans Moser von einem alten Schauspielerkollegen übernommen hatte. Conrads hat sich diese Technik auch angewöhnt, weil er ein hervorragendes optisches Gedächtnis besaß. Im Geiste konnte er eine Textstelle »abrufen«, weil er die »geometrische« Position der Worte vor sich sah. Heinz Conrads hat, als er in späteren Jahren sich ausschließlich auf die von ihm abgeschriebenen Texte verlassen wollte, die Mosersche Praxis in einem Punkt abgeändert: Er verwendete eine Schreibmaschine, aus Angst, er könnte die eigene Handschrift nicht mehr entziffern ...

Im Privatleben hatte Franz Antel mit Heinz Conrads mehr Berührungspunkte als bei den gemeinsamen Filmen. »Ich glaube«, meint er, »Conrads' Tragik war, daß er immer mehr wollte, als er erreichen konnte. Er wollte immer ans Burgtheater. Aber das war meiner Ansicht nach nicht drinnen. Einerseits hätte er es als Volksschauspieler viel weiter bringen können, so wie der Moser und der Hörbiger, anderseits hat ihm der allerletzte Funke dazu gefehlt. Die Schuld lag einfach darin, daß er sich durch serienartige Sendungen zu sehr beim Publikum verbraucht hat. Sagen hätte man ihm das allerdings nie dürfen. Wer ihn nicht verletzen und damit verlieren wollte, durfte ihn nicht zurücksetzen. Selbst wenn er eine kleine Rolle hatte, mußte man ihn behandeln wie einen Hauptdarsteller.« So hatte er beim Film manche Kränkung hinnehmen müssen, die ihm in der Seele weh tat; körperliche Verletzungen hingegen nur einmal. Letzteres passierte während der Dreharbeiten zu dem Film »Ein Herz und eine Seele«. Conrads hatte laut Drehbuch die Schauspielerin Erni Mangold aus einem Badezimmer zu befreien, dessen Glastür verschlossen war.

Mit der bloßen Faust.

Dem erschrockenen Schauspieler erklärte man, daß das

Wien, am 17. Februar 1956.

An die
Cosmopol-Film, Ges.m.b.H.,

W i e n .

Sehr geehrte Direktion!

Ich gestatte mir Ihnen eine Aufstellung, der mir aus dem Unfall am 19. I. 1956 bei Ihrem Film "Ein Herz und eine Seele" erwachsenen eigenen Kosten, sowie den dadurch entstandenen Verdienstentgang, sowie das Ansuchen um ein Schmerzensgeld, zu überreichen.

Taxispesen	Schilling	800.--
Medikamente	"	40.--
effektiver Verdienstentgang:		
Beiträge zu Zeitungen		
"Ring-Rund" und "Wiener Ill."		700.--
Sendungen:		
"Was gibt es Neues?"		1.600.--
"Fass das Glück"		2.400.--
Mitwirkung bei		
"Ball des WAC"		800.--
"Ball Fritz Mautner		
im Kursalon"		800.--
	S	7.140..--
Schmerzensgeld	"	15.000.--
	S	22.140.--

Ich hoffe, dass Ihnen diese Aufstellung berechtigt erscheint und ersuche Sie um baldige Verständigung .

Mit den herzlichsten Grüssen

verbleibe ich

Ihr

Schadenersatz für eine verletzte Hand – Handwerker hatten irrtümlich Glas statt Zuckerguß eingesetzt.

ein Kinderspiel sei: Im Film werde nur Zuckerglas verwendet, das man – der Aufnahmeleiter demonstrierte es lässig – mit leichtem Fingerdruck zum Brechen bringen könne. Zwischen dieser Demonstration und der ersten Aufnahme vergingen ein paar Stunden. Zeit genug für ein paar übereifrige und nichtsahnende Arbeiter, die Fensterscheibe neu einzusetzen. Mit echtem Glas.

Die Klappe fiel, Erni Mangold schrie um Hilfe, Conrads stürmte herein und zerschlug mit einem Fausthieb die Scheibe. Ein Glassplitter zerschnitt seine Hand, das Blut floß in Strömen. Glück im Unglück war, daß sich ein Arzt unter den Mitwirkenden befand: Gunther Philipp, ausgebildeter Neurologe und erfolgreicher Schauspieler, leistete erste Hilfe. Er legte einen Notverband an und brachte den Verletzten ins Krankenhaus.

Heinz Conrads konnte sich der vielen Filmangebote kaum noch erwehren: So gefragt war er damals bei den österreichischen, vor allem aber deutschen Filmproduzenten. Das deshalb, weil sich der Publikumsliebling aus Wien zu einem für ihn ganz und gar ungewöhnlichen Schritt entschlossen hatte. Er beauftragte die Münchner Agentur Loewenthal, seine Interessen in Sachen Film wahrzunehmen. Die Agentur war ein »Einmannbetrieb«. Sie bestand aus einem freundlichen, älteren Herrn gleichen Namens. Der Herr war nicht nur zuvorkommend, er war auch tüchtig. Die zehn Prozent der Conrads-Gage, die er als Provision kassierte, verdiente er sich redlich. Denn er schleppte die Rollenangebote geradezu haufenweise an. Auch das vorhin schon erwähnte unglückliche Zusammentreffen zwischen Geza von Cziffra und Heinz Conrads war durch ihn zustande gekommen. Gunther Philipp war der eigentliche Anstoß dafür, daß das Verhältnis zwischen dem Schauspieler und dem

Regisseur keineswegs unter einem glücklichen Stern stand. Philipp hatte nämlich im letzten Moment abgesagt und Loewenthal hatte dem Produzenten Heinz Conrads angeboten. Cziffra hatte offenbar Heinz Conrads mit einem anderen Schauspieler verwechselt und machte aus seiner Enttäuschung auch gar kein Hehl, als es zum ersten Treffen im Hotel Sacher in Wien kam: »Ach, Sie sind der Schauspieler Conrads«, rief er erstaunt aus, »ich habä Sie mir ganz andärs vorgestellt.« Nicht ahnend, welche fatale Wirkung so eine Bemerkung bei Conrads haben würde. »Der Heinz ist jedenfalls schon mit der Einstellung nach San Remo gekommen: Die mögen mich ja gar nicht, die haben ja jemand anderen wollen«, erinnert sich Erika Conrads an die Verhandlungen zu dem Film, der ja dann fast zu einer kleinen Tragödie wurde.

Gleichzeitig war die ganze Geschichte auch der Anfang vom Ende des Vertrages mit Loewenthal, der übrigens im allerbesten Einvernehmen gelöst wurde. Heinz Conrads sah keinen Sinn mehr darin, sich neben seinen vielen Verpflichtungen auch noch als Groteskkomiker einen Namen zu machen. Er wußte, daß es seiner Theaterkarriere nicht eben förderlich war, wenn er auf der Filmleinwand ständig als der Trottel vom Dienst zu sehen war, in dessen Gesicht Torten explodierten, oder als einer, der torkelnd festlich gedeckte Tische abräumte.

Klamauk hat er genug geliefert: Im Film »Frühling auf dem Eis« zog man ihn auf einem roten Teppich über die spiegelblanke Eisfläche. Die schwingenden Bewegungen seines Oberkörpers wurden gefilmt und die untere Hälfte »seines« Körpers von einem Läufer der Wiener Eisrevue gedoubelt.

Dabei hatte sich Conrads vorher solche Mühe gegeben und bei der Eiskunstlauf-Europameisterin und heutigen

Fernseh-Kommentatorin Dr. Eva Pawlik Unterrichtsstunden genommen. Regisseur Georg Jacoby, der Conrads eigentlich unter der Annahme verpflichtet hatte, daß der Künstler auch auf dem Eis seinen Mann stellt, war über soviel Engagement beeindruckt. Überzeugt vom sportlichen Können war er nach dem Training freilich nicht mehr.

Ebensowenig konnte Conrads im »Feldherrnhügel« Beweise seiner sportlichen Fähigkeiten liefern: Ernst Waldbrunn, Paul Hörbiger und er waren als Husaren für den Streifen engagiert worden. Ein Reitlehrer wurde verpflichtet, sie in die Geheimnisse der Reiterei einzuweihen. Erfolglos. Conrads war absolut nicht sattelfest, im wahrsten Sinne des Wortes. Erst nach mehreren mißglückten Anläufen waren die Aufnahmen, mehr schlecht als recht, im Kasten: Zumeist hing Conrads seitlich am Pferd oder er klammerte sich verzweifelt an die Mähne des gutmütigen Rosses. Zu guter Letzt mußte er auch noch beim Absteigen Hilfe in Anspruch nehmen. Er saß nämlich schon so verdreht im Sattel, daß seine unsanfte Landung zwar gemindert, aber nicht verhindert werden konnte. Deshalb scherzte er später immer wieder, wenn er diese Geschichte erzählte: »Als Husar werd' ich nimmer eingesetzt – aus Gründen des Tierschutzes.«

HOCHZEIT

Privates Glück in den fünfziger Jahren

Eine ständige innere Unzufriedenheit begleitete Conrads während seiner langen Karriere als Künstler. Eine Mischung aus grundloser Skepsis und selbstzerstörerischer Larmoyanz, die seinen Werdegang entscheidend geprägt hat. Auch in den fünfziger Jahren, wo er doch eine berufliche und private Glückssträhne zu verzeichnen hatte, wie sie nur wenigen seiner Kollegen beschieden war. Diese Glückssträhne begann mit einem ganz besonders erfreulichen Ereignis im Juni 1953. Heinz Conrads und Erika Cecek heirateten in der evangelischen Kirche in Wien-Gumpendorf.

Den Entschluß zu heiraten hatten die Brautleute schon im Sommer zuvor in Salzburg gefaßt. Nach dem »Jedermann« feierten sie noch während ihres Urlaubes Verlobung. Nach Wien zurückgekehrt, bekräftigte Heinz Conrads dieses Versprechen, indem er eine Eigentumswohnung kaufte. Für die Dreieinhalbzimmerwohnung leistete er 9000 Schilling Anzahlung. In den folgenden zehn Monaten genossen es die beiden, ihr zukünftiges Zuhause zu gestalten.

Heinz Conrads wohnte zu diesem Zeitpunkt noch in der Josefstadt. Der Zufall wollte es, daß er in der Kochgasse auf Nummer 7 eine kleine und sehr nette Untermietwohnung gefunden hatte. Siebzehn Häuser weiter hatte ja seine Künstlerkarriere begonnen – beim Herrn Kammerschauspieler Wilhelm Schmidt.

Die neue Wohnung in der Rienößlgasse im vierten Wiener Gemeindebezirk war jedenfalls bezugsfertig, als Heinz Conrads seine Erika vor den Traualter führte. Die Braut ganz in Weiß, um ihrer Mutter einen Herzenswunsch zu erfüllen. Für die Hochzeit war sie zum evangelischen Glauben übergewechselt. »Ich war damals so glücklich und so leicht beeinflußbar«, gesteht sie heute, »ich glaub', ich wär' auch Mohammedanerin geworden, wenn es notwendig gewesen wäre.«
Nach der Geburt ihres zweiten Kindes, Uschi, hat die getaufte Katholikin dann wieder ihr ursprüngliches Glaubensbekenntnis angenommen. »Ich bin reifer geworden, und irgendwie waren wir beide doch Menschen, die eigentlich gewohnt waren, dem treu zu bleiben, wofür sie sich einmal entschieden hatten.«
Die Braut kam also in Weiß. Die Leute standen Spalier entlang der Gumpendorfer Straße, als der elegante Straßenkreuzer, eskortiert von einer Abteilung der Wiener Verkehrspolizei, zur Kirche fuhr. Am Steuer des Studebakers saß Hans Mieses, ein Wiener Schuhfabrikant und Trauzeuge des Bräutigams.
Unter den zahlreichen Hochzeitsgästen befanden sich nur wenige Künstlerkollegen. Heinz Conrads wollte niemand kränken und lud deshalb nur diejenigen ein, bei denen es ihm unumgänglich erschien: Karl Farkas, sein künstlerischer Direktor vom »Simpl« war dabei, Kammersänger Karl Friedrich, der in der Kirche sang, und der Schmid-Hansl, der am Abend im Schwechater Hof die Hochzeitsgesellschaft mit Wienerliedern begeisterte. Manfred Mautner Markhof hatte das Brautpaar und seine Gäste in den großen Saal eingeladen, wo sonst immer »Faß das Glück« veranstaltet wurde.
Die Hochzeitsreise war ein Geschenk von Hans Mieses.

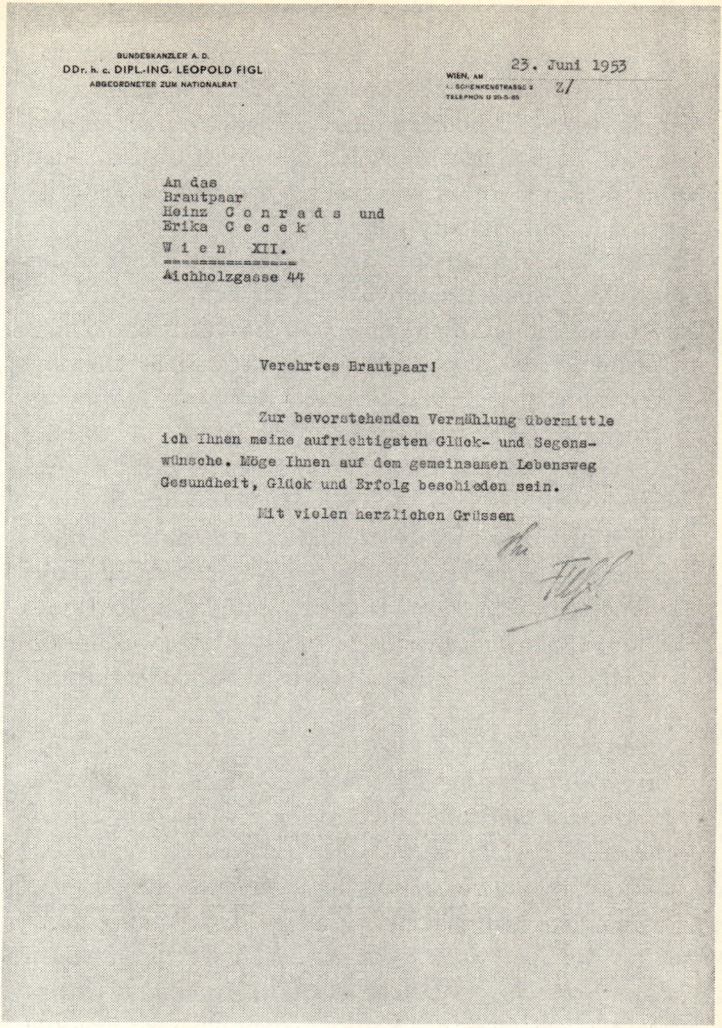

BUNDESKANZLER A. D.
DDr. h. c. DIPL.-ING. LEOPOLD FIGL
ABGEORDNETER ZUM NATIONALRAT

WIEN, AM 23. Juni 1953
I., SCHENKENSTRASSE 2 Z/
TELEPHON U 20-5-85

An das
Brautpaar
Heinz C o n r a d s und
Erika C e c e k
W i e n XII.
Aichholzgasse 44

Verehrtes Brautpaar!

Zur bevorstehenden Vermählung übermittle ich Ihnen meine aufrichtigsten Glück- und Segenswünsche. Möge Ihnen auf dem gemeinsamen Lebensweg Gesundheit, Glück und Erfolg beschieden sein.

Mit vielen herzlichen Grüssen

Unter den unzähligen Glückwünschen zur Vermählung befand sich auch ein Schreiben von Bundeskanzler Figl.

Eine Dreiländertour, die durch Österreich, Italien und die Schweiz führte. Der Schuhfabrikant verband das Angenehme mit dem Nützlichen. Er kombinierte die Hochzeitsreise der beiden Jungvermählten mit Geschäftsterminen. Ein Glück für Heinz und Erika Conrads, daß er Partner in so attraktiven Städten wie Velden, Venedig, Lausanne und Salzburg hatte.
In der Wiener Aichholzgasse 44, in der Bäckerei der Brauteltern, stapelten sich in der Zwischenzeit die zahllosen Glückwunschtelegramme und Briefe. Leopold Figl schickte »seine aufrichtigsten Glück- und Segenswünsche«, Robert und Einzi Stolz ein 26-Worte-Telegramm mit dem Wunsch, »daß die zwei Herzen ein Leben lang im Dreivierteltakt verbunden sein mögen«, Ernst Arnold komponierte einen kleinen Hochzeitsglückwunsch, Hubert Marischka war froh, »daß es endlich etwas angenehmes Neues in Wien« gäbe, sein bester Freund Gustl Zelibor fehlte bei der Hochzeit, dafür schrieb er am 22. Juni 1953 einen Brief vom Attersee. Der war in sehr herzlichen Worten gehalten und hatte folgenden Inhalt:

Lieber Heinz!
Bin nur auf ein paar Tage in Unterach, da ich schon in München zu tun habe. So tut es mir wirklich leid, daß ich bei Deiner Trauung nicht dabei sein kann.
Was ich Dir als Dein wirklicher Freund wünsche, ist, daß Du mit Erika ein glückliches Leben hast. Ich bin überzeugt, daß Du mit ihr jetzt die richtige Frau gefunden hast, welche Dir bei Deiner schweren Arbeit und Deinen immer höher steigenden künstlerischen Erfolgen treu und vernünftig zur Seite stehen wird.
Ich hätte Dir, lieber Heinz, an diesem Freudentag gerne persönlich die Hand gedrückt, ich hoffe aber, daß wir uns

bald sehen und dann eine kleine Nachfeier veranstalten werden.
Deiner Frau meine besten Wünsche und Dich umarmend bleibe ich stets

Dein Gustl Zelibor.

Die Hochzeitsreise endete – Gustl Zelibor war schon nach München abgereist – in Unterach am Attersee.
Nach einem schönen Sommer begann der Ehealltag im September. Die junge Ehefrau hatte ihre künstlerischen Ambitionen gänzlich zurückgestellt und war Hausfrau in der Rienößlgasse. Oft hatten Heinz und Erika Conrads Gäste, oft gingen sie aus, oft aber war Erika Conrads allein daheim. Es dauerte immer sehr lange, bis ihr Mann nach Hause kam. Meist war es drei Uhr früh, ehe der Boxer »Ferro«, den die beiden im September 1953 gekauft hatten, freudig erregt sein »Herrl« begrüßen konnte. Conrads war ein ausgesprochener Nachtmensch. »Er hat es sich durch den Beruf so angewöhnt«, erzählt Erika Conrads, »er konnte gar nicht zeitig schlafen gehen. Erst in den letzten Jahren seines Lebens habe ich bemerkt, wie er immer müder wurde. Wie er manchmal richtiggehend geraunzt hat: ›Was, jetzt gehen wir schon wieder aus?‹«
Damals, in den fünfziger Jahren, war es die junge Ehefrau, die mit seinem Tempo nicht Schritt halten konnte. Es dauerte eine Zeitlang, ehe sie sich daran gewöhnte, auch nachts länger aufzubleiben und die richtige Einstellung zum Beruf ihres Mannes zu finden. Conrads, der ja gewohnt war, bis in die frühen Morgenstunden zu arbeiten, konnte richtiggehend wütend werden, wenn ihm seine Gattin Vorwürfe machte, daß es »wieder einmal so spät geworden war«. »Ich erinnere mich an eine Nacht«, erzählt Frau Conrads, »da hat mich der Heinz um drei

Uhr früh geweckt. Frankfurter Würstel vom Würstelstand hat er mir mitgebracht, weil ich die so gern gegessen habe. Aber um diese Zeit hatte ich wirklich keine Lust auf Würstel mit Senf. Da ist er so wütend geworden, hat das Fenster aufgemacht und die Würstel im hohen Bogen auf die Straße geschleudert.«

Durch seinen Arbeitsfleiß ist es der Familie Conrads finanziell für damalige Begriffe sehr gut gegangen. Bald nach seinem ersten Auto, einem Steyr-Fiat 1100, hat er sich einen Opel zugelegt. Eine Marke, der er – typisch Conrads – dann stets treu geblieben ist. Auch das Wirtschaftsgeld, das er seiner Frau gab, konnte sich sehen lassen: etwa 1400 Schilling im Monat, was damals einem guten Monatslohn entsprach.

»Werden Sie kein zweiter Girardi«

Worte aus berufenem Mund hatten oft eine ungeheure Wirkung auf Heinz Conrads. Wochen- und monatelang konnte er sich mit kritischen oder tiefsinnigen Äußerungen beschäftigen. Er war keiner, der Lob genießen konnte. So, als wäre es das Selbstverständlichste von der Welt, schob er positive Kritik beiseite, nur um sich gleich wieder auf die Suche nach weniger Erfreulichem zu machen.

Eine Äußerung des großen Schauspielers Ewald Balser hat er sich zeit seines Lebens zu Herzen genommen. Vor allem in jener Zeit, als er an das Theater an der Josefstadt engagiert wurde. Noch bei seinem Lehrer, dem Kammerschauspieler Wilhelm Schmidt, war er Balser begegnet. Sein Lehrer stellte ihn dem großen Mimen mit den Worten vor: »Das ist einer meiner besten Schüler, Herr Heinz Conrads. Ich glaube, da wächst so etwas Volkstümliches, vielleicht ein zweiter Girardi, heran.«

Was aber antwortete Ewald Balser? »Es freut mich, Sie kennenzulernen. Aber wenn ich Ihnen einen Rat geben darf: ›Werden Sie kein zweiter Girardi, sondern der erste Conrads.‹«

Ein Rat, den sich Conrads nicht nur merkte, sondern auch befolgte. Denn als ihn Franz Stoß an die Josefstadt holte, war Conrads zwar vor Freude völlig aus dem Häuschen, andererseits aber nicht sehr einfach zu besetzen. Immer wieder hatte er bei Rollenangeboten Ein-

wände: »Glauben Sie denn wirklich, Herr Direktor, daß ich das spielen kann? Wenn ich eine Rolle an dem Theater spiele, dann muß das doch gleich hinhauen. Ich will nicht leichtfertig an die Josefstadt gehen.«
Zweifel, die Franz Stoß bisweilen an den Rand der Verzweiflung trieben. Schließlich war es für ihn nicht so einfach gewesen, den Kabarettisten an sein Theater zu holen. Sein gleichberechtigter Direktionspartner an der Josefstadt war Ernst Haeusserman, der nicht gerade ein begeisterter Anhänger von Heinz Conrads war.
»Jeder von uns beiden«, erinnert sich Franz Stoß, »konnte alles verhindern, aber allein nichts entscheiden. Das war eine recht vernünftige Regelung.« Zuerst legte Haeusserman sein Veto gegen Heinz Conrads ein, weil er ihn bloß als Vorstadt-Komiker sah. Eine Meinung, von der er im Laufe der Zeit abgerückt ist. Aber Stoß war hartnäckig. Und dieser Hartnäckigkeit verdankt Conrads sein Engagement. Franz Stoß entsprach dafür in einer anderen Entscheidung dem Wunsche seines Partners.
Sein Debüt gab Conrads schließlich in der komödiantischen Filiale der Josefstadt, in den Kammerspielen: »Krampus« von Hermann Bahr. Gunter Hänel war der Regisseur. Die Hauptrolle des Herrn Negrelli spielte Hans Moser. Heinz Conrads war sein Diener in diesem Stück, das von der seltsamen Partnerschaft zwischen Herrn und Lakai handelt. Alle Zweifel, die Conrads vorher angemeldet hatte, waren unbegründet. Die Aufführung wurde ein Publikumserfolg. Neben Hans Moser, Elisabeth Markus und Ernst Waldbrunn erhielt auch Heinz Conrads gute Kritiken. Franz Stoß sah sich bestätigt, und Heinz Conrads war glückselig, daß er neben Hans Moser, den er sehr verehrte, auf der Bühne stehen durfte.

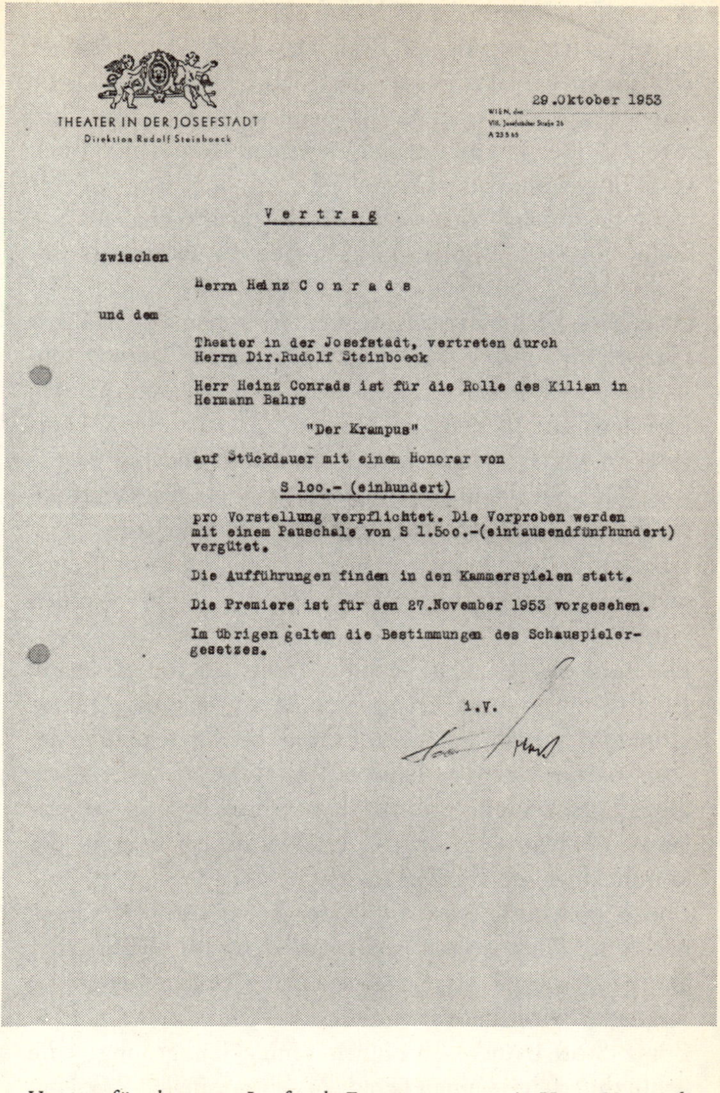

THEATER IN DER JOSEFSTADT
Direktion Rudolf Steinboeck

29.Oktober 1953
WIEN, den
VIII, Josefstädter Straße 26
A 23 5 65

V e r t r a g

zwischen

Herrn Heinz C o n r a d s

und dem

Theater in der Josefstadt, vertreten durch
Herrn Dir.Rudolf Steinboeck

Herr Heinz Conrads ist für die Rolle des Kilian in Hermann Bahrs

"Der Krampus"

auf Stückdauer mit einem Honorar von

S 1oo.- (einhundert)

pro Vorstellung verpflichtet. Die Vorproben werden mit einem Pauschale von S 1.5oo.-(eintausendfünfhundert) vergütet.

Die Aufführungen finden in den Kammerspielen statt.

Die Premiere ist für den 27.November 1953 vorgesehen.

Im übrigen gelten die Bestimmungen des Schauspielergesetzes.

i.V.

Vertrag für das erste Josefstadt-Engagement – mit Hans Moser als Partner.

Auch privat kamen Conrads und Moser bisweilen zusammen. Sie trafen einander beim Heurigen. »Hans Moser war ungeheuer witzig«, erinnert sich Erika Conrads. »Er war da so ganz anders, als man sich sonst von ihm erzählte. Der Heinz hat sich in seiner Gesellschaft auch ganz ungewöhnlich verhalten. Er hat sich, was ja sonst nicht eben seine Art war, äußerst zurückgehalten, um nicht selbst im Mittelpunkt zu stehen. Er hat dem Moser fast andächtig zugehört.«

Eine wesentlich härtere Auseinandersetzung als mit Ernst Haeusserman gab es für Franz Stoß, als er Conrads zum zweiten Mal besetzte: In »Jean«, einer Komödie von Ladislaus Bus-Fekete, die an der Josefstadt von Hans Jaray inszeniert wurde. Das Lustspiel, in dem der Regisseur auch die Hauptrolle spielte, war ein Riesenerfolg. Nachdem man daraus auch einen kommerziellen Gewinn erzielen wollte, verlegte man die Komödie in die Kammerspiele, wo sie wesentlich öfter aufgeführt werden konnte.

Die Rolle des Dieners, die in der Josefstadt von Hermann Erhardt mit großem Erfolg gespielt wurde, sollte Heinz Conrads übernehmen, denn Erhardt benötigte man in der Josefstadt in einem anderen Stück. Hans Jaray lief gegen diese Entscheidung Sturm. »Um Gottes willen«, soll er gerufen haben, »mit dem Conrads um keinen Preis, der kommt doch aus der Vorstadt.«

Franz Stoß, liebenswürdig in der Form, aber sehr hartnäckig im Durchsetzen, stellte ein Ultimatum: Entweder akzeptiert der Regisseur Jaray den Conrads, oder der Regisseur wird umbesetzt.

Franz Stoß hatte nachträglich seine Genugtuung: Sein Schützling feierte einen geradezu sensationellen Erfolg in der Aufführung. Einen noch größeren, als vorher Her-

JEAN

Lustspiel in drei Akten von Ladislaus Bus-Fekete

Deutsche Bühnenbearbeitung von Hans Jaray

Regie: Hans Jaray — Bühnenbild: Otto Niedermoser

Ferdinand	Anton Edthofer
Cecile	Adrienne Gessner
Krista	Vilma Degischer
Georg	Guido Wieland
Jean	Hans Jaray
Yvonne	Elisabeth Ettl
Vincent	Heinz Conrads
Dr. Ströhle	Hermann Glaser
Ingenieur	Rudolf Weitlaner

In einem kleinen Königreich. Heute.

Technische Einrichtung: Karl Dworsky — Beleuchtung: Franz Pribil

Pause nach dem zweiten Akt

Die Kleider der Damen sind aus dem Atelier Grete Brenneis, I, Landhausgasse 2 — die Hüte sind aus dem Modellsalon „Susie", I, Kärntnerstraße 49.

Die Anzüge des Herrn Wieland im ersten und zweiten Akt stammen aus dem Atelier Escher & Lichtner, I, Graben 26

Die Möbel sind von der Firma F. O. Schmidt, IX, Währinger Straße 28 — Beigestellt sind: Silbergegenstände von der Firma Jarosinski & Vaugoin, VII, Zieglergasse 2 — Telephon von der Firma Tebeg, I, Grillparzerstraße 5

Der Musikschrank ist beigestellt von der österr. Columbia Graphophon Ges. m. b. H., I, Kärntnerstraße 30

Hans Jaray wollte den »Vorstadt«-Komödianten Conrads nicht. Später schätzte er ihn als Schauspieler enorm.

mann Erhardt. Bei der Kritik »räumte« er – wie es im Theaterjargon heißt – regelrecht »ab«.
Aber noch erstaunlicher war der Sinneswandel von Hans Jaray. Von diesem Tag an gab es kaum noch ein Stück, das er *nicht* mit dem Conrads inszenieren wollte, so sehr hatte ihn der »Vorstadt-Komödiant« überzeugt. »Das ganze Spiel«, erinnert sich Stoß, »hat nun wieder von vorn begonnen, nur unter umgekehrten Vorzeichen. Ich mußte den Jaray davon abhalten, daß er den Conrads in jeder Neuinszenierung besetzt hat.«
Doch davor bewahrte ihn Franz Stoß, indem er ihn nur innerhalb jener Bandbreite besetzte, die ein jeder guter Schauspieler nun einmal hat: »Es ist doch die Aufgabe des Direktors, seine Schauspieler so einzusetzen, wie es ihren Fähigkeiten am besten entspricht. Und alle guten, großen Schauspieler verfügen über einen gewissen Rahmen, über den sie nicht hinausgehen sollten. Nur ganz wenige Genies, wie beispielsweise Werner Krauß, waren in der Lage, heute einen König und morgen einen Bettler darzustellen. Um dann wiederum dem Lustmörder einen frommen Asketen glaubhaft folgen zu lassen. Conrads war ein guter Schauspieler, einer der allerersten Kategorie, innerhalb seiner Bandbreite.«
Aber Hans Jaray bekam »seinen« Conrads. An den Kammerspielen wurde »Der brave Soldat Schwejk« aufgeführt, mit Heinz Conrads in der Titelrolle und Hans Jaray als Regisseur. Eine erfolgreiche Kombination, die zweierlei bewirkte: Conrads wurde erstmals ans große Haus der Josefstadt geholt und beendete nach dem »Schwejk« seine Karriere am »Simpl«.
Er debütierte mit einem Nestroy am großen Haus in der Josefstadt; »Umsonst« hieß das Stück und Leopold Rudolf spielte die Hauptrolle. Ein untersetzter, immer

Deutschsprachige Erstaufführung

ZEITGRENZE

(Time Limit)

Schauspiel in drei Akten von Henry Denker und Ralph Berkey

Übersetzt und bearbeitet von Joseph Glücksmann

Inszenierung: Leonard Steckel | Bühnenbild: Herbert Kreppel

Sergeant Baker	Heinz Conrads
Corporal Jean Evans	Sigrid Marquardt
Lieutenant George Miller	Helmuth Lohner
Colonel William Edwards	Hans Jaray
Mike	Kurt Jaggberg
Zip	Rudolf Walter
Ski	Karl Mittner
Boxer	Robert Werner
Steve	Gottfried Pfeiffer
Phil	Hans Christian
Colonel Kim	Wolfgang Hebenstreith
Wachsoldat	Heribert Aichinger
Major Harry Cargill	Walther Reyer
Mary Cargill	Helly Servi
General Conners	Hintz Fabricius
Captain Joe Conners	Franz Messner

Keine Pause

Technische Einrichtung: Karl Dworksy | Beleuchtung: Franz Pribil

---

Die Kostüme wurden im Atelier Lambert Hofer, IV, Margaretenstraße 19, hergestellt. Frau Servi trägt ein Complet aus dem Salon Herbert Schill, I, Kohlmarkt 7; den Hut aus dem Salon Susi, I, Kärntnerstraße 43; die Schuhe sind aus dem Schuhhaus Sipka, I, Schottenring 14 a; die Tasche von Annette, I, Kärntnerstraße 43

Die Hermes-Schreibmaschine wurde von der Firma E. Kohmaier & Co., „ABA", Wien I, Kärntnerstraße 12, zur Verfügung gestellt.

Büromöbel stellte die Firma R. Svoboda, VII, Karl-Schweighofer-Gasse 14, bei.

Die Kritik zerzauste ihn. Leonhard Steckel, ein beinharter Kritiker seiner Schauspieler, meinte dagegen: »Ihre Leistung war in Ordnung.«

etwas fahriger junger Mann hatte so wie Conrads seine Premiere: Otto Schenk debütierte als Regisseur. In dieser Inszenierung wurde zum ersten Mal deutlich, daß Conrads nicht nur Komiker war, sondern auch Anlagen zu anderen schauspielerischen Schattierungen hatte. Eine Auffassung, die nicht von allen geteilt wurde. Vor allem nicht von manchen Kritikern. Und so erhielt Heinz Conrads einen Schuß vor den Bug, als er sich unter dem Regisseur Leonhard Steckel an ein modernes Stück mit dem Titel »Zeitgrenze« heranwagte. Hans Jaray und Helmut Lohner waren seine Partner, er stellte einen amerikanischen Sergeanten aus dem Koreakrieg dar. Steckel war nicht unbedingt ein Mann, der in seinen Arbeitsmethoden für Conrads geeignet war. Ein knallharter Probierer, über den die Schauspieler sagten, er breche sie zuerst und setzte sie für die Rolle dann neu zusammen. Als Steckel nach der Premiere Wien verließ, war er mit Conrads und seiner Rollenauffassung zufrieden: »Spielen Sie in den weiteren Aufführungen wie bei der Premiere, das war absolut in Ordnung, was Sie geboten haben.«
Die Kritiker schlossen sich nicht der Meinung des Regisseurs an. »Indiskutabel«, hieß es im »Kurier«, »ist die Mitwirkung des Komikers Heinz Conrads.« Kurz und bündig, ohne weitere Erläuterung.
»Mein Mann«, sagt Erika Conrads, »hat damals seine ersten, ernsthaften Zweifel bekommen. Nicht so sehr, ob er als Schauspieler nun gut oder schlecht sei. Vielmehr hat er sich den Kopf zerbrochen, ob er genügend Härte hätte, solche Kritiken weiterhin wegzustecken.«
So manchem schien es, als hätte sich Heinz Conrads zu weit vorgewagt, als hätte er sich über jene Grenze gewagt, die Franz Stoß als die »Bandbreite eines Schauspielers« bezeichnet hatte. Nur die kritische »Wochenpresse« be-

urteilte den Künstler und Publikumsliebling differenzierter. Ja, es schmeichelte ihm sogar, als dort in einer Titelgeschichte andere große Namen mit ihm in einem Atemzug genannt wurden: »Der Schauspieler steckt heute im gleichen Dilemma wie einst Hans Moser, den man jahrzehntelang im Film zum ›Nuscheln‹ zwang, bevor er als Vater in Arthur Schnitzlers ›Liebelei‹ Publikum und Kritiker erschütterte; wie Heinz Rühmann, der zum ›Lumpazivagabundus‹ und zum Liebhaber der dumm-unbeholfenen Art verdammt schien, bis ihm im Zuckmayer-Stück ›Der Hauptmann von Köpenick‹ als Schuster Voigt der Durchbruch ins ernste Fach gelang, und wie heute Ernst Waldbrunn, der sich aus der Zwangsjacke des idiotisch-naiven ›Herrn Bröselmaier‹ nur mit Einsatz kräftiger Ellenbogen zum ›Jakubowsky‹ in ›Jakubowsky und der Oberst‹ durchkämpfen konnte.« Im »Simpl« hatte Conrads ja einst einen Spaß angebracht, der ihn Jahre begleitete: Lauter Bleede. Unter diesem Titel besang er auch eine Schallplatte; das war insofern fatal, als sich die Popularität des Kabarett-Slogans »Lauter Bleede« auch auf alles Ernste übertrug. Las er Weinheber oder spielte Nestroy, hieß es – lauter Bleede; auf der Straße grinste man ihn an und rief »lauter Bleede«.
Also besann sich Conrads seines komödiantischen Talents und glaubte an den ganz großen Triumph, als er Ende 1958 in dem weltberühmten Schwank »Charleys Tante« von Brandon Thomas die Hauptrolle an den Kammerspielen übernahm. »Er war sicher«, erinnert sich Erika Conrads, »daß da nun wirklich nichts schiefgehen konnte, und außerdem erfüllte er sich damit einen Wunsch, den er als Schauspieler schon lange Zeit gehegt hatte.« Eine Bombenbesetzung traf sich gegen Jahresende zu den ersten Proben: Elisabeth Markus, Renée

Michaelis, Senta Berger, Bibiane Zeller, Alfred Böhm, Martin Costa, Hans Hollmann und der »Simpl«-Star Fritz Heller bildeten das Ensemble. Die Regie hatte Otto Schenk übernommen.

Mag sein, daß Heinz Conrads ganz besondere künstlerische Erwartungen in dieses Stück setzte; sicher ist aber, daß er wohl nicht in seinen schlimmsten Befürchtungen geahnt hatte, was da auf ihn zukommen sollte. Obwohl er bereits einige andere sehr erfolgreiche Rollen am Theater verkörpert hatte, war diese Aufführung der Todesstoß für seine Bühnenkarriere.

Das steht wohl eindeutig fest.

Otto Schenk, der Regisseur von damals, heute selber Direktor an der Josefstadt, mag daran gar nicht erinnert werden. »Die ganze Sache«, sagt er, »ist mir äußerst unangenehm und entzieht sich auch schon meinem exakten Erinnerungsvermögen. Sicherlich war auch ich schuld daran, weil ich ihn durch mein Unvermögen nicht zur Rolle hinführen konnte. Ich hab' ihm dadurch sicher geschadet, weil die Potenz eines Volksschauspielers dadurch verlorengegangen oder, besser gesagt, auf einem Nebengleis verlaufen ist.« Eine Auffassung, ähnlich wie jene von Franz Stoß, Hans Jaray oder Rolf Kutschera: Daß Heinz Conrads es verabsäumt hat, sich am Theater wesentlich mehr zu überwinden. Zu lernen, mit Erfolg und Mißerfolg auf der Bühne zu leben. Aber das ist leichter gesagt als getan, wenn man, wie Conrads, schon beim Warten auf die Kritik nahezu traumatische Zustände bekam. Nach jeder Premiere fuhr er oft durch halb Wien, bis er endlich im Besitz einer druckfeuchten Morgenzeitung war. Bis er schwarz auf weiß zu lesen bekam, was andere von ihm hielten.

Bei jenem »Morgenkurier« vom 21. Jänner 1959 wäre es

Charleys Tante

Schwank in drei Akten von Brandon Thomas
Für die Kammerspiele neu bearbeitet von Florian Kalbeck

Inszenierung: Otto Schenk

Bühnenbilder: Fred Weiner — Kostüme: Hill Reihs-Gromes

Colonel Sir Francis Chesney, Baronet, früher in indischen Diensten . . .	Leopold Hainisch
Mr. Pettigue	Fritz Heller
Jack Chesney (Studenten in Oxford)	Hans Hollmann
Charley Wykeham (Studenten in Oxford)	Alfred Böhm
Lord Francourt Babberley (Studenten in Oxford)	Heinz Conrads
Brassett, Faktotum im College . . .	Martin Costa
Donna Lucia d'Alvadorez, Charleys Tante	Elisabeth Markus
Anny (Pettigues Nichten)	Bibiana Zeller
Kitty (Pettigues Nichten)	Senta Berger
Daisy Delahay	Renée Michaelis

Oxford, Jahrhundertwende

Technische Einrichtung: Franz Kubisch — Beleuchtung: Willy Pisa

Pause nach dem zweiten Akt

Die Kostüme wurden von der „Wiener Theaterkunst", VI, Capistrangasse 5, angefertigt

An diesem Schwank zerbrach der Schauspieler Heinz Conrads – das Boulevard-Stück wurde zum Schocker.

wohl besser gewesen, Heinz Conrads hätte ihn überhaupt nie zu Gesicht bekommen. Denn Hans Weigel, damals der gefürchtetste Kulturkritiker Wiens, vernichtete Heinz Conrads im wahrsten Sinne des Wortes. Es ist interessant zu lesen, wie Weigel auf 74 von 115 Zeilen über den Publikumsliebling herzog, ja ihn geradezu erniedrigte.
Unter dem Titel »Der echte Komiker heißt Fritz Heller« hieß es: »›Ich bin ja gar kein Schauspieler – ich bin ja nur beliebt‹, hat ein liebenswertes und prominentes Ensemblemitglied mehrerer Wiener Sprechtheater einmal selbsterkennend eingestanden; und diese weise Erkenntnis, die den Betreffenden ehrt, war ein Bestandteil seiner besonderen Wirkung. Er tat nichts dazu, er war nur da, er hatte auch keine Ahnung, was er hätte tun sollen, aber seine Ahnungslosigkeit war charmant und bescheiden, man mußte ihn mögen, man mochte ihn und man mag ihn heute noch.
Anders Heinz Conrads. Auch er ist beliebt. Aber seine Beliebtheit kommt aus anderen Bezirken. Er hat sie nicht auf der Bühne erworben, sondern dorthin mitgebracht. Im Radio spricht und singt er seine selbstgeschriebenen Texte, in Quizsendungen ist er unerreicht als anreißerischer, stimmungsfördernder Fragesteller, er wirbt für Waren aller Art zur Freude der Auftraggeber und der Hörer und Zuschauer, er kann Sketche spielen, conferieren, interviewen, er kann so vieles, nur Theaterspielen kann er leider nicht, und das wäre noch nicht so schlimm, wenn er nicht so täte, als wäre er ein Schauspieler, wenn er mit der echten Bescheidenheit etwa eines Toni Sailer seine fern vom Menschendarstellungsgewerbe erarbeitete Popularität schlicht und ambitionslos in Wirkungen umsetzen wollte.
Aber Conrads ist ambitioniert, er will über die Offiziers-

diener und Pülcher, wo's noch einigermaßen gut ausgehen kann, hinaus, er kann's nicht lassen, er läßt nicht locker, er wird auch leider nicht gewarnt, sondern bestärkt. Daß er Shakespeare-Narren spielt, ist bestenfalls zu verzögern, doch kaum zu verhindern. Vorläufig spielt er ›Charleys Tante‹ und das ist schlimm genug – nicht kassenmäßig, aber künstlerisch.

Da ist ein junger studierender Lord darzustellen, welcher in einem Altdamenkostüm die Rolle einer brasilianischen Tante übernimmt. Da ist keine Spur von jung, da ist keine Spur von Student, keine Spur von Lord, da wird keine Siutation erlebt, da wird nichts gestaltet. Da wird keine einzige aus der Fülle von komischen Möglichkeiten wirklich wahrgenommen, da wird auch im Sprachlichen und in der Dialogführung nichts geboten, da ist einfach Heinz Conrads persönlich, über den man auf jeden Fall lacht, krampfhaft und mit sichtlichem Unbehagen bemüht, sein Soll zu erfüllen: die personifizierte Verlegenheit, mit ununterbrochenen unnatürlich unruhigen Bewegungen aller Art, die der Lehrer dem Anfänger abzugewöhnen pflegt, Fachausdruck: verzappelt, sich und den Partnern das Leben sauer machend, unpräzis, ohne Demut, ohne das primitivste Wissen von den Gesetzen des heiteren Theaters; er ist nicht einmal schlecht, er ist überhaupt nicht, aber das aufdringlich – er erinnert an die Peinlichkeiten der Liebhaber-Aufführungen in geselligen Vereinen: Charley's Dilettante!

Aber die Leute lachen. Und wenn das Ganze sich im vorstädtischen Orpheum oder Colosseum begäbe oder beim Löwinger, der ja nicht subventioniert wird, wäre es zwar nicht besser, aber erträglicher und dem Ansehen einer Theaterstadt nicht abträglich.

Diese Theaterstadt ist rund um den Helden, soweit er sie

läßt, recht ansprechend vertreten – . . .«, so geht es dann in der Kritik weiter und sämtliche Ensemblemitglieder werden mit Lob überhäuft, auch der Publikumserfolg des Stückes nicht geleugnet. Conrads aber war vernichtet, am Boden zerstört, war kaum in der Lage, in den kommenden Tagen klare Gedanken zu fassen.

Wäschekorbweise kamen damals sowohl an die Privatadresse Heinz Conrads', vor allem aber ins Funkhaus in der Argentinierstraße Briefe und Postkarten, die sich mit dieser beinharten Kritik auseinandersetzten. Nur die allerwenigsten waren eine Bestätigung der Kritik; aus den übrigen Schreiben war zweierlei herauszulesen: tiefes Mitgefühl für den geschmähten Volksliebling und helle Empörung über den Kritiker.

Nur zwei seien davon herausgegriffen:

So schrieb Dr. Knut Baumgärtel aus Wien am 21. 1. 1959 die folgenden Zeilen:

Sehr geehrter Herr Conrads!

Noch nie hat mich eine Kritik so empört wie die heutige. Daß Sie nicht nur von Ihrer Beliebtheit leben, sondern in erster Linie von Ihrem Talent – im ›Ei‹ waren meine Gattin und ich tief beeindruckt von Ihrem großen Können – wissen Sie selbst am besten und Tausende mit Ihnen. Nur dieser bekannt unobjektive Kritiker scheint in keiner Weise Ihr Talent erfassen zu wollen.

Ich habe in ›Charleys Tante‹ Tränen gelacht und werde mir dieses Vergnügen noch einmal machen.

Mit den besten Wünschen für Sie.

Und eine Frau Josefine Weinert aus der Harmoniegasse im neunten Bezirk meinte:

Sehr geehrter Herr Conrads!

Geben Sie doch Herrn Weigel das gleiche, was ihm vor Jahren einmal Frau Käthe Dorsch gegeben hat. Sonst gebührt ihm nichts, für so eine gemeine Kritik.
Ich bin schon alt und freue mich immer, wenn ich im Radio etwas von Ihnen hören kann; wofür ich Ihnen tausendmal danke. Hochachtungsvoll.

Conrads war nicht zu trösten. Er ging in die Josefstadt-Direktion und bat Franz Stoß, ja er flehte ihn geradezu an, ihn aus seinem Fünfjahresvertrag zu entlassen. Und er schwor seinem Direktor, daß er weder in der Josefstadt noch an irgendeinem anderen Theater jemals wieder auftreten wolle.
»Ich habe«, sagt Franz Stoß, »nie mehr wieder einen Schauspieler kennengelernt, der ähnlich empfindlich reagiert hat wie Conrads. Nach ›Charleys Tante‹ war er jedenfalls völlig aus dem Häuschen.«
Daheim bei seiner Frau hat er sich ausgesprochen. Zumindest versuchte er, den größten Kummer loszuwerden: Er sei halt nicht für die Schauspielerei geschaffen, weil die Härte und Abgebrühtheit, die unerschütterliche Selbstsicherheit, die sei halt nicht seine Sache. Und die Selbstsicherheit sei halt unumgänglich notwendig für die Schauspielerei.
Er wollte nur noch für Radio und Fernsehen arbeiten, denn dort war er unumstritten. Sogar sein Fernsehregisseur Herbert Fuchs, ein Mann, mit dem Conrads nahezu

drei Jahrzehnte zusammenarbeitete, bemühte sich, ihn damals aufzurichten: »Ich versuchte ihn zu beruhigen und die ganze Sache ein bißchen abgeklärter zu sehen«, erinnert sich Fuchs, »vor allem war ich überzeugt, daß sich der Weigel den Heinz schon allein deshalb aufs Korn genommen hatte, weil der nicht irgendein unbekannter zweitklassiger Mime war. Als Kritiker und guter Journalist hat der sich natürlich einen bekannten Namen ausgesucht, den er ein bisserl durch den Kakao ziehen konnte.«
Es ist bezeichnend für Heinz Conrads, daß er nicht den leisesten Versuch unternahm, sich gegen die Kritik Weigels zu wehren. Ja, daß er nicht einmal bereit war, mit sich selber ins reine zu kommen und die ganze Sache innerlich aufzuarbeiten.
Auch für Hans Weigel ist die Geschichte eine der ungewöhnlichsten in seiner mittlerweile längst aufgegebenen Kritikerkarriere. Denn Hans Weigel war sich anfangs überhaupt nicht bewußt, in welch tragischer Art und Weise Heinz Conrads sich seine Kritik zu Herzen genommen hat. Er war doch beileibe nicht der einzige, dem Weigel mit spitzer Feder zu Leibe gerückt ist – da befand er sich in recht illustrer Gesellschaft mit Albin Skoda, Ernst Deutsch, Hilde Krahl und Annemarie Düringer. Aber nirgendwo blieb etwas von so tragischer Konsequenz zurück wie in Conrads' Fall.
»Ich würde«, sagt Weigel, »es auch heute nicht anders halten, es sei denn, wenn man erfährt, daß jemand sehr krank ist oder vor einer schweren Operation steht. Der Theaterkritiker muß eben, ohne Rücksicht auf das Innenleben, die Diagnose wie ein Arzt stellen. Deshalb sollte man auch betonen, daß ich ihn für einen großartigen Show-Mann gehalten habe, einen blendenden Unterhaltungskünstler, für einen – was er viel zuwenig ausgenützt

42 Ernst Waldbrunn, Karl Farkas, Fritz Muliar und Heinz Conrads am Simpl 43 Der junge Mann im »Simpl-Erfrischungsstand« ist Peter Alexander

44 In der Revue »Kolumbus entdeckt Amerika« debütierte Peter Alexander neben Heinz Conrads am Simpl 45 Noch eine Schwejk-Parodie mit Fritz Heller

46 Die Radiosendung »Die drei Musketiere« war ein Mißerfolg. Trotz Star-Besetzung mit Karl Farkas und Heinz Rühmann   47 Im großen Sendesaal während der Sonntagmorgen-Sendung

48 Mit Freund und Pianist Gustl Zelibor

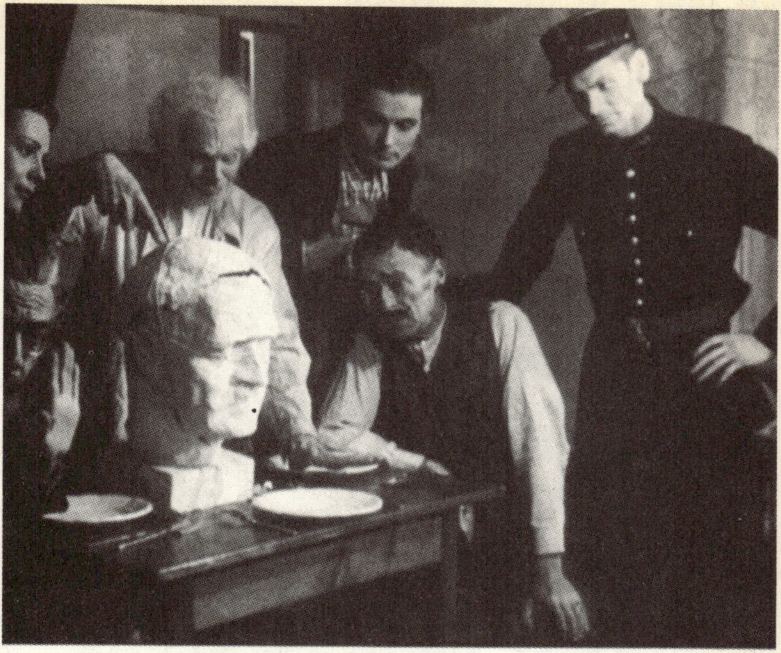

*49 Erstes Theaterstück nach dem Krieg: »Hotel der Emigration«
50 »Frühling im Prater« – ganz links Conrads spätere Ehefrau 51 Als »Zwirn« in der Stolz-Operette »Die Drei von der Donau«*

52 Als »Dünner Vetter« im »Jedermann« 53 Im »Jedermann« mit Will Quadflieg (Titelrolle), Lola Müthel (Buhlschaft) und Hugo Lindinger (Dicker Vetter) 54 Debüt an der Josefstadt: »Krampus« mit Hans Moser

55 In »Zeitgrenze«: Imhoff, Caro, Conrads, Messner 56 Otto Schenk und Heinz Conrads im »Schwejk« 57 Nestroy – »Die schlimmen Buben in der Schule«. Neben Conrads Cissy Kraner und Fritz Muliar

58 An den Kammerspielen in »Charleys Tante« 59 Nestroys »Umsonst« – die Hauptrolle spielte Leopold Rudolf 60 Heinz Conrads als Titus Feuerfuchs im »Talisman«

hat – echten wienerischen Volksschauspieler. Ich hab' ihn einmal an der Josefstadt einen Fußballer spielen sehen – da war er großartig. So wie für den Moser hätte man für ihn Rollen schreiben müssen: Fußballer, Greißler, Pülcher; eine Gattung, die in Wien immer floriert hat.«
Der Ehrgeiz von Heinz Conrads war freilich höher angesiedelt. Aber Hans Weigel sah in ihm nur den lieben und lustigen Darsteller. Das Hintergründige, die Doppelbödigkeit der Nestroy-Figuren, hat er bei Conrads nie entdecken können.
In einer Kritik über die Josefstadt-Aufführung von Nestroys »Eisenbahnheiraten« mit Helmut Qualtinger, Alfred Böhm, Fritz Imhoff und Heinz Conrads, unter der Regie von Erich Neuberg, schrieb Weigel: »Conrads ist und bleibt ein lieber Kerl und das ist das Ärgste, was man über eine Nestroy-Figur sagen kann.«
Weigel war damals wie heute der Überzeugung, daß es für die Theatertendenzen von Heinz Conrads einen gangbaren Weg gegeben hätte: mit der jährlichen Inszenierung eines sorgsam ausgewählten Stückes. Das hätte auch mit der Fernseh- und Rundfunkkarriere nicht kollidiert.
»Aber ohne Nestroy und Molnár. Conrads war ebensowenig ein ›Liliom‹ wie Paul Hörbiger«, sagt Weigel, »der Hörbiger war ein Hausmeister, der Conrads ein Pülcher, und damit trifft man den ›Liliom‹ nicht: Schon gar nicht, wenn man, so wie ich, Max Pallenberg gesehen hat und Hans Putz.«
Diese Meinung von Hans Weigel ist nicht unumstritten. Denn als sich Conrads, unter der Regie von Hans Jaray übrigens, wider Erwarten und zur großen Überraschung vieler, doch noch an den »Liliom« in der Josefstadt heranwagte, passierte etwas Seltsames: Schon allein an der

Jugendabonnement der Stadt Wien

THEATER IN DER JOSEFSTADT

Eisenbahnheiraten

oder

Wien, Neustadt, Brünn

Posse mit Gesang in drei Akten von Johann Nestroy

Neueinrichtung und Musik von Gerhard Bronner, Carl Merz und Helmut Qualtinger

Inszenierung: Erich Neuberg

Bühnenbilder: Gerhard Hruby — Kostüme: Edith Almoslino

An zwei Klavieren: Gustav Zelibor und Alfred Kremela

Ignaz Stimmstock, Gitarre- und Geigenmacher in Wien	Erich Nikowitz
Peter Stimmstock, Blasinstrumentenmacher in Krems	Helmut Qualtinger
Edmund, erster Arbeiter bei Ignaz Stimmstock	Alfred Böhm
Patzmann, Portrait- und Zimmermaler	Heinz Conrads
Zopak, Bäckermeister in einer Vorstadt von Brünn	Fritz Imhoff
Babette, seine Tochter	Luzi Neudecker
Nanni, sein Mündel	Nicole Heesters
Kipfl, Bäckermeister in Neustadt	Georg Bucher
Therese, seine Tochter	Elfriede Ott
Brandenburger, erster Geselle bei Kipfl	Bruno Dallansky
Frau Zaschelhuberin, Tandlerin in Neustadt	Friedl Czepa
Anton, Packträger auf dem Neustädter Bahnhof	Hermann Glaser
Ein Bäckergeselle bei Zopak	Heribert Aichinger

Der erste Akt spielt in Wien, der zweite in Neustadt, der dritte in Brünn

Technische Einrichtung: Karl Dworsky — Beleuchtung: Franz Pribil

Pause nach dem zweiten Akt

Preis des Programmes: 50 Groschen

Hans Weigel über Conrads in »Eisenbahnheiraten«: »Ein lieber Kerl – das Schlimmste, was man über einen Nestroy-Darsteller sagen kann.«

Beurteilung dieses »Liliom« kann man erahnen, wie viele ganz persönliche Betrachtungsweisen es zu ein und derselben Aufführung am Theater geben kann. Denn während Hans Weigel den Conrads-»Liliom« als völlig mißraten wertete und Peter Weiser im »Kurier« Für und Wider unter dem treffenden Titel »Die Damen lächelten, aber sie bebten nicht« abwog, waren zwei andere, ebenfalls kompetente Kritiker begeistert.

Der eine war Friedrich Torberg, der große österreichische Literat, Kritiker und Freund Molnárs, der in der »Presse« schrieb: »Wenn jahrelange Beziehung zum Autor und die damit verbundene Anteilnahme an seinem Werk eine persönliche Notiz rechtfertigen: ich habe dieser ›Liliom‹-Inszenierung nicht ohne Bangen entgegengesehen. Sosehr ich Heinz Conrads als einen originalen Komiker und auch als Schauspieler schätze – mit jenen ›Paraderollen‹, deren klassisches Bild sich keineswegs nur aus Erinnerungen an berühmte Vor-Bilder zusammensetzt, ist er niemals besonders gut gefahren, und ich zweifelte sehr, ob es ihm nun mit dem ›Liliom‹ bessergehen würde als etwa mit dem ›Schwejk‹.«

Nachdem er derlei Besorgnisse auch bei den übrigen Ensemblemitgliedern wie Helmut Qualtinger, Nicole Heesters und Gretl Schörg angemeldet hatte, fuhr Torberg – wiederum auf Heinz Conrads bezogen – fort: »Aber wie es im Liede richtig heißt: Gehabte Sorgen, die hab ich gern. Und grundlos gehabte noch lieber. Und festzustellen, daß sie grundlos waren, ist mir überhaupt das liebste. So sei nunmehr festgestellt: Heinz Conrads ist ein ›Liliom‹, der sich sehen lassen kann, wahrscheinlich der beste seit Hans Albers, dem er das Wienerische voraus hat, ohne ihm freilich in der Ausstrahlung nahezukommen. Was diesem ›Liliom‹ fehlt, das ist die Sieghaf-

tigkeit des Vorstadt-Erotikers, unter dessen bloßer Berührung, ja unter dessen bloßem Blick die Köchinnen zu brutzeln beginnen und die Dienstboten zu jeglichem Dienst erbötig werden. Was ihm infolgedessen erspart bleibt, ist die Lockung, als selbstgefälliger Muskelprotz einherzustolzieren. Und was er besitzt, ist ein heißes Herz und ein rührend verhemmtes Bedürfnis nach Wärme, ein bubenhaft aufbegehrender Trotz und ein harter, männlicher Stolz. Man muß nicht unbedingt toll sein nach diesem ›Liliom‹, aber man muß ihm gut sein. Man muß sich nicht unbedingt in ihn verlieben, aber man muß ihn lieb haben. Und das ist unter Umständen mehr.«
Eine Kritik, die haargenau ins Schwarze zielte – vor allem, was die Reaktion des Premierenpublikums betraf. Heinz Conrads rührte nicht nur das weibliche Publikum, sondern auch die Männer mit seiner Darstellung der Molnár-Figur.
Viel schöner als die großartigste Kritik aus noch so berufenem Munde war aber wohl die Reaktion seines Schauspielerkollegen Fritz Imhoff. Fasziniert und gerührt von der schauspielerischen Leistung seines Freundes ließ Imhoff seinen Gefühlen freien Lauf. Er saß da und weinte. Tränen der Rührung überströmten sein Gesicht. Und er schämte sich ihrer nicht.
Die zweite Person, deren Urteil über den Conrads-»Liliom« Gewicht hat, ist Lilly Darvas. Die Molnár-Witwe kam zur 50. Vorstellung des »Liliom« in die Josefstadt. In ihrer Begleitung die Witwe Alfred Polgars. Nach der Vorstellung kam sie in die Garderobe des Künstlers und war sehr bewegt. Und ihre Worte des Lobes sind verbrieft: »Ich habe alle ›Liliom‹-Inszenierungen in Budapest und auf deutschsprachigen Bühnen von Rang und Namen gesehen. Auch in Amerika. Aber Sie,

Wiederaufnahme

LILIOM

Vorstadtlegende in sieben Bildern von Franz Molnar
Für die deutsche Bühne bearbeitet von Alfred Polgar

Inszenierung: Hans Jaray

Bühnenbilder: Lois Egg — Kostüme: Inge Fiedler

Liliom	Heinz Conrads
Julie	Bibiana Zeller
Marie	Elfriede Ott
Frau Muskat	Gretl Elb
Fiscur	Helmut Qualtinger
Frau Hollunder	Auguste Welten
Der junge Hollunder	Heinrich Eis
Wolf Beifeld	Karl Hackenberg
Der Stadthauptmann	Wolfgang Hebenstreith
Berkovics	Kurt Jaggberg
Ein Wachmann	Hans Normann
Linzmann	Georg Bucher
Der Drechsler	Kurt Sobotka
Arzt	Egon Kozna
Zwei Polizisten	Hans Christian Franz Pfister
Zwei Detektive	Michael Heltau Albert Rueprecht
Der Polizeikonzipist	Hans Ziegler
Ein alter Wachmann	Eduard Sekler
Dr. Reich	Erich Nikowitz
Stephan Radak	Martin Costa
Luise	Gertraud Jesserer

Zeit der Handlung: 1903 und 1919

Technische Einrichtung: Karl Dworsky — Beleuchtung: Franz Pribil

Pause nach dem fünften Bild

Die Kostüme wurden im Atelier Lambert Hofer, IV, Margaretenstraße 19, hergestellt

Hans Weigel vernichtete auch den »Liliom«. Molnár-Freund Friedrich Torberg war begeistert. Und Lilly Darvas meinte gar: »Sie haben den Liliom auf der Bühne gelebt.«

KLEINES THEATER

DER JOSEFSTADT

DAS EI

(L'Oeuf)

Ein Stück in zwei Akten von Félicien Marceau

Deutsch von Lore Kornell

Inszenierung: Heinrich Schnitzler — Bühnenbilder und Kostüme: Robert Hofer-Ach

Emile Magis . . .	Heinz Conrads	Rose	Hilde Rom
Der Arzt	Heribert Aichinger	Eugène	Heribert Aichinger
Barbedart	Max Brebeck	Ein Gast	Otto Ambros
Tanson	Martin Costa	Berthoullet	Martin Costa
Erste Frau	Bibiana Zeller	Madame Berthoullet . .	Melanie Horeschovsky
Zweite Frau . . .	Hilde Rom	Der Onkel aus Montauban	Max Brebeck
Dritte Frau	Augusta Ripper	Hortense Berthoullet . .	Elisabeth Stemberger
Das junge Mädchen .	Elisabeth Stemberger	Lucie Berthoullet . . .	Bibiana Zeller
Mademoiselle Duvant	Melanie Horeschovsky	Charlotte Berthoullet .	Traute Eschelmüller
Kunde bei Dufiquet .	Max Brebeck	Raffard	Otto Ambros
Dufiquet	Martin Costa	Joseph	Wolf Neuber
Die Mutter	Augusta Ripper	Dugommier	Louis Soldan
Justine	Bibiana Zeller	Die Concierge	Augusta Ripper
Gustave	Wolf Neuber	Richter	Heribert Aichinger
Georgette	Traute Eschelmüller	Verteidiger	Wolf Neuber
Kellner im Café . .	Louis Soldan	Anwalt	Otto Ambros

Technische Einrichtung: Heinrich Materna — Beleuchtung: Franz Tataruch

Pause nach dem ersten Akt

Conrads in der ungewohnten Rolle eines Mannes, der sich skrupellos durchs Leben schlägt.

Herr Conrads, muß mein Mann gekannt haben – Sie haben den ›Liliom‹ ja nicht gespielt, sie haben ihn *gelebt.*«

Dieses allerhöchste Lob aus berufenem Mund wurde von den Kritikern der Jubiläumsaufführung natürlich aufgegriffen. Und so konnte man tags darauf bei so manchem, der Conrads zur Premiere noch abfällig kritisiert hatte, nachlesen, wie sehr sich der Publikumsliebling gesteigert und wie er mit der Rolle gewachsen wäre. Hans Jaray, dem Regisseur der Aufführung, war derlei freilich nicht aufgefallen. »Ich glaube«, sagt er, »daß ich ein Regisseur bin, der ein ganz besonders feines Gehör dafür entwickelt hat, ob sich jemand im Laufe seiner Rolle verändert. Ob er neue Nuancen sucht und findet. Glauben Sie mir, Heinz Conrads hat den ›Liliom‹ bei der 50. Aufführung nicht anders dargestellt, als bei der Premiere.«

Regisseure, zu denen Conrads Vertrauen hatte, waren in der Lage, Facetten am Schauspieler Conrads berauszustellen, die das breite Publikum niemals von ihm erwartet hat. Heinrich Schnitzler war so ein Regisseur, und seine Arbeit mit Heinz Conrads wurde zu einem großen, wenngleich überraschenden Erfolg. »Das Ei« hieß das Stück von Felicien Marceau und verdient schon allein deshalb eine Inhaltsangabe, weil es, oberflächlich betrachtet, so ganz und gar nicht zu Heinz Conrads paßte, der die Hauptrolle spielte, den Emil Magis. Dieser Mann will sich unbedingt die Welt des Eis erobern. Aber es gelingt ihm nicht, in diese geschlossene Gesellschaft einzudringen. Zu lauter sind seine Mittel, zu redlich ist er selbst. Er bleibt vor verschlossenen Türen, solange er treu ist und charakterfest. Er bleibt erfolglos im Beruf und bei den Frauen. Erst als er zu Mitteln greift, die er bislang verabscheut hat, öffnen sich ihm alle Türen.

Durch Haß, Neid, Intrige und sogar Mord erschließt sich diese Gesellschaft für Emil Magis. Ein ganz und gar pessimistisches Stück, mit dem Conrads einen so großen Erfolg hatte, daß es vom Kleinen Theater in der Josefstadt in die Kammerspiele verlegt werden mußte.
Warum Conrads ausgerechnet diese Rolle so gelegen ist Vielleicht, weil er dieses Stück ganz besonders gut begreifen konnte; nachvollzogen hat er es in seinem Leben sicher nicht einmal ansatzweise.
Aber trotz dieses Erfolges hielt es Heinz Conrads nicht mehr am Theater. Wenn er später noch hie und da auf der Bühne stand, dann waren es nur noch halbherzige Bemühungen. Auch wenn er noch in den späten sechziger Jahren im Rahmen der Wiener Festwochen den einen oder anderen erfolgreichen Auftritt hatte. Unter der Direktion von Leon Epp spielte er in Ferdinand Raimunds »Die gefesselte Phantasie« den Harfenspieler Nachtigall. Drei Jahre später unter Rolf Kutschera im Theater an der Wien im sozialkritischen Stück »Aus dem Leben der Insekten« des tschechischen Autors Karel Capek.
Aber das eigentliche Ende der Bühnenkarriere war »Charley's Tante« gewesen. »Seit diesem Verriß«, meint Erika Conrads, »hat er befürchtet, daß die Schauspielerei am Ende noch seine Existenz beim Rundfunk und im Fernsehen gefährden könnte.«
Einige Freunde versuchten Heinz Conrads umzustimmen, darunter auch der Generalsekretär der Bundestheater Robert Jungbluth. Sogar ein eigenes Stück, Conrads fast auf den Leib geschrieben, hatte man für ihn ausgesucht. Der Stoff behandelte die berühmte Praterdynastie »Leicht«. »Ernst Hagen hatte schon den Text verfaßt«, erinnert sich Robert Jungbluth, »da sagte Heinz nach

THEATER IN DER JOSEFSTADT
Betriebs-Ges. m. b. H.

WIEN, den 28. Mai 1956.
VIII., Josefstädter Straße 26
A 23 5 65

Vertrag

zwischen

Herrn Heinz Conrads

und der

Theater in der Josefstadt Betriebs.Ges.m.b.H.,
vertreten durch deren Geschäftsführer
Herrn Direktor Ernst Haeusserman und
Herrn Direktor Franz Stoss.

Herr Heinz Conrads ist als Schauspieler für das Theater in der Josefstadt und die Kammerspiele für die Zeit vom 1. August 1956 bis 31. August 1960 mit einer Monatsgage von

S 6.000.-- (sechtausend Schilling)

engagiert.

Herr Conrads ist berechtigt, unbezahlten Urlaub zu nehmen, wenn er diesen vier Wochen vorher anmeldet und in der beabsichtigten Urlaubszeit eine wesentliche Rolle weder probt noch spielt.

Herr Conrads ist für diese Gage verpflichtet, pro Spieljahr 150 Vorstellungen zu spielen. Für jede weitere Vorstellung erhält er ein Honorar von

S 500.-- (fünfhundert Schilling).

Im übrigen gelten, bis zum etwaigen Zustandekommen eines neuen Kollektivvertrages, die Bestimmungen des Schauspielergesetzes.

DK. 899

Der Vertrag mit der Josefstadt-Direktion war ein Höhepunkt im Künstlerleben von Heinz Conrads.

einer Bedenkzeit kurzfristig ab. Über den Grund seiner Absage war ich betroffen: Plötzlich hatte er schwere und völlig unbegründete Zweifel an seinen darstellerischen Fähigkeiten bekommen. Wir waren alle wie vor den Kopf gestoßen.«

Eine alte Wunde war wieder aufgebrochen.

DER BELIEBTESTE MODERATOR

Auszeichnungen

Im Juni 1958 nahm man das zehnjährige Jubiläum seiner Rundfunksendung »Was gibt es Neues?« zum Anlaß, den Künstler Heinz Conrads auszuzeichnen. Bundeskanzler Julius Raab überreichte das Goldene Ehrenzeichen für Verdienste um die Republik Österreich, das ihm Bundespräsident Adolf Schärf verliehen hatte. Eine Auszeichnung, die nur wenigen Künstlern zuteil geworden ist. Damals waren es gleich drei: Walter Davy, Maxi Böhm und Heinz Conrads. Bei Conrads wurde die Verleihung folgendermaßen begründet: »Sie haben«, sagte Julius Raab in der kleinen Feierstunde, »wesentlich dazu beigetragen, daß die Österreicher in der schwierigen Nachkriegszeit nicht ganz auf das Lachen vergessen haben.«
Unter den zahllosen Glückwünschen befand sich auch ein Schreiben von Siegfried Beckert, dem Chef des österreichischen Gallup-Institutes. Neben der Gratulation präsentierte das Meinungs- und Marktforschungsinstitut das Ergebnis einer Untersuchung, die den Künstler mindestens ebenso gefreut haben muß, wie die Verleihung des Ehrenzeichens der Republik.
Und auf dieses Ehrenzeichen war Conrads sehr stolz. Er ließ sich sogar dafür eine Vitrine anfertigen, in der diese Auszeichnung den Ehrenplatz bekam unter all den vielen Orden, die ihm im Laufe seines Lebens verliehen wurden. Insgesamt sind es 54 gewesen.
Aber dieses Schreiben vom Gallup-Institut war minde-

stens ebenso wertvoll wie alle Orden. Auf zwei Seiten wurde dargestellt, wo und warum Heinz Conrads Österreichs beliebtester Unterhaltungskünstler war: In einer in ganz Österreich durchgeführten Befragung sollte der beliebteste Unterhaltungskünstler ermittelt werden. Durch diese Umfrage wollte man herausfinden, welchen Conférencier, Rundfunk- und Fernsehmoderator das Publikum *spontan* als den beliebtesten bezeichnete.

Das Ergebnis brachte Heinz Conrads einen überragenden Erfolg. Er siegte mit großem Abstand (33 Prozent) vor Maxi Böhm (11 Prozent), Walter Niessner (4 Prozent), Max Lustig (3 Prozent) und Gerd Türmer (3 Prozent). Sechs Prozent der Befragten nannten andere Künstler, während 40 Prozent sich nicht dazu entschließen konnten, nur einen Namen zu nennen. In allen Bundesländern war der – angeblich so wienlastige – Conrads mit großem Abstand an der Spitze der Beliebtheitsskala. In Wien gar mit gewaltigen 48 Prozent, während er selbst in Vorarlberg mit 22 Prozent den zweitplazierten Maxi Böhm um 10 Prozentpunkte hinter sich ließ.

In einer weiteren Umfrage wurde dann der Sieger »durchleuchtet«. Wer ihn nun tatsächlich kennt und wie er von der Bevölkerung grundsätzlich beurteilt wird.

Im Jahr 1 des österreichischen Fernsehens kannten Conrads sagenhafte 81 Prozent und die Beurteilung nach Schulnoten-System konnte sich sehen lassen:

38 Prozent beurteilten ihn mit »sehr gut«
30 Prozent beurteilten ihn mit »gut«
9 Prozent beurteilten ihn mit »mittelmäßig«
3 Prozent beurteilten ihn mit »nicht besonders«
1 Prozent beurteilte ihn mit »schlecht«.

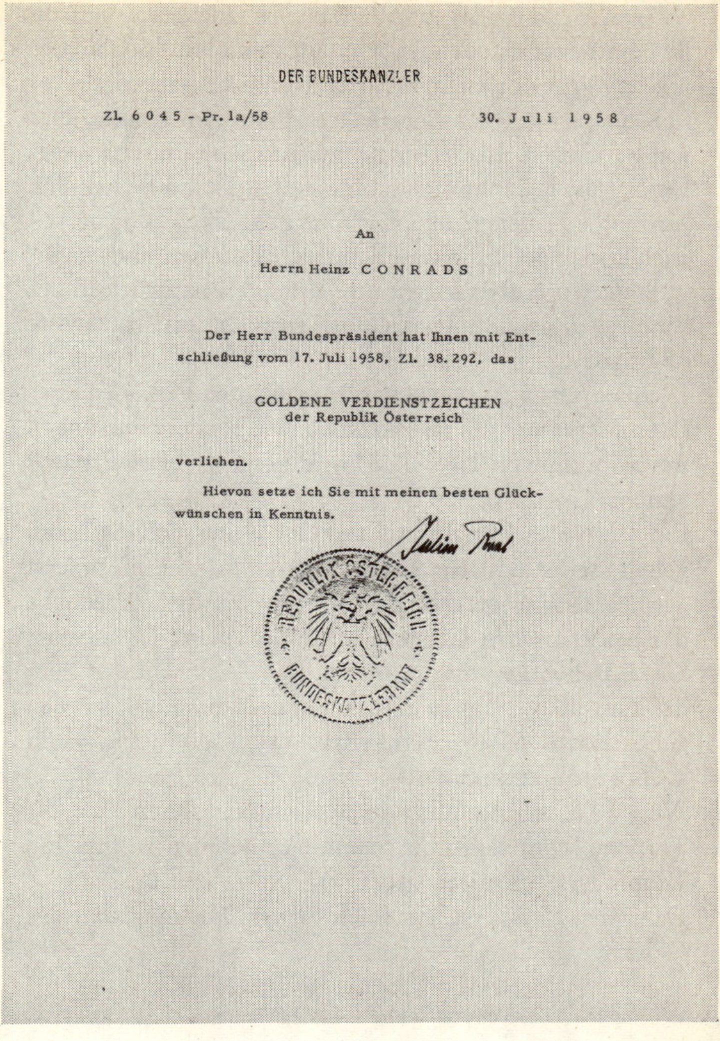

DER BUNDESKANZLER

Zl. 6 0 4 5 - Pr. 1a/58 30. J u l i 1 9 5 8

An

Herrn Heinz C O N R A D S

Der Herr Bundespräsident hat Ihnen mit Entschließung vom 17. Juli 1958, Zl. 38.292, das

GOLDENE VERDIENSTZEICHEN
der Republik Österreich

verliehen.

Hievon setze ich Sie mit meinen besten Glückwünschen in Kenntnis.

REPUBLIK ÖSTERREICH
BUNDESKANZLERAMT

Heinz Conrads erhielt insgesamt 54 Auszeichnungen.

Überraschend war auch das Detailergebnis beim Bekanntheitsgrad. Schließlich hatte man ihm doch immer wieder vorgeworfen, auch in den fünfziger Jahren, daß er sich hauptsächlich an ein älteres Publikum wende. Das war zumindest damals – eine völlig falsche Einschätzung. Denn am bekanntesten war Heinz Conrads bei den Jungen, von denen ihn 93 Prozent kannten. Gigantisch auch sein Bekanntheitsgrad bei den Beamten und Angestellten, wo er 91 Prozent erreichte, und natürlich in der Bundeshauptstadt Wien: Dort kam er auf sagenhafte 95 Prozent.

Die niedrigsten Werte erreichte er bei den Personen über (!) 60 Jahren mit nur 68 Prozent sowie bei der bäuerlichen Bevölkerung von Tirol und Vorarlberg, wo er 66 Prozent erzielte.

Ein schlechtes Urteil wird in dieser Untersuchung kaum gefällt, selbst Mittelmäßigkeit wird ihm nur in äußerst geringem Maß zugeschrieben. Ein Umfrage-Ergebnis, das bei kritischen Geistern vielleicht ein wenig aneckte. Soviel Beliebtheit macht mißtrauisch. Vielleicht liegt hier der Grund, warum man sich Heinz Conrads bisweilen gar so kritisch vornahm. »Kritiker«, sagte einer, »sind auch Trophäensammler.«

Wer weiß, ob nicht so mancher unter ihnen sich die Trophäe Conrads in die Sammlung nehmen wollte. Ein »Kapitaler« war er auf jeden Fall.

Dazu hätte es erst gar nicht einer Meinungsumfrage bedurft.

FERNSEHSTAR FÜR DREI JAHRZEHNTE

Gagarin, Hitchcock und das »Peterl«

Seine Popularität hat sich Heinz Conrads durch seine Rundfunksendung und durch das Fernsehen erworben. Er war Österreichs erster Fernseh-Star. Aber kaum jemand weiß, wie groß die Einschaltziffer war, als Heinz Conrads zum allerersten Mal über die Bildschirme flimmerte: Genau zehn Geräte waren eingeschaltet, als er sich zum ersten Mal mit seinem berühmt gewordenen »Guten Abend die Damen, guten Abend die Herren, guten Abend die Madln, servas die Buam« meldete.

Denn schon im Jahre 1955 fand im Wiener Künstlerhaus eine Ausstellung unter dem Ehrenschutz von Verkehrsminister Karl Waldbrunner statt, die der großen Sensation aus den Vereinigten Staaten gewidmet war: dem Fernsehen.

Die Empfangsgeräte waren in Kojen aufgestellt und in einem großen Raum dahinter Kameras installiert, die die Bilder in die Kojen lieferten. So hatte man Heinz Conrads zusammen mit seinen musikalischen Begleitern Gustl Zelibor und Carl de Groof eingeladen, und Franziska Kalmar, Ehefrau von Fritz Muliar, sagte die erste Conrads-Sendung im Fernsehen an. Der Publikumsandrang war enorm. Jeder wollte diese »Wunderkasteln« zu Gesicht bekommen.

Der Conrads-Auftritt dauerte eine Viertelstunde und niemand in Österreich hätte damals gedacht, daß auch noch 30 Jahre später die TV-Auftritte des Unterhaltungs-

künstlers zu den absoluten Publikumshits zählen würden.
Erst ein Jahr später – der ORF hatte sich ein Hauptquartier in der Meidlinger Singrienergasse geschaffen – gab es die ersten, konkreten Gespräche zwischen Heinz Conrads und dem damaligen Fernsehdirektor Gerhard Freund. Conrads machte Freund den Vorschlag, seine beliebte Radio-Sendung in einer etwas abgeänderten Form ins Fernsehen zu übernehmen. Freund überlegte nicht lange, sondern sagte sofort zu. Er hielt das für eine ausgezeichnete Idee und fand, daß sich Conrads gleich an die Arbeit machen sollte.
In den ehemaligen Affenkäfigen des Tiergartens Schönbrunn, die Heinz Conrads schon von seinen Dreharbeiten beim Film kannte, wurden die ersten Einstellungen geprobt, bevor man im Jahr 1957 die erste Sendung von »Was sieht man Neues?« ausstrahlte. Sendetermin war der Samstagabend, ein Termin, den man fast dreißig Jahre lang unverändert ließ.
Der erste Regisseur der Sendung war der legendäre Erich Neuberg, mit dem Heinz Conrads auch einige Nestroy-Inszenierungen gemacht hatte. Die Zusammenarbeit zwischen Conrads und Neuberg beim Fernsehen währte genau eine Sendung. Denn in der darauffolgenden Woche verunglückte der Regisseur mit dem Auto: In der Ungargasse im dritten Wiener Gemeindebezirk geriet sein Fahrzeug außer Kontrolle und krachte in die Auslage eines Schuhgeschäftes. Neuberg erlitt zwar schwere, aber keineswegs lebensgefährliche Verletzungen. Er wurde in das Allgemeine Krankenhaus eingeliefert, wo man einen komplizierten Oberschenkelbruch konstatierte.
Neuberg fiel für Monate aus. So mußte für die zweite »Was sieht man Neues?«-Sendung Herbert Fuchs ein-

springen. Ein Ersatzmann, dem Conrads dann 29 Jahre lang die Treue hielt. Manchmal hat er ihn deswegen ein bissel gepflanzt, indem er ihn den ausdauerndsten Aushilfsregisseur aller Zeiten nannte.
Reibungslos war das Verhältnis keineswegs. Dazu waren die beiden Charaktere auch viel zu unterschiedlich, bisweilen sogar entgegengesetzt. Denn Herbert Fuchs, der als Regisseur auf einigen Bühnen in Graz und Wien seine Erfahrungen gesammelt hatte, war ein progressiver Mann, während Conrads auch schon damals mit den Attributen traditionell, konservativ und bürgerlich behaftet war. Privat hatten die beiden kaum Kontakt, weil ihre außerberuflichen Interessen viel zu verschieden waren. Aber wahrscheinlich hat eben dieser Gegensatz es bewirkt, daß sich die beiden »zusammenrauften«, daß sie zu einem, wie es Conrads nannte, »passablen Gespann« wurden.
Aller Anfang war schwer. Da war es eher Conrads, der, aus einem natürlichen Instinkt heraus, Ideen und Vorschläge einbrachte, die dann beim Publikum sehr gut ankamen. Herbert Fuchs mußte sich erst einmal umstellen: »Ich war vom Theater gewohnt, anders zu arbeiten. Da mußte man versuchen, Emotionen darzustellen, Partnerbeziehungen und ein Stück, das halt vom Autor vorgegeben war. Plötzlich war ich mit dem Problem konfrontiert, einen Präsentator unterstützen zu müssen. Durch ein Medium, das wir ja selber noch nicht so gut kannten. Wahrscheinlich haben wir zuviel mit Bildern gearbeitet.«
»Bilderl-Radio« haben sie das Fernsehen damals auch genannt. Aber mit diesem »Bilderl-Radio« traf Heinz Conrads den Geschmack breitester Publikumsschichten. Außerdem schien auch der Samstag der geeignetste

Wochentag von allen zu sein, wo man die Muße hatte, sich hinzusetzen und dem Conrads und seinem Potpourri an Neuigkeiten, Interviews und Musik zuerst 30, später 50 Minuten lang zuzuhören. »Es muß«, so lautete sein Erfolgsprinzip, »der Zuschauer sich irgendwie mit seinem eigenen Zuhause identifizieren können, ein gemütliches Beisammensein im Kreis der Familie, wo man zum Wochenausklang über mehr oder weniger erfreuliche Begebenheiten plaudert.«

Conrads und Fuchs wurden, bei allen Gegensätzen, ein eingeschworenes Team. Auch wenn innerhalb des Studios manchmal gestritten wurde, daß die Fetzen flogen – nach außen hin waren die beiden immer eins.

In den ersten Jahren wurde die Sendung in der Maxingstraße in Schönbrunn aufgenommen. Dort hatte Heinz Conrads einen berühmten Mitarbeiter, der an sich vom Fernsehen nicht dafür engagiert worden war, geschweige denn auf einer Honorarliste stand: Hans Moser.

Jeden Donnerstag traf man sich im Hietzinger »Café Gröpel«, einem Kaffeehaus, das mittlerweile einer Bank weichen mußte. Das »Gröpel« war ein Stammcafé Hans Mosers, zumeist hat er dort gefrühstückt. An einem anderen Tisch saßen Heinz Conrads und Herbert Fuchs. Sobald die beiden Platz genommen hatten, wurden zwischen den Tischen die Manuskripte und Drehbücher hin- und hergereicht. Hans Moser gab sein fachkundiges Urteil ab, was er für gut befand und was ihm weniger gefiel. Heinz Conrads, der sich sonst kaum etwas von jemandem dreinreden ließ, hörte sich ganz genau an, was ihm der große Volksschauspieler zu sagen hatte. Oft hat er, einem Rat Mosers folgend, noch Änderungen für die Samstag-Sendung angebracht. Und Hans Moser wurde von ihm ganz besonders zuvorkommend behandelt.

Was bei anderen ja nicht immer der Fall war. Heinz Conrads konnte ganz schön ruppig sein und ziemlich schroff. Deshalb hat man ihm auch nie die volle Wahrheit über eine Geschichte erzählt, die sich in den Anfangsjahren des Fernsehens zutrug und in deren Mittelpunkt er stand: In den Aufnahmeräumen in der Maxingstraße gab es eine Studiokatze, den »Peterl«, die den Fernsehleuten viel Freude, aber auch allerlei Ärger bescherte. Die Nachbarn und eigentlichen Besitzer des Grundstückes waren nämlich verärgert über das Tier, weil es die Singvögel jagte und verspeiste. So wurden die Fernsehleute unter Druck gesetzt. Im Sinne gutnachbarlicher Beziehungen wollte man sich von Peterl trennen. Also wurde das Studiomaskottchen unter den Tränen einiger Damen in ein Tierheim verfrachtet. Nach einiger Zeit kam ein Brief aus dem Tierheim. In diesem wurde mitgeteilt, daß die Katze absolut unverträglich sei und daß es mit ihr wohl zu Ende gehe, wenn man sie nicht wieder zurücknehme. Große Traurigkeit erfaßte alle Mitarbeiter. Schließlich faßte man sich ein Herz und fragte Heinz Conrads, ob er denn nicht die herzzerreißende Geschichte des »Peterls« via Fernsehen erzählen und auf diese Weise ein neues Heim für die Katze finden könnte.
»Der Heinz«, erinnert sich Herbert Fuchs, »hat zuerst ganz typisch reagiert, indem er beleidigt-entrüstet gemeint hat: ›Immer soll ich was für die anderen machen. Für mich macht ja auch niemand etwas. Wie komm' ich dazu?‹ So hat er sich zuerst aufgeregt, aber dann doch erweichen lassen.«
Der Einfachheit halber wurde zuerst mit einem Stofftier vor der Kamera geprobt. Die Katze sollte erst bei der Sendung vor der Kamera sitzen.
Zwei Minuten vor der Live-Sendung – »Peterl« war vom

Tierheim wieder in die Fernsehstudios zurückgekehrt – war die Katze plötzlich verschwunden. Hektisch rückten alle aus, fieberhaft wurde gesucht. Eine Sekretärin wurde fündig ... Ihre späteren Aussagen im Wachzimmer deckten sich allerdings nicht mit jenen einer Hausbesitzerin aus der Maxingstraße, die wutentbrannt zur Polizei gelaufen war und folgendes zu Protokoll gegeben hatte: »Ein Mädchen mit einem weißen Arbeitsmantel stürzte aus dem verwahrlosten Haus (womit offensichtlich die TV-Studios gemeint waren). Sie kam in meinen Garten, ergriff wortlos meine schwarze Katze und rannte mit ihr davon. Dann verschwand sie wieder in dem verwahrlosten Haus. Ich eilte ihr nach, aber der Portier hat mich am Eintreten gehindert.«
Noch während des Disputes zwischen Portier und Katzenbesitzerin bot Heinz Conrads in der Direktsendung das Tier als Pflegefall an. Hunderte gerührte Tierfreunde wurden dann vertröstet – die Katze wurde stillschweigend an ihre Besitzerin zurückgegeben. Das Schicksal von »Peterl« war grausamer, mit einigem Zynismus könnte man es als echt wienerisch bezeichnen: »Peterl« wurde zwei Tage später in einem kleinen Park, unweit der Studios, vergiftet aufgefunden.
Heinz Conrads hat die wahren Hintergründe dieser Geschichte nie erfahren. Er war wohl immer der Meinung, eine gute Tat im Sinne des Tierschutzes getan zu haben.
Sosehr einige Kritiker den Schauspieler Heinz Conrads auch attackierten, als Interviewer in seiner Fernseh-Sendung war er unumstritten. Dort hatte er einen völlig neuen Stil kreiert. Er verstand es hervorragend, seine Studiogäste in ein Gespräch zu verwickeln, das so natürlich wirkte, als wäre es ganz spontan zwischen zwei

Bekannten auf der Straße entstanden. Und nicht in einem glühendheißen Studio, vor grellem Licht und surrenden Kameras.
Zwei Dinge waren die Basis für eine solche Gesprächsatmosphäre: Conrads sprach sich nie mit seinen Interviewpartnern im voraus ab, er gab lediglich eine bestimmte Richtung seiner Fragestellung vor. Auch er selber notierte nie die Fragen ganz exakt, sondern ließ sich immer ein wenig vom Augenblick beeinflussen. So kam er selbst mit den schwierigsten Partnern ausgezeichnet zurecht.
Ein äußerst schwieriger Interview-Partner war O. E. Hasse, der große deutsche Schauspieler. Dieser drehte in Wien die Wedekind-Verfilmung »Lulu«. Es war bekannt, daß er kein großer Freund von Interviews war und über Persönliches gar nicht sprach.
Aber dieser schwierige Mann ging in der – oft belächelten – Conrads-Sendung voll aus sich heraus. Er, der sich immer verbeten hatte, über sein Privatleben zu sprechen, erzählte fast ausschließlich Privates. Anschließend wollte Conrads – sicher hat da auch persönliches Interesse mitgespielt – seine Einstellung zu den Kritikern wissen. »Wie schafft man es«, fragte Conrads, »daß man so blendend aussieht wie Sie, wo doch der Beruf soviel Enttäuschungen bringen kann. Vor allem, wenn man den Theaterkritikern ausgesetzt ist?«
O. E. Hasse antwortete mit einem Spruch von Olga Tschechowa: »Ich esse gern. Ich trinke gern. Ich liebe gern. Und ich ärgere mich über nichts.«
Sehr treu blieb er diesem Leitsatz nicht. Österreichische Journalisten hinderten ihn daran. Sprach ihn doch ein paar Jahre später ein Reporter im Restaurant »Linde« in der Inneren Stadt an und fragte ganz aufgeregt, was er denn hier in Wien mache. Verständlich, daß

O. E. Hasse wütend auf den Journalisten aus der Kulturstadt Wien reagierte – denn schon seit Monaten war er am Burgtheater als »Julius Caesar« engagiert.
Sehr geärgert hat sich Heinz Conrads in den Tagen, als er seinen Flop an den Kammerspielen mit »Charley's Tante« gebaut hatte, während er ja parallel dazu überragende Erfolge in Radio und Fernsehen feierte. Nachdem in Wien Spott und hämische Schadenfreude dann am besten gedeihen, wenn man jemanden um etwas beneidet, war er Zielscheibe diverser Späßchen.
Ein Aprilscherz hat ihn besonders gekränkt. 1959 las man im »Expreß am Abend« auf der Kulturseite unter dem Sensationstitel »Conrads statt Konradi am Burgtheater«: »Bestürzung am Wiener Burgtheater. Knapp vor Beginn der gestrigen Aufführung der ›Jungfrau von Orleans‹ sagte die Trägerin der Titelrolle, Inge Konradi, ab. Auf der Suche nach einer profilierten Kraft kam man auf ›Charley's Tante‹ Heinz Conrads. Er, so argumentierte man, bringe erstens jene männlichen Züge mit, die Johanna zum sieghaften Weibe machen, und zweitens sei er durch die guten Beziehungen Burgtheater–Josefstadt sehr leicht zu engagieren. So hastete Heinz Conrads von den Kammerspielen hinüber in das Burgtheater und rettete Schiller.«
Ein Aprilscherz, auf den nicht einmal der Allerdümmste hereinfiel. Der nur eine Wirkung hatte: Er verletzte Heinz Conrads zutiefst. »Solche Worte«, kommentierte er, »kränken nicht nur. Sie stellen die vielen Jahre in Frage, in denen ich mir alles hart erarbeitet habe. Trotz der vielen Erfolge, die ich gehabt habe und weiterhin haben werde, zerstören sie meinen Stolz und meine Freude. Ich kann mir nicht vorstellen, daß es jemanden gibt, der so etwas wirklich und bewußt erreichen will.«

So mancher Kulturkritiker hat damals auch aus anderen Gründen die Nase gerümpft. Heinz Conrads war nämlich 1959 Wirt geworden – oder besser gesagt, er war die Gallionsfigur eines gastronomischen Betriebes, an dem er sich beteiligt hatte. »Park-Keller« hieß das Restaurant in Hietzing, wo Conrads aus seiner Popularität und seinen Möglichkeiten Kapital schlug. Ständig waren seine Fernseh-Gäste aus Kunst, Kultur, Sport und Politik auch im »Park-Keller« zu Gast. Klar, daß die Leute in Scharen kamen. Wie sehr sich das bezahlt gemacht hat, konnte man im Lokalteil der Zeitungen nachlesen: Am 23. 8. berichteten sie in großer Aufmachung über einen Diebstahl im Conrads-Lokal: 11.000 Schilling, die Tageslosung, waren gestohlen worden. Ein recht ansehnlicher Betrag für jene Zeit. (Der Täter wurde erst drei Monate später überführt: Es war der Kellner.) Lokale unter der Leitung von Prominenten waren damals in Mode. Anni Rosar hatte sich eine Weinhauerei in der Wachau angeschafft und Waltraud Haas ein Lokal in Meidling.
Die prominentesten Gäste aber hatte Heinz Conrads – im September 1958 drängten sich die Schaulustigen bis auf die Straße: Romy Schneider feierte hier ihren Geburtstag. In ihrer Begleitung war Curd Jürgens. Curd Jürgens hatte drei Tage zuvor in der Samstagabend-Sendung bei Heinz Conrads für helle Aufregung gesorgt. Zumindest bei den kommunistischen Zeitungen »Volkswille« und »Volksstimme«. Anlaß war eine Antwort von Jürgens. Auf die Frage über seine Zukunftspläne hatte er verraten, daß er demnächst Wernher von Braun darstellen werde.
Wörtlich sagte er: »Sie können sich vorstellen, daß mich diese Rolle besonders interessiert, da doch jetzt die Russen eine Rakete zum Mond geschossen haben, die Wernher von Braun konstruiert hat.«

Jürgens wußte ganz bestimmt, daß Braun als gebürtiger Deutscher in Amerika beheimatet war. Doch dürfte er der Ansicht gewesen sein, die Russen hätten Brauns Pläne und Ideen einfach kopiert. Die »Volksstimme« wütete: »Wenn ein Filmschauspieler Dinge durcheinanderwirft, von denen er nichts versteht, so kann man das hingehen lassen, wenngleich eine gute Portion Ignoranz dazugehört, die sowjetischen Sputnik- und Mondraketenerfolge den sowjetischen Wissenschaftern abstreiten zu wollen. Werden aber die hanebüchenen Ansichten eines Filmschauspielers anläßlich eines Interviews des Österreichischen Fernsehens mit einem devoten ›Danke schön‹ als Tatsachen dem Publikum serviert, dann bedarf es wohl keines Kommentars mehr, um sich über die Nachrichtenredaktion (!) des Österreichischen Fernsehens ein Urteil zu bilden. Schließlich muß sich doch jeder die Frage stellen, warum nicht Wernher von Braun, der deutsche Raketenspezialist, der nach den USA auswanderte, die angeblich von ihm konstruierte Mondrakete abgeschossen hat, sondern diesen Triumph sowjetischen Wissenschaftern überließ?«

Man warf dem Moderator Conrads gefährliche proamerikanische Meinungsmache vor.

Wie verrückt oft das Leben spielt. Conrads hatte nämlich immer Angst gehabt, man könne ihm pro-kommunistische Tendenzen vorwerfen. Denn seine Lieblingsgäste der Samstagabend-Sendung waren zwei Russen: Juri Gagarin, der sowjetische Astronaut und erste Mensch im Weltall. Und David Oistrach, der große Virtuose.

Als Höhepunkt und Ausklang der Sendung kam der weltberühmte Geiger. Publikum und Präsentator waren gleichermaßen erstaunt, wie unkapriziös David Oistrach agierte. Locker und gelassen, ohne irgendwelche Starallü-

ren, plauderte der sympathische Russe über seine besondere Beziehung zu Wien und zu den großen Musikern. Eine nette Unterhaltung mit manch interessantem Detail kam in den folgenden zehn Minuten zustande. Nach dem Ende der Sendung, die wie immer live ausgestrahlt wurde, blieb man noch ein wenig beisammen. Conrads, seine beiden musikalischen Begleiter und Freunde, Gustl Zelibor und Carl de Groof, David Oistrach und sein Sekretär. Die beiden Musiker waren von dem großen Virtuosen sehr beeindruckt. Ganz beiläufig, im Zuge der allgemeinen Bewunderung, meinte dann Conrads, daß es zu schön gewesen wäre, hätte Oistrach auch noch Geige gespielt. Aber das, schränkte er gleich ein, wäre natürlich ganz und gar unmöglich gewesen. Ja, geradezu unverschämt, ihn in einem so kleinen Rahmen auch noch um eine Probe seines Könnens zu bitten.
Daraufhin erwiderte Oistrach, der recht gut Deutsch sprach: »Aber Herr Conrads, habe ich nicht gewußt, ob ist gewünscht Geige. Mein Sekretär hat mitgebracht Geige. Aber wir haben nicht gewußt, ob ist gewünscht zu spielen.«
Conrads war perplex. Es dauerte einige Momente, bis er seine Sprache wieder fand: Aber noch Jahre später konnte er es nicht fassen, daß der große Oistrach sich nicht sicher war, »ob ist gewünscht zu spielen.«
Ein Erlebnis, das den genialen Künstler Oistrach in den Augen Conrads zum großen Menschen gemacht hat.
Bei Juri Gagarin, dem ersten sowjetischen Kosmonauten, war es nicht sosehr die Bescheidenheit, die Heinz Conrads beeindruckte. Denn sein Auftreten war recht selbstbewußt. Aber keineswegs arrogant. Was aber Gagarin so sympathisch machte, war sein ungeheurer Witz und seine Schlagfertigkeit, die er im Verlauf des Gesprä-

ches mehrmals unter Beweis stellte. Im Rahmen einer offensichtlich von Moskau gewollten Publicity-Tour durch Europa war Gagarin auch in Wien gelandet und im noblen Ringstraßen-Hotel »Imperial« abgestiegen. Der Kosmonaut erklärte sich auch sofort dazu bereit, Gast bei Heinz Conrads zu sein. Unter einer Bedingung: Die Fernsehaufnahmen sollten nicht in den ORF-Studios, sondern im Hotel »Imperial« stattfinden.

»Ich glaube«, mutmaßt Regisseur Herbert Fuchs, der damals natürlich auch mit dabei war, »daß die Russen aus Sicherheitsgründen darauf bestanden haben. Eine andere Erklärung habe ich nicht. Für uns war es jedenfalls recht mühselig, mit unserer Ausrüstung ins ›Imperial‹ zu übersiedeln und dort quasi ein Studio aufzubauen.«

So wurde das Interview mit dem sowjetischen Stargast von den Fernsehkameras an einem Samstagvormittag aufgezeichnet und in die Sendung eingespielt. Damals etwas ganz und gar Unübliches. Denn mehr als ein Jahrzehnt war »Was sieht man Neues?« schon allein deshalb so reizvoll gewesen, weil die Sendung live aus den Schönbrunner Studios ausgestrahlt wurde. Aber dieses Interview mit Gagarin fiel keineswegs ab, ganz im Gegenteil. Es war flott, interessant geführt und recht lustig. Interviewer und Interviewter amüsierten sich jedenfalls köstlich, eine Viertelstunde lang. Schon bei der ersten Frage von Heinz Conrads mußte Gagarin hellauf lachen. »Sagen S', Herr Major«, wollte er mit spitzbübischem Lächeln wissen, »was ich Sie fragen wollt', was haben S' denn da oben für ein Wetter gehabt?«

Als Conrads zuletzt über den Dolmetscher fragen ließ, ob Gagarin sich im Weltraum nicht allein und verlassen gefühlt habe, ob er sich nicht gefürchtet habe zu verunglücken, da erwiderte der Kosmonaut nur gelassen:

»Nein, ich habe volles Vertrauen zu meiner Weltraumkapsel und ihrer Technik gehabt.«
Conrads ließ nicht locker und bohrte weiter: »Das mag schon sein, aber es kann einem doch selbst bei den simpelsten Dingen etwas passieren. Ich zum Beispiel wollte unlängst bei mir daheim das Licht aufdrehen, aber es blieb dunkel.« Gagarin zögerte keine Sekunde mit der Antwort: »Dann war es«, meinte er trocken, »eben kein russischer Lichtschalter.«
Dieses köstliche Beispiel von Schlagfertigkeit hatte ein paar Jahre später eine tragische Pointe. Bei einem Testflug in der Sowjetunion stürzte Gagarins Maschine ab, der Kosmonaut kam dabei um. Ein gewaltiger Obelisk im Herzen Moskaus erinnert noch heute an diesen ungewöhnlichen Menschen, der Geschichte gemacht hat.
Gagarin war auch eine Art Premiere für Conrads, weil sein Interview als Aufzeichnung in die Sendung eingespielt wurde – eine Technik, der man sich in den späteren Jahren immer mehr bediente. Die Magnetaufzeichnung wird von den Fernsehleuten im Fachjargon nur kurz und bündig MAZ genannt. Ein Begriff, der bei einer »Was sieht man Neues?«-Sendung für Verwirrung sorgte.
Eines Vormittags war der Redakteur einer Fernseh-Zeitung in den Studios zu Besuch. Während der allgemeinen Verabschiedung rief Regisseur Herbert Fuchs seinem Präsentator zu: »Du Heinz, heute nachmittag machen wir die MAZ.« Conrads nickte und man ging auseinander. Am Nachmittag wurde dann das Lied eines Jugendchores aus den Bundesländern aufgezeichnet, womit »MAZ« seine Erklärung fand.
In jener Zeitung aber konnte man anderntags lesen: »Burgschauspielerin Johanna Matz ist am kommenden Samstag Stargast bei Heinz Conrads.«

Aber auch Heinz Conrads selbst passierten peinliche Ausrutscher. Es spricht für ihn, daß er daraus nie ein Hehl machte und auch davon erzählte – gleichsam als öffentliche Wiedergutmachung. Da hatte er einmal eine junge Dame, die Tochter des berühmten Völkerkundlers Bernatzik, bei sich zu Gast. Man muß ihm wohl zugute halten, daß er sehr wohl wußte, wovon er sprach, denn er hatte sämtliche Bücher des Wissenschaftlers daheim in der Bibliothek. Und nicht nur das. Im Zuge seines ungeheuren Bildungshungers hatte er sie geradezu verschlungen. Nun führte er dieses Gespräch mit dem Fräulein Tochter, das auch in die Fußstapfen des Vaters getreten war und Forschungsreisen in ferne Länder zu unbekannten Völkern unternommen hatte. Ein hochinteressantes Gespräch entwickelte sich, das Heinz Conrads nach einem charmanten Handkuß mit den »besten Empfehlungen an den Herrn Papa« beendete.
»Die werd' ich«, entgegnete ihm die Tochter, »leider nicht ausrichten können.« Conrads war für einen Moment sprachlos, dann fragte er: »Ja, warum denn nicht?«
»Weil er«, so Fräulein Bernatzik, »schon gestorben ist.«
Seine Fassungslosigkeit kleidete der Moderator in unbeholfene Worte: »Ach, deshalb habe ich ihn schon so lange nicht gesehen!« In diesem Moment war er selbst ein Opfer seiner Live-Sendung geworden.
Die Tochter von Hugo Adolf Bernatzik hat ihn aber getröstet, indem sie sagte: »Ich finde, daß gerade dieser Abschluß das Interview besonders menschlich gemacht hat.«
Im Zuge seines Bildungshungers hatte Heinz Conrads auch Englisch gelernt, das er recht gut beherrschte. »Er konnte sich tadellos unterhalten«, erinnert sich Joseph

Sills, treuer Freund aus alten Radio- und Fernsehtagen und bis in die späten sechziger Jahre Redakteur der Conrads-Sendung. »Aber«, fährt er fort, »wenn er sich im Fernsehen damit verständigen sollte, verließ ihn plötzlich der Mut. Vielleicht ist das ein falscher Begriff. Er war halt von solchem Perfektionsstreben besessen, daß es ganz einfach zuwenig war, für den persönlichen Qualitätsanspruch, den er stellte.«

Diese durch nichts begründete Unsicherheit war schuld daran, daß ein geplantes Interview dann im letzten Moment doch noch platzte.

Der Altmeister des Gruselschockers, Alfred Hitchcock, war nach Wien gekommen, und Conrads war zuerst begeistert von dem Vorschlag, den ihm Sills gemacht hatte: »Holen wir doch den Hitchcock in die Sendung!« Nach einem vorsichtigen »Meinst wirklich, daß das paßt?« hatte er freudig zugestimmt: »Ja, das machen wir. Aber erst holen wir den Hitchcock zu einer Vorbesprechung ins Studio. Damit ich sehen kann, ob er mich versteht und ich ihn.«

Hitchcock kam, und man probte verschiedene Einstellungen; die beiden Männer unterhielten sich blendend. »No problem«, meinte der große Regisseur zu Josef Sills, »das klappt hervorragend.«

Dann vereinbarte man einen Zeitpunkt für das Treffen am Samstag und Alfred Hitchcock verließ die Studios.

Am nächsten Tag ließ Heinz Conrads dem Hollywood-Regisseur mitteilen, daß er sich außerstande sehe, das Interview auf Englisch zu führen.

Über Nacht hatten ihn Zweifel und Unsicherheit befallen. Sosehr sich Josef Sills auch bemühte, Conrads umzustimmen, es nützte nichts. Er war von seinem Entschluß nicht mehr abzubringen. Sills, der so stolz

darauf war, den Meisterregisseur für den Samstagabend gewonnen zu haben, war verzweifelt.
»Heinz«, sagte er zu seinem Moderator, »Hitchcock hat doch selbst gesagt, daß er sich mit dir gut unterhalten hat und daß dein Englisch ganz gut sei. Probier's doch.«
Darauf erwiderte Conrads nur barsch: »›Ganz gut‹ ist mir zuwenig. Ich will nur Dinge machen, die ich perfekt kann.«
Alfred Hitchcock war ziemlich enttäuscht, als er erfuhr, daß sein Interview mit Heinz Conrads nicht stattfinden würde. Vor allem, als er die wahren Hintergründe erfuhr.
»Irgendwie war es ja typisch für den Heinz«, meint Josef Sills, »obwohl es eine Absage dieser Art weder vorher noch nachher jemals gegeben hat. Plötzlich hat ihn die Courage verlassen und er war von seinem Entschluß nicht mehr abzubringen. Er hat sich ihn nicht mehr zu interviewen getraut, weil ihn einfach eine Art Examensangst überfallen hatte, deren mögliche Auswirkungen er sich ausmalte: Daß er während der Live-Sendung nicht weiter weiß. Oder Hitchcocks Antwort nicht versteht.«
Conrads war halt ein Perfektionist, das hatte seine Vorteile und aber auch Nachteile. Später, das vertraute er seinem Freund Josef Sills an, hat er sich noch oft darüber gekränkt, daß ihn bei Alfred Hitchcock der Mut verlassen hat.
Einen großen Hollywood-Regisseur hat Heinz Conrads dann aber doch noch in seine Sendung bekommen: Otto Preminger. Der ehemalige Direktor des Theaters in der Josefstadt, der auch in den Vereinigten Staaten seine Sehnsucht nach Wien nicht verbergen konnte, plauderte über alte Theater- und über neue Filmzeiten. Hinter den Kulissen machte der Hollywood-Veteran mit einer eher beiläufigen Erwähnung dem Landsmann eine große

Freude. Der ehemalige Josefstadt-Direktor erzählte ihm von einer Begegnung mit Lilli Darvas in New York, die ihm Conrads als großen »Liliom«-Darsteller beschrieben hatte.

Der Ruhm von Conrads war weit über Österreichs Landesgrenzen hinausgeeilt, wenngleich er selber zu jener recht eigenwilligen Gattung von Wienern gehörte, deren Heimweh schon hinter Purkersdorf beginnt. Auch im Urlaub ist er immer im Land geblieben. Zuerst am Attersee, in späteren Jahren dann in Krumpendorf am Wörthersee. Auslandsreisen hat er lediglich nach Paris, Mallorca und nach Griechenland unternommen. Und jedesmal war er glückselig heimgekehrt, weil ihm nach 14 Tagen Palmen, Meer oder ungewohntes Essen zum Hals heraushingen. Dabei hatte ihm ein Griechenland-Urlaub tiefe persönliche Genugtuung verschafft, als er in Athen, in der Nähe der Akropolis, tafelte. Mit seinem Stammtisch-Freund Karl Renner, einem Meidlinger Malermeister, hatte er in einem Restaurant für vier Personen einen Tisch reservieren lassen. Die beiden Wiener hatten nur noch wenig griechische Drachmen bei sich und Conrads bat den Freund, die ganze Rechnung zu übernehmen. Plötzlich wurden, ohne Bestellung, die köstlichsten Spezialitäten aufgetischt, die erlesensten Weine aufgefahren. Heinz Conrads meinte mit erhobenem Zeigefinger zu seinem Freund: »Du bist ein Schlingel, Karl, warum hast denn nicht gleich gesagt, daß du noch genügend Geld hast?« Der Freund sah ihn entgeistert an und meinte nur: »Das gleiche wollt' ich dich grad' fragen.«

Um nicht in Gefahr zu kommen, als Zechpreller in Schwierigkeiten zu geraten, rief man den Ober. Der beruhigte und deutete bloß auf einen Tisch in der gegenüberliegenden Ecke des Lokals. Dort saßen zwei Griechen, prosteten den beiden Österreichern freundlich zu und ließen ausrichten: »Es ist uns eine Ehre, einen so großen und berühmten österreichischen Künstler bei uns im Land als Gast zu haben.«

Die Anekdoten aus Amerika und Griechenland mögen vielleicht wirklich nur zufällige Hinweise auf die Popularität des Unterhaltungskünstlers gewesen sein, im deutschsprachigen Mitteleuropa war Heinz Conrads Mitte der sechziger Jahre absolut ein Begriff. Das alles hatte mit einer Fernsehsendung mit Lou van Burg begonnen.

Der charmant-geschmeidige Show-Profi aus Belgien war in den sechziger Jahren zu einem Publikumsliebling ersten Ranges geworden. Seine erste Show, mit der er breiteste Schichten der Österreicher begeisterte, hieß »Sing mit mir – spiel mit mir«. Es folgten dann noch die großen Quizspiele »Jede Sekunde ein Schilling« und der »Goldene Schuß«.

Dieser Lou van Burg war in einer Conrads-Sendung aufgetreten, und im Verlauf des munteren Dialogs hatte der Showmaster Conrads spontan in seine Sendung eingeladen. Etwas, was er besser unterlassen hätte. Denn den Lokalmatador Heinz Conrads zu einer Fernseh-Sendung aus dem Wiener »Ronacher« einzuladen, konnte selbst für den allerbeliebtesten Quizmaster nur schlecht ausgehen. Ein sogenanntes »Phonometer« gab die Stärke des Beifalls aus dem Publikum wieder und so konnte man leicht ablesen, wer nun am besten angekommen war. Bis dahin war es für Lou van Burg kein Problem gewesen, diesen Wettbewerb in der Publikumsgunst, gegen seine Stargäste, souverän für sich zu entscheiden. An diesem Abend hatte Conrads freilich ein Heimspiel und schlug seinen Gastgeber um Längen.

Ein oberösterreichischer Fernseh-Kritiker schrieb damals treffend: »Vielleicht hat Heinz Conrads mit seinem Auftritt im ›Ronacher‹ Lou van Burg hineingelegt, indem er ihm zeigte, was wirklich Unterhaltungskunst ist. Er hat ihn gleichzeitig aber wieder herausgerissen, indem er der Show einen künstlerischen Höhepunkt gab. So gesehen, sind die beiden wieder quitt.«
Das deutsche Millionen-Blatt »Bild«, ein sicherer Indikator in Sachen medialer Publikumserfolg, titelte tags darauf über den Stargast aus der Lou-van-Burg-Sendung: »Er kam und siegte in zwanzig Minuten.«
Grund genug für die Fernsehgewaltigen aus dem deutschsprachigen Mitteleuropa, nach Conrads zu angeln. Innerhalb von wenigen Monaten sollte eine Dreiländer-Show mit Heinz Conrads als Präsentator geschaffen werden, und in der Münchner »Abend-Zeitung« flocht man goldene Kränze, indem man den österreichischen Fernseh-Direktor Gerhard Freund zitierte. Der hatte nämlich in seinem Buch Heinz Conrads beschrieben: »Er hat die richtige ›Masche‹, wie man sagt, gelegentlich auf die Tränendrüsen zu drücken, aber genau im richtigen Augenblick umzuschwenken und die Menschen wieder zum Lachen zu bringen. Man kann das auch nicht lernen. Gute Operettenlibrettisten haben solche Szenen in ihre Bücher hineingeschrieben. Aber der Heinz hat kein Manuskript. Er hat ›es‹ eben und er ist – was vielleicht bei einem Künstler seiner Art am meisten zählt – ein Mensch.«
Abschließend fand die Münchner Gazette: »Müßte man ein Buch über die 30 größten Österreicher unserer Tage schreiben, Heinz Conrads gehörte dazu.«
Und während das Fessel-Institut in einer Meinungsumfrage die Hitliste österreichischer Fernsehlieblinge neu

ordnete – der alte und neue Spitzenreiter hieß Heinz Conrads, gefolgte von Karl Farkas und den Löwingern –, setzte in Deutschland ein wahrer Österreich-Boom ein: Die Deutschen wollten eine Show mit Fritz Muliar, Kabarett mit Carl Merz, vor allem aber wollten sie eine Sendung mit Heinz Conrads.

Die bekamen sie auch und sie hatte den gleichen Titel wie im österreichischen Fernsehen »Was sieht man Neues?«. Viermal jährlich sollte sie über die Bildschirme der drei deutschsprachigen Länder flimmern. Am 3. November 1963 war Premiere und schon nach den ersten telefonischen Reaktionen konnte Regisseur Herbert Fuchs zufrieden feststellen: 56 Prozent aller Anrufer waren positiv. Ein überdurchschnittliches Ergebnis.

Etwas Ungewöhnliches passierte aber auch. Etwas, was in der Geschichte des Fernsehens noch nie dagewesen ist. Viele österreichische Anrufer, vor allem aber Frauen, beklagten sich beim TV-Kundendienst: »Warum wollt's ihr uns den Heinzi wegnehmen?«

Reaktionen, die sich Conrads zu Herzen nahm. Er war ja ohnehin schon mit einer Einstellung in die Sendung gegangen, die ihm bei so manchen Rollen am Theater wohl sehr nützlich gewesen wäre. »Es ist zwar sehr ehrenvoll für mich«, meinte er, »wenn ich mit der Sendung über die Landesgrenzen hinausgehe, aber nicht unbedingt lebenswichtig. Geht es gut, ist es in Ordnung, wenn nicht, bin ich auch nicht traurig. Schließlich ist mir meine Sendung daheim in Wien am allerwichtigsten. Mein Publikum in Österreich ist es, was zählt.«

Heinz Conrads sagte Österreich und meinte eigentlich Wien. Obwohl er gerade in den Bundesländern sehr viele Freunde gefunden hat. Vor allem in späteren Jahren, als der ORF den starken Wien-Überhang ins Lot bringen

wollte und auch Sendungen in den Bundesländern machte. Herbert Fuchs hatte – während eines Verkehrsstaus in der Wiener Innenstadt – diese Idee gehabt und an Conrads weitergegeben. Nach einiger Zeit hat er sich davon überzeugen lassen, daß das eine gute Idee war.
Treue Freunde in den Bundesländern hat ihm das gebracht. Freunde, die bis über den Tod hinaus treu geblieben sind. Der Arnoldsteiner Grenzlandchor war in der ersten Sendung aus den Bundesländern zu Gast, die aus Kärnten kam. Als Heinz Conrads zu Grabe getragen wurde, sangen sie ihm ein letztes Mal.
Ein treuer Freund Österreichs war Conrads allemal. Denn als ihm nach seiner erfolgreichen Eurovisionspremiere für die deutschsprachigen Länder im weiteren Verlauf der Jahre die Lou-van-Burg-Nachfolge beim »Goldenen Schuß« angetragen wurde, konnte sich Heinz Conrads doch nicht dazu entschließen. Und so trat Vico Torriani das Erbe von »Onkel Lou« an, der in seiner ersten Fernseh-Karriere an den Frauen gescheitert war.
Zuerst hatte ihn die Kandidatin Brigitte Franke ins Gerede gebracht, die übrigens seinerzeit auch mit Conrads gemeinsam in »Sing mit mir – spiel mit mir« aufgetreten war. Das Wundermädchen aus der DDR mit Wohnsitz in München, hatte Millionen zuerst verblüfft, als sie selten gespielte Musikwerke schon nach dreieinhalb Takten erkannte. Bis man dahinterkam, daß das Ganze offensichtlich ein abgekartetes Spiel war. Quizmaster und seine hübsche Kandidatin hatten sich vorher anscheinend abgesprochen.
Endgültig vorüber war es mit »Mister Wunnebar«, als er sich von seiner Frau trennte und sich der Schlagersängerin Angèle Durand zuwandte, mit der er dann in »wilder Ehe« zusammenlebte. Das war den gestrengen deutschen

Fernsehbossen zuviel. Man feuerte den Quizmaster, der erst wieder in den achtziger Jahren ein überraschendes Comeback feiern konnte, nachdem er all die Jahre hindurch auf den Rummelplätzen hatte tingeln müssen.
Sein Comeback war freilich nur von kurzer Dauer: Zur selben Zeit, als Heinz Conrads ins Wiener Allgemeine Krankenhaus eingeliefert wurde, kam Lou van Burg auf die Interne Abteilung des Krankenhauses Rechts der Isar in München. Die Ärzte der Intensivstation wußten sofort, daß es keine Chance gegen den heimtückischen Blutkrebs mehr gab. Nur wenige Wochen nach dem Tod von Heinz Conrads starb auch Lou van Burg einen elenden Tod. Bis zuletzt hatte er gehofft, wieder gesund zu werden.
Es wäre wohl besser gewesen, Heinz Conrads hätte gegen Ende der sechziger Jahre im Zuge einer allgemeinen Euphorie seine Chancen besser genützt und auf eine internationale Karriere und nicht auf Lokalpatriotismus gesetzt. Denn in diesen Tagen hatte er den Höhepunkt seiner beruflichen Laufbahn bereits überschritten.
Während der Rundfunk- und Fernsehreform des Jahres 1967 stand er plötzlich im Kreuzfeuer der Kritik. Es ist ein offenes Geheimnis, daß der neubestellte Generalintendant Gerd Bacher kein besonderer Freund von Heinz Conrads war. Er wollte die Sendung absetzen lassen. Nicht, daß es massiven Publikumsprotest gegen Heinz Conrads gegeben hätte. Nein, ganz im Gegenteil. Wahrscheinlich war es sogar die treue Anhängerschaft, die ihn vor einem ärgeren Schicksal bewahrte.
»Ich glaube nämlich«, meint Bürgermeister Helmut Zilk, der in jenen Tagen Fernsehdirektor und einer der heftigsten Befürworter von Heinz Conrads war, »die Menschen hätten den Küniglberg gestürmt, wenn man ver-

lautbart hätte, daß der Conrads ersatzlos gestrichen sei.«
Helmut Zilk hat den Generalintendanten damals mühsam davon abhalten können, die Sendung im Zuge der Reform völlig abzusetzen. »Das wäre doch der helle Wahnsinn«, meinte er und schränkte ein: »Vielleicht täte es der Sendung gut, wenn man sie ein wenig umgestaltete. Aber ersatzlos streichen, das hielte ich für hellen Wahnsinn.«
Die mächtige »Kronen«-Zeitung bekam damals von der Sache Wind und drohte auf der Titelseite: »Wer sich mit dem Conrads anlegt, bekommt es mit uns zu tun.«
Das wußte auch Zilk. Trotzdem hatte er einige heftige Diskussionen bezüglich einer Änderung im Rahmen der Sendung. Denn Conrads war nicht bereit, sich dreinreden zu lassen. Die beiden haben sich dann irgendwie zusammengerauft. Conrads hat Helmut Zilk später sehr geschätzt, weil es ihm gefiel, daß man mit ihm offen diskutieren konnte.
Dabei kannten sich die beiden schon seit langem. Doch war gerade ihr erstes Zusammentreffen keine Basis für ein freundschaftliches Verhältnis. Hatte doch ihre Bekanntschaft mit einem unangenehmen Zwischenfall begonnen, über den sie in der Öffentlichkeit immer schwiegen. Der eine hatte den anderen fälschlicherweise verdächtigt, ihn in einer unangenehmen Situation ertappt zu haben. Und das kam so: Helmut Zilk war im Herbst 1957 – er wohnte damals noch in der Hollandstraße im 2. Wiener Gemeindebezirk, der ja keine besonders noble Gegend ist – spätabends nach Hause gekommen. Es war zwei Uhr früh, als er plötzlich auf der Straße ein Geräusch hörte: »Ich habe gleich aus dem Fenster geschaut und sehe wie ein Opel mit vierstelligem Kennzeichen an meinen Ford Anglia anfährt, Gas gibt und sich aus dem Staub macht. Ich hab' mir die Nummer notiert und über die Polizei

herausfinden lassen, wer das gewesen ist. Zu meiner großen Überraschung habe ich erfahren, daß Heinz Conrads der Wagen gehört. Also habe ich ihn angerufen und diskret darauf hingewiesen, daß er meinen Wagen angefahren hat. Er reagierte ziemlich unwirsch, und ich hab' mir halt gedacht, es sei ihm unangenehm. Vielleicht hatte er im geheimen eine Freundin und fühlte sich nun in flagranti ertappt. Wir haben uns dann jedenfalls geeinigt und nie mehr wieder darüber gesprochen. Mir schien die Sache zu delikat.«
Aus genau demselben Grund hat Conrads über die Angelegenheit geschwiegen. Erika Conrads saß damals am Beifahrersitz. »Und wir«, erzählt sie schmunzelnd, »haben damals den Zilk im Verdacht gehabt. Was, so rätselten wir, macht man schon um diese Zeit in dieser Gegend?«

Gegner und Freunde

Im Zuge der Rundfunkreform unter Gerd Bacher entstand für Heinz Conrads, inzwischen Liebling von Hunderttausenden, eine kuriose Situation. Fast könnte man sagen, das Schicksal hätte mit Ironie und einem Schuß Sarkasmus ganz besonders grausame Regime geführt: Mit der Schauspielerei hatte er einerseits fast abgeschlossen, denn in den knapp zwei Jahrzehnten bis zu seinem Tod war er nur mehr in ganz wenigen Stücken zu sehen. Ohne große Überzeugung, ohne den Feuereifer früherer Jahre, als die Bühnenbretter für ihn noch die Welt bedeuteten. Andererseits galt es offenbar bei »elitären« Minderheiten als besonders schick, sich über den Conrads-Stil lustig zu machen. Dabei tat er nichts anderes, als die Aufgabe der

Fernseh-Unterhaltung zu erfüllen, äußerst professionell und ehrlich: die Leute zu unterhalten, sie zum Lachen zu bringen oder zum Nachdenken und sie zu informieren.
Nur wenige akzeptierten das in dem allgemeinen Trend. Einer davon war der Fernseh-Kritiker Robert Löffler, der bedeutendste österreichische Journalist dieses Genres, der im Laufe der Jahre seine Fernseh-Kritik in Form von Feuilletons zu einer wahren Kunstform entwickelte. Er hielt Heinz Conrads durch Jahre die Treue. Offenbar deshalb, weil er ein sehr feines Gespür dafür hatte, daß Heinz Conrads in der österreichischen Volks- und Unterhaltungskunst ein ganz besonders wertvolles Kleinod war.
Hunderte durchwegs positive Kritiken aus »Expreß« und »Kronen-Zeitung« stehen als Beweis dafür.
Rolf Kutschera, jahrelang Direktor des »Theaters an der Wien«, kennt den »Heinz Conrads jener Tage« ganz besonders genau. Er meint, daß gerade diese Fülle der Möglichkeiten, die Conrads sich erarbeitet hat, ihn daran hinderte, eine tiefere künstlerische Befriedigung zu finden. »Man kann natürlich hergehen und sagen, der Weigel sei schuld. Er habe immer nur darauf gewartet, daß der Conrads etwas auf der Bühne macht und hätte dann mit seiner Kritik zugeschlagen. Aber das stimmt nicht. Schuld ist der Conrads selber, weil er sich nicht entscheiden wollte. Bedingungslos entscheiden wollte. Es ist doch klar, daß man wie ein Pferd vor dem Hindernis verweigert, wenn man eine solche Ausweichmöglichkeit hat wie der Conrads beim Fernsehen. Alle, die vom Kabarett kamen, der Muliar ebenso, die wollten immer gleich den Ritterschlag am Theater haben. Der Heinz wollte am Schluß akzeptiert werden, obwohl er keine Beweise mehr lieferte.«

Kutschera hatte einige Stücke mit Conrads inszeniert: »Bei Kerzenlicht«, »Das kleine Glück auf der Wieden« mit der unvergeßlichen Anni Rosar, und ein weiteres Volksstück »Die Bekehrung des Ferdy Pistora« mit Elfriede Ott. Die Idee für dieses Volksstück, das mittlerweile ein Fernseh-Klassiker geworden ist, kam von Erich Neuberg, dem großen Mann der ersten Stunde. Er war, nicht zuletzt durch den »Ferdy Pistora«, zu einem wahren Conrads-Freund geworden. Nach dem »Pistora«, den er sich mehrere Male fasziniert angesehen hat, war er fest von Conrads und seinen Möglichkeiten als Volksschauspieler überzeugt.

Conrads wußte davon und es hat ihn bedrückt. Aber er konnte sich nicht mehr überwinden. In der irrigen Annahme, der Schritt zurück zum Volksschauspieler könnte eine falsche Entscheidung sein.

So hatte Ernst Hagen ein Libretto verfaßt, für ein Musical rund um die Prater-Familie »Leicht«. Heinz Conrads bestand darauf, den »Papa Leicht« zu spielen. Rolf Kutschera riet ihm ab und meinte, die Rolle des Vaters sei gar nicht so dankbar für ihn. »Ich hab' eine andere Hauptrolle, so eine ›Liliom‹-artige Figur für ihn ausgesucht. Aber da hat er ganz beleidigt abgelehnt und keine weiteren Diskussionen mehr geführt.«

Treu ist er dem »Theater an der Wien« trotzdem geblieben. Wenn auch nur als Fernseh-Präsentator. Wann immer Kutschera mit einem Stück Probleme hatte, Conrads holte ihn oder einen Schauspieler in die Sendung und machte so indirekt Reklame für die Aufführung.

Salut für Heinz Conrads

Ende der sechziger Jahre im Zuge der Änderungen an der Fernseh-Sendung »Guten Abend am Samstag« bekam Heinz Conrads einen neuen Redakteur für sein Programm: Günther Tolar, der sich später auch mit dem »Mann der ersten Stunde«, Herbert Fuchs, in der Regiearbeit abwechselte. Was freilich keiner besonders kreativen Arbeit bedurfte, denn schließlich handelte es sich um ein bewährtes und jahrelang praktiziertes Konzept, nach dem vorgegangen wurde – allen Änderungen zum Trotz. Nur ein wesentliches Element im Vergleich zu früheren Zeiten in der Schönbrunner Maxingstraße war weggefallen – die Conrads-Sendung wurde in den Fernseh-Studios am Küniglberg nicht mehr direkt ausgestrahlt, sondern aufgezeichnet.

Das konnte seine Nachteile haben. So zum Beispiel im Sommer 1970, als der Vorgänger Niki Laudas, das Rennidol Jochen Rindt, in Monza mit seinem Lotus tödlich verunglückte. Conrads aber hatte, noch vor dem Tod Jochen Rindts, seine Sendung mit Herbert Fuchs schon aufgezeichnet. Und der Zufall wollte es, daß er in seiner Moderation gleich am Beginn sagte: »Eine ruhige Woche haben wir hinter uns gebracht, nix is' g'schehen, Gott sei Dank. Nicht einmal im Sport tut sich was.«

Es wäre ungeheuer peinlich gewesen, wäre diese Aufzeichnung ausgestrahlt worden. In aller Eile schufen Conrads und Regisseur Fuchs Abhilfe: Conrads moderierte den Beginn seiner Sendung – wie in früheren Zeiten – live in die Kamera. Nach der Begrüßung, in der er – mit bewegten Worten – auf den Tod des Rennfahrers eingegangen war, wurde die Magnetaufzeichnung in die Sendung eingespielt.

Dem Publikum sind seine Worte zu Herzen gegangen, bemerkt hat es niemand, daß an dieser Sendung noch im allerletzten Augenblick herumgebastelt wurde.
Die Spontaneität seines Mitgefühls war echt, das war einfach spürbar und so war die Sendung frei von jeder Pietätlosigkeit. Wie auch jene Rundfunksendung, am Morgen des 2. Juni 1963, als Johannes XXIII. im Sterben lag. Die Art, wie er diese Sendung machte, als es mit dem Heiligen Vater zu Ende ging, verrät viel über das Geheimnis seines Erfolges bei Hunderttausenden: »Wir haben uns lange überlegt, ob ich Sie heute besuchen sollte und dann bin ich doch gekommen. Ich war 15 Jahre lang, an guten und an schlechten Tagen, an Tagen, wo mein Wort vierfach umgedreht und untersucht wurde, mit Ihnen zusammen und mit meinen ausländischen Freunden auch in den schweren ungarischen Tagen und wir haben uns immer gut verstanden. Ich weiß, wie Ihnen, und Sie wissen, wie mir und jedem anständigen Menschen seit Tagen ums Herz ist, weil uns ein wirklicher Vater zu verlassen scheint – und in solchen Augenblicken da kommt eben überall auf der Welt die Familie zusammen, um in diesen Stunden beisammen zu sein. Das ist auch ganz im Sinne des Vaters und deshalb und aus langjähriger Freundschaft habe ich das Gefühl, daß ich jetzt nicht störe. Vielleicht ist das wieder einmal das Besondere an unserer Sendung, daß sie möglich ist, auch in schweren und ernsten Stunden.«
Aber zurück zu Günther Tolar, der ihn siebzehn Jahre lang durch seine Sendungen begleitete. Kennengelernt hatte er ihn schon fünf Jahre zuvor, und dem scharfen Beobachter Conrads war dabei etwas aufgefallen, was ihm an Tolar sehr imponierte: Er hatte ihn in einer Sendung mit Else Rambausek zu Gast, in der Tolar einen

Klavierspieler simulieren mußte. Es war ein Sketch, in dem der Klavierspieler immer – vergeblich – versucht, nach einem Bierglas zu greifen, während er die Sängerin begleitet. Das Klavierspiel wurde natürlich mittels Playback eingespielt, und Tolar mußte nur so tun als ob. Eifrig wie er war, ließ er sich die Griffe von Gustl Zelibor zeigen und schon nach ein paar Proben hatte er sie heraus. So begleitete er das Playback mit den richtigen Handgriffen. Etwas, das Heinz Conrads aus den Augenwinkeln verfolgte. Aber es beeindruckte ihn.

»Auf Wiedersehen, Herr Tolar«, sagte er zum Abschied, »und ich kann Ihnen versprechen, daß wir uns wiedersehen werden.«

Ein paar Jahre später hielt er dann Wort. Nichtsahnend, daß er seinen Redakteur schon viel, sehr viel früher begegnet war: »Es war im Theater an der Josefstadt«, erinnert sich Günther Tolar, »und die ersten Proben von ›Liliom‹ standen auf dem Programm. Ich war als Statist verpflichtet, bin zu Heinz Conrads hin und hab' zu ihm gesagt: ›Grüß Gott, mein Name ist Tolar.‹ Das ist er doch tatsächlich aufgestanden, hat mir die Hand gegeben und hat sich vorgestellt: ›Conrads.‹ Er, den ohnehin jeder gekannt hat, ist aufgestanden und hat sich mit Namen vorgestellt. Ich war so perplex, weil ich so etwas noch nie bei einem berühmten Künstler erlebt habe.«

Für Tolar war die Zusammenarbeit mit Heinz Conrads schön und schwierig zugleich. Schwierig vor allem deshalb, weil Conrads im Laufe der Zeit immer grantiger wurde. Zu den meisten Proben kam er in schlechter Laune. Erst im Verlauf der Arbeit schmolz das Eis. »Aber angenehm«, sagt Günther Tolar, »war das nicht unbedingt. Erst im Laufe der Probe hat sich seine Stimmung verbessert. Dann konnte man wieder, selbst wenn er jemanden angefahren ist, wieder diese unverwechselbare Herzlichkeit heraushören.«

Aber auch außerhalb der Proben wurde Conrads immer seltsamer. Da ist die Geschichte jenes Fernsehjournalisten, der in den siebziger Jahren einmal die Aufzeichung der Conrads-Sendung am Küniglberg besuchte. Heinz Conrads war schon den ganzen Tag über schlecht gelaunt gewesen, hatte er doch in der TV-Beilage einer Morgenzeitung bei der Ankündigung seiner Sendung eine große Reportage über Günther Tolar gesehen. »Jetzt machen Sie schon bei meiner Sendung eine Geschichte über jemand anderen«, meinte er zu dem Reporter, »ich bin nichts mehr wert.« Dann stützte er sein Gesicht in die Handflächen, setzte sich in eine Ecke und weinte.

Nur wenige Minuten später stand er wieder vor der Kamera und plauderte launig vor sich hin. So, als ob nichts gewesen wäre.

Unsicher war er immer, wenn sich im Rahmen seiner Fernseh-Sendung etwas Ungewöhnliches ereignete. Kannte er einen Künstler nicht, der bei ihm auftreten sollte, war eine starke innere Anspannung bei ihm spürbar. So verhielt es sich auch, als der berühmte Tenor Franco Bonisolli angesagt war: Der heißblütige Sänger hatte unmittelbar zuvor dem Maestro Karajan während der Proben zuerst ein Schwert und danach die Rolle hingeschmissen. Den Bonisolli-Auftritt bei Conrads hatte Tolar eingefädelt – Conrads war, wie üblich, skeptisch. Völlig unbegründet, wie sich sehr schnell herausstellte: In der Sendung waren beide hinreißend. Bonisolli schmetterte Heinz Conrads ein hohes C entgegen, man unterhielt sich großartig, zum Abschied gab's mehrere Umarmungen. Bonisolli war so begeistert von Heinz Conrads, daß er immer, wenn er in Wien war, anrufen ließ, ob er

denn nicht in »Guten Abend am Samstag« auftreten könne.
Im Dezember 1983 erlebte Heinz Conrads den strahlenden Höhepunkt seiner Fernsehkarriere. Eine Ehrung, wie sie bislang noch niemandem in Österreich in dieser oder ähnlicher Art zuteil geworden ist. Man zelebrierte den 70. Geburtstag des beliebtesten Unterhaltungskünstlers der Zweiten Republik und man dachte in amerikanischen Maßstäben. Fast so perfekt wie die Amerikaner hatte man alles aufgeboten, um Conrads zu erfreuen: Sogar die Fußballmannschaft von Rapid unter der Führung von Kapitän Hans Krankl war unmittelbar nach einem Spiel gekommen, um den Jubilar zu ehren.
Trotzdem hat er sich über die Feier nicht nur gefreut.
Denn als sich Conrads die Aufzeichnung der Sendung anschaute, befand sich immer das Gesicht eines Herrn mit Glatze zwischen Heinz, Erika und den Kindern: Franz Bauer-Theussl, Dirigent von der Volksoper und in den letzten Jahren auch Pianist in der Sonntagmorgen-Sendung. Conrads hat kein Wort darüber verloren. Aber er hat sich wahnsinnig darüber geärgert. Günther Tolar: »Ich hab' gesehen, wie er anderntags die Kassette angeschaut hat und hinter ihm war jedesmal der Bauer-Theussl im Bild. Da ist er im Gesicht ganz rot geworden vor Wut. Uns ist es natürlich schon während der Live-Sendung aufgefallen und wir haben in jenem Moment, als der Bauer-Theussl seinen Auftritt hatte, den Sitz weggerückt und befestigt. Aber schon bei der nächsten Einstellung hat der Bauer-Theussl schon wieder zwischen dem Ehepaar Conrads durchgeschaut.«

SÄNGER DES WIENERLIEDES

»Leider kein Plattenmillionär«

Viel hat er in seinem Künstlerleben angepackt, der Heinz Conrads. Manche meinen, zuviel. Aber dort, wo er all seine Talente und Eigenschaften am meisten verwenden konnte, haben sie ihm eigentlich am wenigsten genützt: Denn nirgendwo benötigt man Herz, Gespür, Einfühlungsvermögen und Ehrlichkeit mehr als bei der glaubhaften Interpretation des Wienerliedes. Conrads war ein hervorragender Interpret und er hat auch zahlreiche Schallplatten gemacht.

Das große Geld hat er damit allerdings nicht verdient.

»Wenn ich den Conrads singen gehört habe«, sagte Hugo Wiener, der treue Freund aus den Tagen der Nachkriegszeit, und lächelt melancholisch, »dann ist mir ganz warm ums Herz geworden. Er hat typische Wienerlieder mit so viel Einfühlungsvermögen vorgetragen, daß es mir wirklich schleierhaft ist, daß er damit kommerziell nie erfolgreich gewesen sein soll. Denn wer nur ein bißchen was davon versteht, der konnte spüren, daß er keine gespielten Gefühle vermittelte. Das kam von innen. Das war echt.«

Conrads war in den Momenten des Vortrages ganz verändert, er lebte und erlebte den Inhalt des Liedes mit. Weisen, die er schon Hunderte Male in seinem Leben vorgetragen hatte, schaute er sich vor jeder Neuaufführung ganz genau an, damit er sich nur ja in die Atmosphäre und die Stimmung des Liedes hineinversetzen konnte. Wenn er zum Beispiel den »Schuster Pokerl« sang, den Karl Randweg komponiert hatte, dann war es, als würde er seine Zuhörerschaft tatsächlich mit hinaus zum Matzleinsdorfer Platz in die kleine Schusterwerkstatt nehmen:

Ein alter Schuster sitzt fidel in seinem Kammerl,
ein Berg voll Schuach, die warten auf die Rep'ratur,
vor ihm ein Bankerl, drauf san Nägel, Papp und Hammerl,
ober der Tür, da hängt a alte Kuckucksuhr.
Kein Mensch im ganzen Krätzl weiß von diesem Schuasta,
wie alt er ist, und wie er wirklich haßt,
man hört nur Klopfen und dazwischen oft ein' Huasta,
die Hauptsach' ist, daß jeda Schuach guat paßt.
Der alte Schuasta drob'n in Matzleinsdorf, der Pokerl,
der arbeit' jeden Tag bis eine in die Nacht,
sein ganzes Leben hockt er schon am Schusterstockerl,
und trotzdem hat er's zu Reichtum nie gebracht;
um elfe legt er seinen Hammer aus der Pratz'n,
und sagt: Naja i mein, für heute hätt' i gnua;
zufrieden fahrt er mit der Hand dann über d' Glatzen,
›jetzt geh' i schlafen‹, sagt er, ›jetzt will i mei Ruah!‹

Ja die Kaluppen, wo er wohnt, ist zwei Jahrhundert,
die Malerei ist längst herunten von die Wänd',
wenn man den Schuster sieht, ist man gar net verwundert,
wenn einer sagt, der hat no den Radetzky kennt.
Und trotzdem kommt ein jeder gern zum alten Pokerl,
das alte Manderl ist stets voll Hamur,
oft sitzen d' Leut a ganze Stund' auf einem Stockerl,
und hör'n dem Schuasta seinen G'schichterln zua.

Der alte Schuster drob'n in Matzleinsdorf, der Pokerl,
hat gestern g'arbeit' noch bis elfe in der Nacht,
heut' fruah da habn's ihn g'funden, neb'n sein Schuster-
stockerl,
heut' nacht hat er sein' allergrößten Stiefel g'macht;
grad wie er's letzte Mal noch fahrt über die Glatzen,
da sagt er: ›Na, i spür, jetzt hab' i bald mei Ruah‹;
zum letzten Mal legt er den Hammer aus der Pratzen,
wenn's sein muaß, geh' i halt, denn g'arbeit' hätt i gnua.

Hugo Wiener hatte völlig recht: Es war verwunderlich, daß Heinz Conrads mit seinen Schallplatten kein Erfolg beschieden war. Auch der Schmid-Hansl, in den achtziger Jahren die letzte lebende Legende des Wienerliedes, war von Conrads als Wienerlieder-Interpret felsenfest überzeugt: »Er konnte einem die Tränen in die Augen treiben, so echt war er.«
Eine Äußerung, die Conrads ehrt.
Zu Reichtum hat sie nicht geführt. Seine Frau Erika hat er immer beschwichtigt: »Dazu bin ich ja nicht auf die Welt gekommen, ich bin eben kein Geschäftsmann.«
Aber enttäuscht war er doch. Vielleicht lag des Rätsels Lösung auch darin, daß viele Conrads-Fans sich die Sonntagmorgen-Sendungen einfach auf Tonband aufnahmen. Denn dort hat er sich ja in die Herzen der Menschen gesungen: Mit seinem legendären Lied vom »Wurschtl, den keiner derschlagen kann«. Hans Lang hat es komponiert und Erich Meder die Worte Conrads geradezu auf den Leib geschrieben. Aber nicht nur besinnliche oder traurige Melodien gehörten zu seinem Repertoire, natürlich waren so witzige Sachen wie »Der alte Novotny«, »Bitt' Sie, Herr Frisär« dabei oder das schelmische »Du

bist so keck, Frantisek«, das Josef Petrak geschrieben hatte und dessen Musik auch von Hans Lang stammte.
Da war er in seinem Element, da hatte er die Leute im Griff: Innerhalb von wenigen Augenblicken konnte er sie rühren, dann wiederum zu Heiterkeitsstürmen hinreißen.
In – offensichtlich auferlegter – Bescheidenheit, einer Untugend, die man bei ihm bisweilen beobachten konnte, hat er einmal bekannt: »Was soll's denn? Lassen wir es dabei bewenden, daß meine Lieder in stiller Bescheidenheit ein- oder untergegangen sind, teilweise auf Platten erschienen, zum Teil sogar verkauft worden sind. Im großen und ganzen ist aber das Schallplattengeschäft an mir vorbeigegangen, ohne tiefere Rillen in meinem Leben zu hinterlassen.«
Von tiefem Empfinden ist ein Chanson geprägt, das von Heinz Conrads und seinem Freund Gustl Zelibor geschrieben wurde. Wenngleich es auf Platte ebenso erfolglos blieb wie viele andere, so gehörte es bei seinem Publikum zu den meistgewünschten in der Sendung am Sonntagmorgen. Für Conrads selber war es sein Lieblingsstück: »Als meine Tochter Klavierspielen lernte« heißt es und erzählt anhand der Komposition »Aufforderung zum Tanz« des Opernkomponisten und Freiherrn Carl Maria von Weber, die Lebensgeschichte einer Familie.
In der ersten Strophe klimpert das Töchterchen noch ganz unbeholfen, in der zweiten Strophe nimmt das Klimpern bereits musikalische Formen an, so daß man die Melodie erkennen kann. In der dritten Strophe geht das Kind aus dem Haus und heiratet und langsam werden die Töne ernster. In der letzten Strophe sind die Eltern allein:

Manch' Freund ist jetzt nicht mehr in unserer Rund',
man hält eine Hand und still wird die Stund'.
Die Feste, die großen, die sind nun vorbei.
Man lächelt, doch manchmal sind Tränen dabei.
Da klingt es von gestern, ein Trost soll es sein –
Klaviermelodie – jetzt fällt sie mir ein . . .

Und wieder: Ungelenkes Klimpern der Noten von Carl Maria von Weber.
Oft konnte man die Leute im Großen Sendesaal des Funkhauses in der Argentinierstraße dabei beobachten, wie sie verstohlen zu ihren Taschentüchern griffen, wenn Heinz Conrads dieses Lied gesungen hat.
Als sich herausstellte, daß auch diese Platte ein Ladenhüter geworden war, meinte er scherzend: »Vielleicht sprech' ich gerade ein Publikum an, das keine Schallplatten kauft?«
Erfolgreich in seiner ganz persönlichen Art des Vortrags, nicht aber im Verkauf – eine ganz seltene Kombination von der Heinz Conrads mit Fug und Recht behaupten durfte, daß sie ihm auch auf höchster diplomatischer Ebene zugesprochen wurde. Den Beweis dafür liefert eine Meldung der Austria Presse Agentur, datiert vom 9. Oktober 1961, 18.46 Uhr: »In Rom beginnt morgen«, heißt es darin, »eine bis zum 26. Oktober dauernde internationale diplomatische Konferenz, welche die Ausarbeitung eines Übereinkommens zum Schutz der ausübenden Künstler, Hersteller von Tonträgern und Rundfunkorganisatoren zum Gegenstand hat.« Der österreichische Delegationsleiter war der damalige Völkerrechtler im Außenministerium, der spätere Bundespräsident Dr. Rudolf Kirchschläger. Dann hieß es in dem Fernschreiben weiter: »In dem von der Konferenz zu

AMADEO ÖSTERREICHISCHE SCHALLPLATTEN AKTIENGESELLSCHAFT

VORMALS AUSTRIA VANGUARD GES. M. B. H.

WIEN III, LOTHRINGERSTRASSE 20

TEL. 43 45 19 · TELEGRAMME: AMADEODISC

Herrn
Heinz CONRADS
W i e n 14
Zichygasse 9

Wien, am 2. August 1960

Tantiemenabrechnung per 30. 6. 1960
Verkäufe vom 1. 1. - 30. 6. 1960

AVRS 21148	45 Stück
AVRS 21173	276 Stück
AVRS 21174	152 Stück
AVRS 21175	246 Stück
	719 Stück

Endverkaufspreis S 28,50 x 719 .... S 20 491,50
davon 5 % Tantiemen .... S 1 024,58

AMADEO
Österreichische Schallplatten
Aktiengesellschaft

STADTLAGER – INLANDSEXPEDIT: WIEN I, SEITZERGASSE 6 · TELEFON 63 52 34

FABRIKSLAGER – AUSLANDSEXPEDIT: WIEN XIX., STEINBÜCHLWEG 53 · TELEFON 36 28 98

POSTSPARKASSENKONTO WIEN 115.360

BANKVERBINDUNGEN: ÖSTERREICHISCHES CREDIT-INSTITUT, A. G. WIEN · SALZBURGER KREDIT- UND WECHSELBANK A. G. SALZBURG

Im Schallplatten-Geschäft war Conrads kein großer Erfolg beschieden.

beschließenden Übereinkommen sollen besonders die charakteristischen Darbietungen von Sängern, Schauspielern und Dirigenten als urheberrechtsverwandte Schutzrechte berücksichtigt werden, wobei man darunter die persönliche, nur ihm eigene Note des Künstlers versteht. In Österreich«, so schloß die Meldung, »fallen darunter Künstler wie Heinz Conrads und Herbert von Karajan.«

EIGENHEITEN

»Ein echter Professor«

Irgendwie war Heinz Conrads von der Vorstellung besessen, daß sich alles in Auflösung befand. Auch die Familie. Eine festgefahrene Meinung, völlig falsch und trotzdem ließ er sich nicht davon abbringen. So wollte es ihm nicht eingehen, als sein Sohn Michi es eines Tages vorzog, wie alle anderen Kinder, die flügge werden, anstatt mit den Freunden seiner Eltern sich mit Gleichaltrigen anderswo zu vergnügen.

In der Kantine am Küniglberg klagte er Günther Tolar, der sonst nicht zum allerengsten Freundeskreis der Familie zählte, sein Leid: »Jetzt will der Bub auch nicht mehr zu Hause sein, ich versteh' die Welt nimmermehr.« Und er war tagelang traurig darüber.

Vielleicht erklärt ein Brief aus dem Geburtsjahr seines Sohnes, dem Jahr 1956, mit welcher Liebe und welchem Einfühlungsvermögen er sich in sein Kind hineingedacht hatte.

Als »Michi, sieben Monate alt« hatte er der neugeborenen Tochter des legendären Sportreporters Edi Finger einen Brief geschrieben. Der war vom 6. November datiert und lautete folgendermaßen:

Liebe Elisabeth!

Vati erzählte mir von Deinem Kommen. Ich habe mich darüber sehr gefreut, denn ich bin ja schon 7 Monate da und es gefällt mir bis jetzt ganz gut auf der Welt. Als

erfahrenes Baby möchte ich Dich nur bitten, trinke und nehme alles, was Dir die Großen geben werden, mit Geduld und Nachsicht hin und auch ein. Sei nachsichtig mit ihnen, wenn sie Dir läppische Zeichen machen und das Gesicht verziehen. Lächle sie eventuell ein wenig an und Du wirst Deine Ruhe haben. Ich kann Dir nur sagen, sie sind ganz nett, es läßt sich mit ihnen auskommen und vor allem, sie freuen sich wirklich, daß Du da bist.
Ich begrüße Dich also recht lieb in dieser schönen Welt, wünsche Dir alles Gute und merke mich heute schon auf den ersten Tanz am Kinderball vor. Da Du von so netten Eltern stammst, muß sich ein Mann beeilen.
Grüße mir noch Deine lieben Eltern und das Brüderchen, ich bin und bleibe mit Handküssen schon heute Dein
Michael Conrads

Dieser Brief mag sein seltsames Verhalten in späteren Jahren vielleicht ein wenig erklären, verständlich macht er es nicht. Da muß man auch andere Ereignisse, die ihn bewegten, betrachten.
Es störte ihn, daß er an seinem Stammtisch – mehr als zwei Jahrzehnte sein Lieblingsplatz – manchmal nur mit zwei oder drei Kollegen zusammensaß. Weil die anderen bei den Ehefrauen daheim waren.
Es berührte ihn, daß die Kinder erwachsen wurden und aus dem Haus gingen: Sein berühmtes Lied »Als meine Tochter Klavierspielen lernte«, war bei der vierten Strophe angelangt.
An der Volksoper, wo er unter Karl Dönch sehr erfolgreich aufgetreten war, kam wieder jene Unsicherheit über ihn, und er lehnte Rollen ab, schöner und größer als jene des sogenannten »Dritten-Akt-Komikers«, in denen er das Publikum begeistert hatte.

Irgendwie war er an einem Punkt angelangt, an dem er spürte, wie sehr ihn plötzlich die Kräfte verließen. Endlose Spaziergänge unternahm er allein. Immer öfter ging er auch an Wochentagen in die Kirchen der Umgebung. Oft saß er allein eine ganze Stunde lang im kühlen Kirchenschiff und betete.
Als der Kardinal und Erzbischof von Wien, Dr. Franz König, 80 Jahre alt wurde und meinte, daß der »Conrads eine Lieblingssendung von ihm sei, weil er ihn für eine Art Seelendoktor halte, der den Menschen Trost spendet«, freute ihn das zwar, war aber anderntags wiederum vergessen. Wahrscheinlich deshalb, weil er sich durch irgendeinen Kritiker schlecht behandelt fühlte.
»Der Heinz hat sich in den letzten Jahren immer mehr verändert, daran besteht gar kein Zweifel.« Der Mann, der das sagt, ist Dr. Helmut Zilk, Bürgermeister von Wien und früherer Programmdirektor des ORF. Ihm steht es zu, das zu beurteilen, denn zwischen ihm und Heinz Conrads hat sich im Laufe der Jahre eine tiefe Freundschaft entwickelt. Zuletzt umarmte und küßte Conrads jenen Mann, mit dem er bei den ersten Begegnungen nicht gerade freundlich umgegangen war: Schließlich hatte ihm Zilk – war es nur ein Bauernopfer vor Gerd Bacher, der »die Kitsch-Sendung mit dem Conrads« verschwinden lassen wollte, wie sein damaliger Programmdirektor meint, oder war es die wirkliche Überzeugung, die Sendung würde dadurch gewinnen – die Sendezeit auf eine halbe Stunde gekürzt. Eine Maßnahme, von deren Richtigkeit Helmut Zilk heute noch überzeugt ist: »Ich war sicher, daß die Sendung gewinnen wird, und sie hat auch gewonnen: An Zuschauern, wo sie immer über der Millionengrenze lag, und an Qualität, weil sie ein international übliches Maß hatte und die

Leute sagen konnten: Schad', daß der Conrads schon wieder vorbei ist. Was Besseres kann man doch über eine Sendung nicht sagen. Oder?«

Möglich, daß das der bekannt eigenwillige Heinz Conrads akzeptiert hat. Möglich, daß es auch eine Art Seelenverwandtschaft war, in der er sich Helmut Zilk verbunden fühlte. Sicher aber ist, daß er den Menschen Zilk an sich heranließ wie nicht viele andere. Deswegen ist gerade die Zilk-Analyse des Menschen Heinz Conrads eine, die der Wirklichkeit am nächsten kommt: »Der Heinz war ein außerordentlicher, aber ganz und gar typischer Wiener. Tieftraurig und heiter beschwingt – alles zur gleichen Zeit. Kollegial und freundlich. Dann wieder unfreundlich und verhalten. Grantig, nörglerisch und im nächsten Moment liebenswürdig, einfühlsam. Eine ungeheuer wechselvolle Seele. Er konnte nichts verbergen, was sich in seinem Innersten getan hat.«

Interessant in diesem Zusammenhang ist auch die Meinung des Wiener Psychiaters und Arztes, Professor Erwin Ringel. Er, der durch die Betrachtung der »Österreichischen Seele« weit über die Grenzen seiner Heimat hinaus bekannt geworden ist, begegnete Heinz Conrads während einer Gesellschaft ein einziges Mal persönlich.

Es war in den siebziger Jahren und der Künstler hatte erst wenige Tage zuvor durch den Bundespräsidenten Franz Jonas den Berufstitel Professor verliehen bekommen, den der damalige Unterrichtsminister Dr. Fred Sinowatz überreichte.

Die Gastgeberin der Gesellschaft, die in keinem direkten Zusammenhang mit der Conrads-Ehrung standen, war die Schauspielerin Marianne Schönauer. Unter den zahlreichen Gästen befanden sich auch Universitätsprofessor Erwin Ringel und der berühmte Klinikvorstand

Universitätsprofessor Hans Hoff. Als letzte Gäste dieses Abends trafen Heinz Conrads und sein liebster Freund, Gustl Zelibor, ein. »Das Seltsame, ja ich möchte fast sagen Liebenswürdig-peinliche an diesem Abend war die Begegnung zwischen Heinz Conrads und mir«, erinnert sich Ringel, »denn der Conrads hat mindestens acht- bis zehnmal gesagt: ›Jessas na, ein echter Professor und er benimmt sich normal. Gar nicht herablassend, sondern stellt sich mit mir auf eine Ebene.‹ Ich war«, gesteht Ringel, »einigermaßen überrascht, weil es für mich doch selbstverständlich ist, mich mit Menschen ohne irgendwelche hierarchische Strukturen zu unterhalten. Na und erst recht mit Künstlern, die ich schätze. Den Conrads habe ich geschätzt, weil er den Menschen soviel Gutes getan hat: Weil er ehrlich war, das konnte ein jeder feststellen, der nur ein bißchen Gespür hat. Er war in seiner Art fast ein Kollege von mir, weil er vielen Menschen geholfen hat – durch die simpelste Medizin, die man verabreichen kann –, durch die Medizin der Ansprache, durch Worte.«

Erwin Ringel hat Heinz Conrads zwar einige Male gesehen, wenn dieser ohne großes Aufsehen in die Psychiatrische Abteilung des Allgemeinen Krankenhauses gekommen ist und den Kranken eine Weihnachtsvorstellung gab – zu einem persönlichen Treffen ist es aber nie wieder gekommen. Dabei hatte Erwin Ringel die Gastgeberin Marianne Schönauer noch einige Male darum gebeten, wieder einmal ein Treffen mit Heinz Conrads zu organisieren. Schließlich sagte Frau Schönauer dann ab: »Herr Professor, das geht nicht mehr, der Heinz hat einfach Angst, Sie noch einmal zu treffen. Er sagt immer: Beim ersten Mal ist das ganz gut gegangen, wer weiß, ob eine zweite Begegnung auch so gut verläuft.«

Die ersten Jahre der Kindheit, so lautet eine These des Seelenarztes Ringel, sind die entscheidendsten in einem Menschenleben. Sie können die erste Grundlage für Minderwertigkeitsgefühle sein. Obwohl Heinz Conrads enorm viel erreicht hat, ist sich Professor Ringel sicher, daß der Volksliebling an solchen Gefühlen litt. Seine konservative Gesinnung, sein Festhalten an hierarchischen Strukturen. Das demonstrative Wegschieben aller positiven Dinge, große Erfolge und die Konzentration auf eine einzige negative Stimme – all das sind Indizien dafür.

»Für mich«, so Professor Ringel, »besteht kein Zweifel, daß er unter einem Minderwertigkeitsgefühl gelitten hat. Und gerade darin kann man etwas beobachten, was den Künstler Conrads zu einem großen Menschen macht. Unter solchen Komplexen leiden viele Menschen, die Karriere machen. Nun gibt es zwei Wege, die diese Menschen einschlagen. Die einen, die es geschafft haben, hinaufzukommen, die werden manchmal brutal und unnahbar, zur Absicherung ihrer Macht. Dafür war Conrads ungeeignet – und das ehrt ihn sehr.

Zu seinem Leidwesen, aber zum Glück für viele Menschen, hat er den anderen Weg beschritten, indem er sich, als er oben an der Spitze war, noch viel exponierter allen kritischen Stimmen ausgesetzt gesehen hat. Er ist an der Spitze noch unsicherer geworden und hat dort noch mehr gelitten.«

DIE LETZTEN JAHRE

Bühnenbretter, die keine Welt mehr bedeuten

»Der Heinz war kein großer Gesellschaftsmensch. Keiner, der sich irgendwo hineingedrängt hat. Am liebsten war er daheim in seinen vier Wänden.« Alfred Auer, ehemaliger Direktor des Stadtgartenamtes und Leiter des Thermalbetriebes in Oberlaa, gehörte zu den ältesten und engsten Freunden der Familie Conrads. Er erinnert sich an ein paar Tage Italienurlaub in Grado, die sein Freund Heinz den Kindern zuliebe dort verbracht hatte: »Mein Gott, was hat er da geraunzt. Es war ihm zu heiß, das Bier hat ihm nicht geschmeckt und andauernd hat er sich selber von Schweinsbraten und G'selchtem vorgeschwärmt. Schließlich sind wir wieder zurück nach Krumpendorf, wo alle seine Freunde waren. Da war er wieder in seinem Element.«

Damals hatte er seinem Freund Auer in einer stillen Stunde anvertraut, welche Gedanken ihn quälen: »Im Leben kann sich so schnell was ändern. Wer weiß, wie lang ich was im Fernsehen mach', wer weiß, wie lang die Kinder noch im Haus sind. Mit dem Theater hat sich's ohnehin schon fast aufgehört.«

Dabei hätten sich ihm gerade auf den Bühnenbrettern der Volksoper so viele Möglichkeiten geboten. Conrads hätte bloß »Ja« zu sagen brauchen.

»Ich bin oft selber vor einem Rätsel gestanden«, gesteht Erika Conrads, »weil er wirklich ungeschickt war und so viele Möglichkeiten ausgeschlagen hat.«

So erhielt er Rollenangebote für die »Verkaufte Braut«, für die »Zirkusprinzessin«, für »Wiener Blut« und sogar den Doktor Doolittle in »My Fair Lady« – und das ist nicht bloß die subjektive Meinung der Ehefrau, daß er dabei eine sehr gute Figur gemacht hätte.
Einmal ist Heinz Conrads sogar in der Wiener Staatsoper aufgetreten: In der Sylvestervorstellung, die in das Jahr 1972 hinüberleitete, war er in einer »Fledermaus«-Aufführung unter Horst Stein als Gefängniswärter »Frosch« aufgetreten.
Und hatte dabei auf einen köstlichen Witz über den Dirigenten und die Wiener Philharmoniker verzichtet: Denn zu dem Namen Stein läßt sich in Österreich für einen Gefängniswärter auf der Bühne so mancher Reim finden. Conrads verzichtete bei der Aufführung darauf – aus Rücksichtnahme auf den Dirigenten und aus der Befürchtung, man könnte ihm deshalb böse sein.
Drei Jahre später suchte er gar im Unterrichtsministerium um Erlaubnis an, einen Witz machen zu dürfen. Heinz Conrads war wieder als »Frosch« in der »Fledermaus« engagiert und als Slibowitzliebhaber – laut Rolle – versprach er sich in seiner Schnapslaune und verlangte »noch einen Sinowatz«. Dann sprach er den Satz weiter, in Anspielung auf den damaligen Unterrichtsminister aus dem Burgenland: »Wie komm' ich auf Sinowatz? Ach ja, des is ja a Doppelt-Brennter aus'm Burgenland.«
Ehrengäste dieser Premiere an der Volksoper waren auch die beiden Vertreter der österreichischen Sozialpartnerschaft, der Wirtschaftsbundpräsident Rudolf Sallinger und sein Pendant vom Österreichischen Gewerkschaftsbund, Anton Benya. Bei dem hatte Conrads freilich nicht um Erlaubnis angesucht, als er auf der Bühne den Rat, mit dem Alkohol etwas sparsamer umzugehen, beiseite

Als »Frosch« an der Wiener Staatsoper.

schob und extemporierte: »Warum sparen, da krieg' ich doch nur fünf Prozent, der Slibowitz hat sechzig Prozent!«
Anton Benya, der in den Tagen zuvor bei der Regierung fünf Prozent Sparzinsen durchgesetzt hatte, applaudierte trotzdem herzhaft Beifall.
Über den damaligen Finanzminister Dr. Hannes Androsch hat er sich – ohne vorhergehende Anfrage – ebenfalls an der Volksoper in einer Passage außerhalb des Rollentextes lustig gemacht. Aber es hielt ihn nicht an seinem Tisch, als er dem Finanzminister im Restaurant »Wegenstein« im neunten Bezirk begegnete: »Mir war es ein wenig peinlich«, sagt Erika Conrads, »weil ich finde, daß es der Heinz nicht notwendig gehabt hat, nachzufragen, ob sein Gag auch angekommen sei und niemanden wirklich beleidigt hätte. Das machen doch andere auch nicht.«
Heinz Conrads hat seinem Publikum in seiner Glanzzeit alles gegeben. Als ihn seine Kräfte verließen, verließ ihn auch seine Sicherheit und Unbekümmertheit. Es ist heute kaum mehr zu überprüfen, ob es zuerst die körperlichen Kräfte waren, die ihn verließen, oder die seelischen. Es spricht jedenfalls sehr viel dafür, daß dieses Nachlassen parallel gegangen ist. Denn als die Kinder aus dem Haus gingen, als er an seinem Stammtisch beim »Heinz-Conrads-Club« in Meidling immer weniger Freunde vorfand als gewohnt, häuften sich die Ereignisse, die Erika Conrads auch nach seinem Tod noch seltsam berühren. Oft sprach er an Abenden über Religion und Gottesglauben. Einmal fragte er seine Frau: »Sag, betest du eigentlich?« Als sie die Frage bejahte, nickte er nur zufrieden und lächelte.
Seltsam auch seine Reaktion, als seine Frau vier Jahre vor

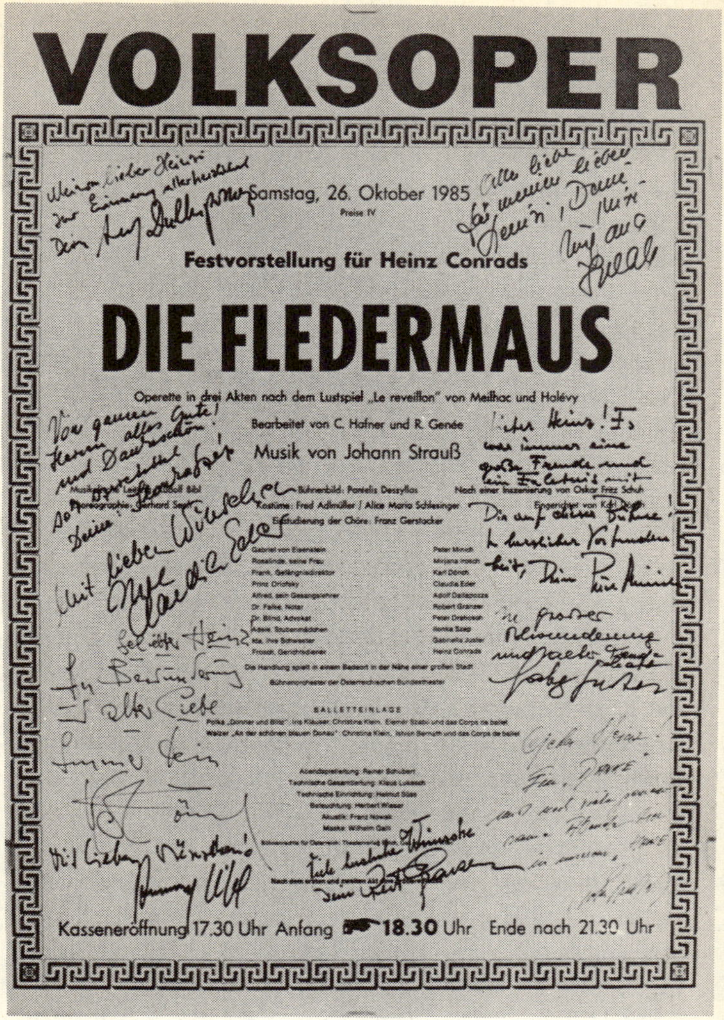

Am Staatsfeiertag gab es zu Ehren von Heinz Conrads eine Sonderaufführung der »Fledermaus« in der Volksoper.

seinem Tod den Führerschein machte und sich ein Auto kaufte: Mit seiner Auflage, nur in Wien damit zu fahren, nicht auf Bundesstraßen oder Autobahnen. »Wenn ich einmal gestorben bin«, sagte er, »kannst du das dann machen. Da brauch' ich keine Angst mehr zu haben.«
In seinen letzten Jahren trat eine Eigenschaft des Siebzigjährigen immer mehr hervor: Kränken konnte er sich jeden Augenblick. Freuen nur noch selten.
Einer dieser seltenen Anlässe zur Freude war der Opernball 1986. Da war er in der Loge des Industriellen Kurt Rajer und dessen Gattin Birgit Sarata zu Gast. Er war blendender Laune, stand er doch anläßlich seines bevorstehenden 40jährigen Jubiläums von »Was gibt es Neues?« im Mittelpunkt. Politiker und gesellschaftliche Prominenz drängten sich an seine Seite. Fotos wurden geschossen und anderntags war Heinz Conrads ein wesentlicher Bestandteil der Berichterstattung vom Opernball. Er, der immer so leicht müde geworden war in letzter Zeit, kostete diese Nacht vergnügt bis in die frühen Morgenstunden aus: Bei Krautfleisch und Gulaschsuppe im Haus von Regisseur Franz Antel. Offensichtlich hatte ihm die Vorfreude auf das einzigartige Jubiläum seiner Sonntagmorgen-Sendung innerlich ungeheuren Auftrieb gegeben. Was war da nicht alles geplant worden für diesen Weltrekord in der Unterhaltungsbranche. Sogar das Fernsehen wäre mit einer Direktübertragung erstmals im Großen Sendesaal des Hörfunks dabeigewesen.
Doch dazu sollte es nicht mehr kommen. Nur ein paar Tage später begann ein qualvoller Leidensweg.

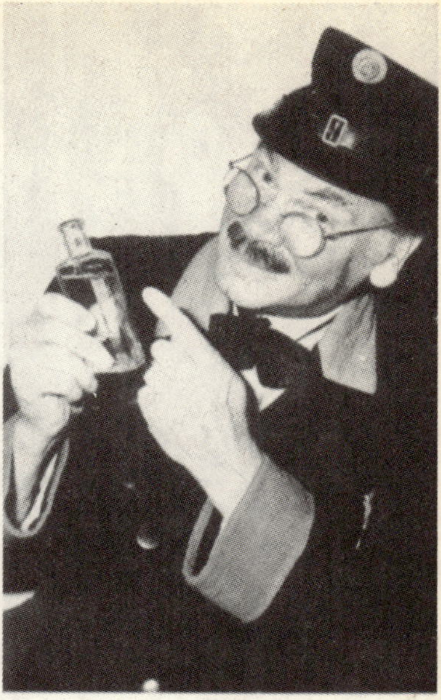

61 Conrads als »Liliom«, Helmut Qualtinger als »Ficsur« 62 Conrads an der Staatsoper: als »Frosch« in der »Fledermaus« 63 Ein Tänzchen mit Rudolf Carl in »Der Page vom Palast-Hotel« 64 »Eisenbahnheiraten«: Conrads und Alfred Böhm

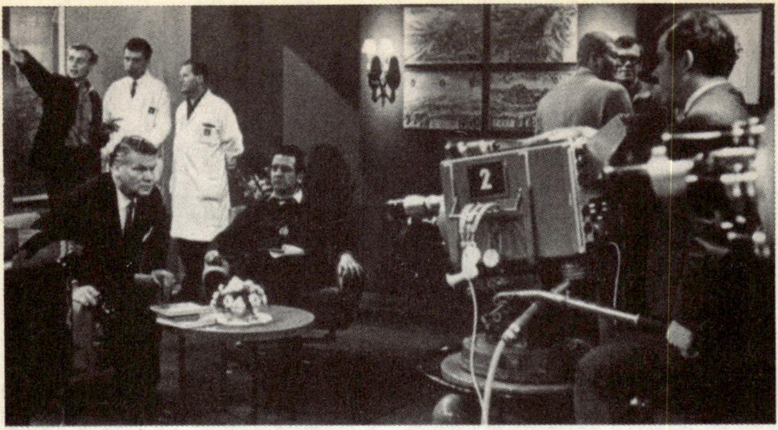

68 Das Volksstück »Die Bekehrung des Ferdy Pistora« mit Elfriede Ott im Fernsehen

65 Die Studios in der Maxingstraße 66 Conrads und der erste Mensch im All: Juri Gagarin 67 Udo Jürgens zu Gast bei Heinz Conrads

69 In der »Lou van Burg-Show« Mitte der sechziger Jahre 70 Marika Rökk zu Gast in der Fernseh-Sendung

71 Joachim Fuchsberger vor einem Auftritt bei Heinz Conrads 72 »Guten Abend am Samstag« im Herbst 1976 mit Kurt Sowinetz, Herwig Seeböck, Günther Frank, Elfriede Ott, Karl Hodina, Manfred Inger

73 Großes Finale zur Geburtstagssendung 1983 im Fernsehen 74 Johannes Heesters und Willy Millowitsch gratulieren 75 Glückwünsche vom ehemaligen TV-Direktor Helmut Zilk, dem späteren Bürgermei-

ster von Wien   76 Ständchen zum Siebziger von Michael Heltau: Er war Kleindarsteller an der Josefstadt, als Conrads den Liliom spielte

77 Tausende Wiener begleiteten Conrads auf seinem letzten Weg zum Hietzinger Friedhof 78 Die Trauermesse fand im allerengsten Kreise statt

DAS ENDE

Ein Jahr vor seinem Tod hatte Heinz Conrads sein Testament geändert. Zwangsläufig, denn sein ältester Sohn Gerd, aus der Ehe mit Lilly Obkircher, war im 41. Lebensjahr einem Herzinfarkt erlegen. Viel zu vererben gab es nicht, denn Heinz Conrads hatte zwar zeit seines Lebens sehr gut verdient, bei weitem aber nicht soviel, wie es einem solchen Star aus der Unterhaltungsbranche tatsächlich entsprochen hätte. Vermögen war praktisch nicht vorhanden. Tochter Uschi wurde eine Wohnung vermacht. Sohn Michael ebenfalls. Für das Haus in der Zichygasse war Ehefrau Erika als Alleinerbin eingesetzt. Aber es war zumindest vorgesorgt, als ihn im Frühjahr 1986 sein Schicksal ereilte.

Heinz und Erika Conrads nahmen an der Seelenmesse von Grete Vitaly in der Pfarrkirche zum heiligen Erhard in Wien-Mauer teil. Die Ehefrau des Kaufhausbesitzers Karl Vitaly war plötzlich und völlig unerwartet auf einer Reise verstorben. Während der Trauerfeier wurde Heinz Conrads, offenbar aus Aufregung, schlecht. Aber diszipliniert und treu wie er war, ist er bis zum Schluß geblieben, obwohl ihn seine Frau drängte: »Komm, gehen wir nach Hause.« Und aus Treue ist er, obwohl sich sein Zustand verschlimmerte, dann noch zu seinem Hausarzt gegangen und nicht gleich ins Krankenhaus.

Der Arzt erkannte die kritische Situation sofort und alarmierte die Rettung. Man brachte ihn in das Allge-

meine Krankenhaus auf die Intensivstation der Abteilung von Univ.-Prof. Fritz Kaindl. Die Diagnose lautete: Schwerer Infarkt der Herzhinterwand. Ein zweiter Infarkt kam noch dazu, die Lunge und die Niere mußten unterstützt, der Patient künstlich ernährt werden.
Nach 36 Tagen passierte ein kleines Wunder: Heinz Conrads hatte sich so weit wieder erfangen, daß er von der Intensivstation auf ein gewöhnliches Krankenzimmer verlegt werden konnte. Ein Einzelzimmer mit der Nummer 29, etwa zehn Quadratmeter groß, mit einem kleinen Badezimmer und einem Tischchen, auf das er sich einen kleinen Fernsehapparat stellen ließ.
In diesem kleinen Raum sollte er sich von den Strapazen des Infarktes so weit erholen, daß er nach weiteren vier Wochen nach Hause entlassen werden könnte.
Besucher aus dem allerengsten Kreis der Verwandten und Bekannten wurden jetzt wieder zu ihm vorgelassen. Einer der wenigen, der den Rekonvaleszenten besuchen durfte, war Norbert Pawlicki, musikalischer Begleiter der Fernseh-Sendung und Nachfolger des 1978 verstorbenen Gustl Zelibor.
Pawlicki war nach seinem Besuch am Krankenbett begeistert: »Der Heinzi«, sagte er freudestrahlend zu Erika Conrads, »hat ja so eine gesunde Gesichtsfarbe gehabt, er hat ausgesehen, als wäre er für den Fernsehauftritt geschminkt. Ganz rosig im Gesicht, er hat blendend ausgesehen.«
Auch Norbert Pawlicki hatte schon einen Herzinfarkt hinter sich. Deshalb sagte er seinem Freund: »Mit einem überstandenen Herzinfarkt kann man getrost leben. Das ist gar kein Problem. Du wirst sehen, es wird alles wieder gut.«
Diese Worte hatten offenbar eine sehr positive Wirkung

auf den Patienten. Denn erstmals begann Conrads wieder Pläne zu schmieden. Gemeinsam mit Norbert Pawlicki überlegte er, wie er die Sendungen im kommenden Herbst gestalten wollte. Vielleicht auch dahingehend, daß er etwas weniger Arbeit damit hätte. »Weißt Norbert«, sagte er, »weil müd werd' ich ziemlich schnell in der letzten Zeit.«

Die nächsten sieben Tage waren friedlich und schön für Heinz Conrads. Freilich hätte er sich Ostern auch anders vorstellen können als im Krankenhaus, aber seine Verfassung ließ keinen Grund zu übertriebener Sorge aufkommen. Die Kinder Uschi und Michi besuchten den Vater und freuten sich, wie gesund er aussah.

Am Ostermontag brachte Erika Conrads eine Frittatensuppe und ein Brathuhn, das er sich gewünscht hatte. Die Suppe aß er mit Begeisterung, das Brathuhn ließ er stehen.

Als Erika Conrads das Zimmer verließ, rief ihr Heinz Conrads nach: »Erika, geh bitte, bring doch morgen wieder so a gute Suppe mit.«

Es waren die letzten Worte, die Erika Conrads von ihrem Mann hörte.

Dabei schien es ihm anderntags noch besser als zuvor zu gehen. Mit einer Therapeutin unternahm der geschwächte Patient die ersten Gehversuche. Wenig später wurde Heinz Conrads mit einem Rollstuhl zum Röntgen geführt. Der Weg dorthin wäre doch zuviel für ihn gewesen. Conrads fuhr durch ein Spalier von Menschen. Die drängten sich zusammen, schauten neugierig auf den berühmten Kranken, der an ihnen vorbeigefahren wurde. Viele fragten: »Geht's schon besser, Herr Conrads?« Ein wenig müde wirkte er, als er sagte: »Wartet nur, beim nächsten Mal seht's mich wieder auf den

eigenen Beinen gehen.« Ehe er im Röntgenzimmer verschwand, drehte er sich im Rollstuhl um und hob den Arm. So, als wollte er sagen: »Also guten Abend, die Madln, Servas, die Buam.«
Es war tatsächlich sein letzter Auftritt.
Als die Bedienerin Srbiyanka Barjamovic kurz nach ein Uhr mittag sein Zimmer betrat, um das Geschirr abzuräumen, erschrak sie fast zu Tode. Das Bett von Heinz Conrads war leer, die Tür zum Badezimmer stand offen. Neben der Toilette lag bewußtlos Heinz Conrads.
Srbiyanka Barjamovic drückte sofort den Alarmknopf.
Heinz Conrads wurde wieder auf die Intensivstation gebracht. Sein Zustand verschlimmerte sich rapid: An unzähligen Apparaturen hängend, lag er dort, bleich mit eingefallenen Wangen. Der Krankenhausseelsorger Hubert Mayer gab ihm die Krankenölung. Er näherte sich dem bewußtlosen Patienten und salbte behutsam seine Stirn.
Sieben Tage später, am 8. April kurz vor sieben Uhr morgens, hörte sein Herz zu schlagen auf. Heinz Conrads war tot. Klinikchef Univ.-Prof. Fritz Kaindl war selbst betroffen, als er sagte: »Es gibt nichts mehr festzustellen. Wir haben leider verloren.«
Schon 70 Minuten nach seinem Hinscheiden brachte der Österreichische Rundfunk in seinen Weltnachrichten den Tod von Heinz Conrads als erste Meldung.
Das Fernsehen wiederholte in einer Gedenksendung: »Die Bekehrung des Ferdy Pistora« mit Conrads in der Titelrolle. Und am darauffolgenden Samstag jene Sendung, die seine letzte gewesen war.
Sein Begräbnis wurde um einige Tage verschoben, weil das britische Thronfolgerpaar, Prinz Charles und Prinzessin Diana, in Wien zu Besuch weilte.

Zehntausende Österreicher erwiesen Heinz Conrads die letzte Ehre, als er am 17. April 1986 auf dem Hietzinger Friedhof zur letzten Ruhe getragen wurde.
Einige Wochen nach dem Begräbnis gab die Witwe Conrads ein Interview, in dem sie in wenigen Worten zum Ausdruck brachte, welchen Verlust der Tod ihres Mannes für sie und für Österreich bedeutete: »Wenn man das Weinen und die Trauer im Sinne von Professor Ringel als lösenden und erlösenden Vorgang sieht, dann bin ich ein wenig über den Verlust hinweg. Aber viele einsame Menschen haben durch den Tod meines Mannes den einzigen Gesprächspartner verloren. Für sie ist er, wie für mich, unersetzlich.«

Ein Nachruf von Robert Löffler

Man hatte es mir schon vor einer ganzen Weile anvertraut: Er wird nie mehr kommen.
Heinz Conrads, sagten sie, wie die Künstler eben übereinander reden, sei todkrank.
Aber ich glaubte ihnen nicht.
Denn, sagte ich mir, der Kardinal Salviani war auch sterbend und die Dienerschaft hatte ihn schon ausgeplündert und allein gelassen, aber da brach er in Lachen aus, weil sein Affe den roten Hut aufsetzte.
Dieses Lachen brach die Krankheit, so steht es in den Büchern, und führte den Kirchenfürsten ins Leben zurück.
Auf dieses Gelächter hoffen wir jedesmal, wenn wir hören, einer wird nicht mehr kommen.

Wir waren einmal, ein paar Freunde, bei ihm zu Abend. Der Gustl lebte noch, neben dem er nun wieder sitzt, und wir tranken die Besten aus dem Keller und tändelten mit der Frau Gemahlin und tafelten in der größten Heiterkeit. Nur einmal, als der Hausherr das Zimmer verließ, schwieg die kleine Gesellschaft plötzlich, und nun sagte jener Gustl, das ist der Pianist Zelibor gewesen, feierlich: »Man kann über den Heinz sagen, was man will, aber er ist ein großer Österreicher!«
Uns wurde damals seltsam zumute, denn, dachten wir, in einem solchen Pathos spricht man nicht über Kumpane. Ich bin mir auch nicht sicher, ob wir anderen, als wir

wieder fort waren, nicht ein wenig spöttelten über den Vorfall.
Aber jetzt ist uns das ernst.
Heute, da sich die Österreicher im Selbstzerfleischen üben, wo unser Stolz wie noch selten in der Geschichte heruntergekommen ist, wo den Nächsten im Alltag zu ehren eine vergessene Tugend ist – jetzt hören wir das anders.
Der Gustl und der Heinz. Die hielten noch etwas voneinander.

Den Himmel sah er mit den Augen eines Handwerkers: Daß oben ein großer Meister wohne.
Ich kenne seinen zentralen Satz über die Wohleingerichtetheit der Welt.
Er hatte ihn von der Großmutter, auf die er, wie bei gescheiten Leuten üblich, mehr hörte als auf die Philosophen.
Dieser Satz, ein Muster aus reinem Herzen in Bewunderung lautet: »Der Herrgott hat der Kuh den Schwanz so lang wachsen lassen, daß sie sich beim Fliegenderschlagen gerade nicht in die Augen haut.«
Er verstand den lieben Gott in diesem Falle als einen vollendeten Kuhmacher, der mit dem Band erst die Kuh von hinten bis zu den Augen abmaß, ehe er ihren Schweif anfertigte.
Das ist Religiosität, um die ihn selbst hohe geistliche Herren beneiden dürften.

»WAS GIBT ES NEUES?«

Witziges und Weises aus 40 Jahren

1946–1955

Guten Morgen, meine Damen, guten Morgen, meine Herren, guten Morgen die Madln, Servas die Buam! Die Hetz' is aus, der Äther hat mich wieder. Wenn Sie es bis jetzt noch nicht gemerkt hätten, jetzt wissen Sie es: Mit dem Beginn dieser so heiteren Morgensendung ist der Sommer endgültig geflohen – der Ernst des Herbstes hat begonnen!

Na, und wie war's denn im Urlaub? Schön – es war. Wenn's schön war, war's noch schöner!

Ich muß sagen, daß man auch in Oberösterreich noch ganz gut mit der deutschen Sprache auskommt.

Doch ja!

Von vornherein begegnete man mir als Wiener mit vorsichtiger Freundlichkeit. Auch der Hauer des Fleisches, der landesübliche Selcher, war zuerst recht lieb und nahm mir mit gewinnendem Lächeln eine halbe Monatsgage für einen verreckten Schweinsbraten ab. Es war alles in Ordnung. Böse wurde er erst, als ich ihm Fleischmarken geben wollte. Freunde, heute weiß ich, so etwas tut man eben nicht – so etwas zerstört die innere Verbundenheit und Zweifel schleichhandeln sich ins Gemüt!

Darf ich weiterblättern im Neuigkeitswald? Blicken wir zurück – nicht im Zorn –, ich meine auf den Sommer. Was war denn so das wichtigste Ereignis des Sommers 1948? Natürlich die Olympiade!
Olympiade 1948!
Ein stattliches österreichisches Aufgebot wurde nach London geschickt. Zweihundert Personen.
Vierzig Präsidenten.
Achtzig Vizepräsidenten.
Vierzig Funktionäre.
Dreißig Kampfrichter – und
zehn Sportler.
(Die große Anzahl von zehn Sportlern deshalb, weil fünf Funktionäre keine Ausreise erhalten haben. Wir bitten um Entschuldigung, es wird nicht mehr vorkommen.)

Mit tiefer Zerknirschung haben wir vernommen, daß die Krankenkassen voraussichtlich ein Defizit von 50 Millionen Schilling haben werden. Ich habe gleich gewußt, das mit den Krankenkassen, das kann nicht gut ausgehen. Ich bin ein anständiger Mensch und man kann mir schwer etwas beweisen. Aber ich weiß, was ich meiner Krankenkasse schuldig bin. Im übrigen wird sie mich bestimmt heute oder morgen daran erinnern. Was ein richtiges Mitglied ist, das zahlt, stirbt und wird abgelegt. Aber da soll es auch Menschen geben, die wirklich krank werden. Was dann? Ja, das konnte die Krankenkasse nicht ahnen. Wer die Menschen kennt, der weiß, daß sie sogar so weit gehen, sich plötzlich die Zähne weh tun zu lassen. Oder was das schlimmste ist, sie legen sich eine lange dauernde Krankheit zu und dann soll die Krankenkasse noch dafür bezahlen? Das *muß* zum Defizit führen.

Zu den Weihnachtsfreuden 1948 gehört auch die Drohung: Lebensmittelgeschäfte, deren Preisverstöße Anlaß zu öffentlichem Ärgernis geben, werden gesperrt.
Nun, es wird schon nicht so arg werden, da sich ja meist nur der öffentlich ärgernist, der heimlich nichts mehr bekommen hat. Macht euch doch eine wirkliche Weihnachtsfreude und schenkt euch Ofenrohre. Ja, Ernst beiseite, Ofenrohre sind noch zu haben. Kauf doch Deiner Liebsten ein entzückendes Ofenknie. Fragen Sie mich nicht, warum und wozu. Die Ofenproduktion ist gesteigert worden, Ofenrohre werden frei abgegeben, also kauft man sie. Und glauben Sie mir, ein Ofenrohr zu Weihnachten ist immer noch besser, als gar nichts essen. Ja, und dann sind unsere Ofenrohre fast zum österreichischen Symbol geworden: nach außen hin sind sie schwarz, aber innen sitzt der »Russ« . . .

Die Zentralanstalt für Meteorologie und Geodynamik meldet Sturm!
Reden wir vom Wetter. Über das Wetter kann nämlich jader was reden.
Wetter gibts immer und überall. Wetter ist immer aktuell und wer seine Wettermeinung öffentlich äußert, darf nicht angeklagt werden, denn früher oder später hat er damit sicher recht. Aber der österreichische Sturm, der traut sich was. Der österreichische Sturm ist keine Formation aus heimgewährten Tagen, sondern das himmlische Kind, der Wind, in etwas stärkerer Ausgabe. Dies Kind fuhr nun mit Winden in der Stärke 6 bis 7 in der

vergangenen Woche durch Wien. Bitte bemerken Sie die überraschende Formulierung: der windige Gast fuhr *durch* Wien und nicht *nach* Wien. Er fuhr also auch aus Wien hinaus – selbiges tun heutzutage nicht sehr viele unserer windigen Gäste.
Aber Windstärke 6 bis 7 ist immerhin beachtlich. Ja, darf man denn das überhaupt? Man hat doch im Österreich des Jahres 1948 ansonsten wegen des kleinsten Windes zu fragen!
Aber Schnee gibt es wieder. Er ist fast friedensmäßig in der Qualität. Nun hapert es, scheint's noch mit der Produktion. Man hat uns in dieser Dezemberwoche nur ein kleines Muster von oben schicken können, damit der im Lehrplan vorgesehene Aufsatz über den ersten Schnee gemacht werden kann.
In der Zeitung warnt man jetzt vor kalten Füßen! Zu spät, meine Freunde – die haben wir uns bereits schon einige Male geholt. Sehr gut soll es sein, die Füße in Zeitungspapier einzuwickeln. Für welche Parteirichtung der Presse Sie sich erwärmen, ist dabei egal!
Man kann sich die meisten in die Schuhe schieben.

Dem Theaterfreund hinters Ohr geschrieben!
Man sperrt in Wien wieder einmal ein Theater zu. Sehen Sie, das ist was für uns. Es ist ja schon großartig, wenn ein Theater schlecht geht, aber die größte Hetz ist es, wenn man es zusperrt und, sagen wir, ein Kino daraus macht. Was sind wir doch für ein musisches Völkchen. Wir finden auch noch an unserem Grab was G'spaßiges. Und wir sitzen auf einem Baum und freuen uns, wenn wir den Ast absägen, auf dem wir hocken, wenn nur damit auch ein anderer noch hinunterfällt. Jetzt dürfen wir uns

anerkennend auf die Schulter schlagen uns uns sagen: »Ham S' scho g'hört, a Theater muaß zuasperrn! Guat, daß i nie hingegangen bin!«

Länderkampf Tschechoslowakei – Österreich!
Im Stadion und zu Hause an den Lautsprechern saßen wieder Tausende mit zerdrücktem Daumen und dachten wehmütig, daß wir das einstens alles nicht nötig hatten, als Böhmen noch bei Österreich war!
Aber es war ein herrlicher Sieg der Unsrigen, daher ein gutes Spiel: 4 Tore und 13 Verletzte.
Das es ziemlich turbulent zuging, konnte man mitunter dem Radioreporter nur schwer folgen. Man merkte es oft nur am wienerischen Klang der Namen, wann die Österreicher und nicht die Tschechen am Ball waren: Stojaspal. Aurednik, Ocwirk, Kovanz – das waren die Österreicher!

Ja, einer nach dem andern muß wandern – muß wandern . . .!
So hat er's dem Bruder Straubinger geschrieben und jetzt mußte er leider selber wandern, der Edmund Eyßler.
Eine wunderschöne Leich' hat er g'habt, der Eyßler. Viele schöne und wirklich ergreifende Reden hat man gehört, Blumen und alle Ehren, die wir zu vergeben haben, hat man ihm nachgesandt. Man sprach so viel mit dem Toten, wie man schon lange nicht mehr mit dem Lebenden gesprochen hat. Ich glaub', das hätt' den lieben goldenen Meister sehr gefreut, wenn er das noch hätte erleben können. Aber er selber hat es ja immer schon gewußt: Am liebsten haben dich die Wiener, wenn sie dir ein Denkmal setzen können.

Ich hätt's nicht g'glaubt. Nein, ich hätte es nicht geglaubt, daß sich die Wiener doch noch für etwas begeistern können. Das ganze Jahr war doch erfüllt von Klagen über den desinterressierten Wiener und nun hat er uns als besondere Weihnachtsfreude bewiesen, daß er noch immer ein sicheres Gefühl für das Schöne hat. Ja, man stürmte tatsächlich einen Saal. Man zerriß sich gegenseitig die Kleider, Frauen mit gelöstem Haar voran und die Männer hinterdrein in schöner, hellodernder Begeisterung. Gegeben wurde ein Mordprozeß.
Es muß doch furchtbar interessant sein, einem Wesen zuzuschaun, das eben den letzten Akt seines traurigen Stückls spielt.

Die meisten Unternehmen nützen die Zeit um Neujahr für Inventuren und dabei kommen sie darauf, daß sie Verhältnisse haben und darüber leben.
Arg scheint es bei der Gemeinde Wien zu sein. Sie mußte nämlich bereits eine Gasse verkaufen. An die erste österreichische Sparkasse. Da sieht man wieder einmal, wer das Geld hat. Die Gasse war um 52.781 Schilling 25 Groschen zu haben. Seither frag' ich mich, was in einer Gasse 25 Groschen kosten könnte?

Ja, die Sparkassen haben's gut, denn der Spargedanke steckt immer neue Sparer an. Die Sparbücher werden jetzt auch sehr hübsch ausgestaltet und tragen in goldener Schrift den Leitsatz: »Spare in der Zeit, dann weißt Du, wer es in der Not hat!«

Leitsätze haben immer so etwas Erhebendes. Über einem Finanzamt las ich einmal: »So du hier eintrittst, laß alle Hoffnung fahren, denn wer sich selbst erniedrigt, wird erhöht werden!«

Freie Bahn dem Tüchtigen! Der österreichische Autokonstrukteur Porsche sitzt bereits in der Bahn. Er fährt nach Stuttgart und wird dort österreichische Autos als deutsches Erzeugnis an uns Österreicher verkaufen.
Wie sagte ich? Ach ja – freie Bahn dem Tüchtigen!
Österreichische Spezialisten sind zum Beispiel in Indien sehr gefragt. Seitdem man nämlich in Indien daraufgekommen ist, daß Österreich jahrelang von Rationen gelebt hat, die kein Gandhi ausgehalten hätte, hat uns dieses Land ins Herz geschlossen.
Freie Bahn dem Tüchtigen!
Franz Zellweker spielt in Addis Abeba zum Tanz auf. Toni Karas zittert in Amerika. Vielleicht hätte man als Komiker bei den Kannibalen ausgesorgt. Dort soll es aber noch gefährlicher sein als beim österreichischen Rundfunk. Beim ersten alten Witz stehst Du dort vielleicht auf der Speisekarte!

Von der Weltlage.
Die Weltlage ist nicht ernster, höchstens hoffnungsloser geworden. Man weiß endlich, daß die Lage nicht nur gespannt aussieht, sondern daß sie es auch tatsächlich ist. Der April 1951 hat nun endgültig die Begriffe so durcheinander gebracht, daß z. B. in Korea nicht einmal mehr

die Himmelsrichtungen stimmen. Dort ist nämlich der Osten im Norden und der Westen im Süden. Was es alles gibt.

Eine Neuigkeit, den Frieden betreffend, erreicht uns aus dem Rathaus.
Die städtischen Särge werden um 2% billiger!
Na, sagen Sie selber, ist das nicht ein Weihnachtsgeschenk?
Im Zuge der allgemeinen Erhöhung unseres Lebensstandards ist nun auch die letzte Wohnung, der Sarg, um 2% billiger geworden. Die menschenfreundlichen Erlasser dieser Verfügung hoffen aber, durch dieses günstige Angebot eine erhöhte Nachfrage zu erzielen und durch steigenden Umsatz die 2% wieder hereinzubringen.
Also san ma fesch, geh ma sterben.
Ich bitt' Sie, wenn man sich's verbessern kann . . .

Dem österreichischen Fakir, dem Rayo, ist verboten worden, sich in eine Flasche zu setzen und von zahlreichen Gästen betrachten zu lassen.
Wie ich höre, wollte der Fakir in seiner Flasche zuerst einmal auf dem Wohnungsamt ausgestellt werden, um den Wohnungswerbern an Hand dieses Beispieles zu zeigen, mit wie wenig Raum der Mensch auskommen kann.
Die alte Wiener Redewendung: »Du kriagst a Flaschn!« wäre fortan nicht mehr die Ankündigung einer Ohrfeige gewesen, sondern die ausdrückliche und amtliche Zuweisung eines Einzelraumes.

Herbstliche Politik 1954.

Es tut sich wieder allerhand: Triest ist italienisch, in London hat man sich wieder einmal über irgend etwas geeinigt, nur nicht über das, worüber man uneinig war und wir stehen, wie man hört, vor einer Fünferkonferenz.

Wenn sich die Welt den Kopf genug darüber zerbrochen haben wird, ob es den Vietnamesen gut geht, ob die Kambodschaner politisch ausgereift sind und ob nicht im tiefsten Dschungel noch irgendwo ein Stamm auf die Befreiung lauert, dann wird man sich vielleicht doch noch an einen kleinen kuriosen Landstrich erinnern, auf dem wohl alle herumhatschen, als ob sie auf ihm zu Hause wären, der ihnen aber sonst ganz wurscht zu sein scheint – Österreich.

Unser deutscher Nachbar wird nun auch bald wieder in Uniform zu sehen sein. Uniformen sind etwas sehr Attraktives, aber leider manchmal etwas sehr Gefährliches.

Das weiß man auch in der Welt und darum fürchtet man sich, der Kapelle des Klagenfurter Veteranenvereins »Die Khevenhüller« zu gestatten, die Uniform des ehemaligen Infanterieregimentes Nr. 7 zu tragen.

Ja, meine Herren, wir verstehen schon: Das wären ja dann immerhin 30–40 Musikanten in Uniform – das kann schon sehr gefährlich werden. Was sind dagegen schon 150.000 Uniformen innerhalb unserer Grenzen. Wenn auch die ganze Welt rundherum in Uniform auf Panzern paradiert – so ein alter Khevenhüller hinter einer großen Trommel, das ist schon eine enorme Weltgefahr!

Und hier ist er!
Hier ist er, der schönste Augenblick seit 1945. Belvedere und Schönbrunn sind auf Glanz hergerichtet, ganz Wien ist geschneuzt und gekampelt.
Jeder Wiener ist am heutigen Sonntag,
am 15. Mai 1955,
ein vollständig informierter Zeremonienmeister.
Wir wissen, wieviel Schritte die hohen Herren vor und nach der Unterzeichnung gehen werden. Wir haben einen wunderschönen Tisch aus dem Radetzkyzimmer der Hofburg hergerichtet, auf dem die Unterzeichnung des Staatsvertrages erfolgen soll. Wir haben die Tapezierer gebeten, den bordeauxroten Seidendamast – 300 Schilling pro Meter – nur ja recht schön zu spannen und um Gottes willen keine Nadel im Sessel zu vergessen, damit nur ja nicht im letzten Moment noch einer aufspringt. Wir haben uns den Kopf über 80 Menüvorschläge des heutigen Banketts zerbrochen und uns für Krebsensuppe, Fogosch garniert, Ente mit Salat und Gemüse, Ananaserdbeeren in Spezialcreme und Mocca entschlossen.
Die Enten stammen vom Neusiedlersee und die Erdbeeren kommen aus den Glashäusern in der Nähe des Wiener Bisambergs, weil sie so schön rot vor lauter Freude sind, kosten sie 200 Schilling pro Kilo.
Die Silberbestecke, Körbe voll Bleikristall, die Sektgläser mit gekrönten Doppeladlern – sie alle warten auf das festliche Essen.
Wir haben lange darüber nachgedacht, in welcher Form die Tafel aufgestellt werden soll. Sie steht nun in E-Form, das Wort »endlich« symbolisierend. Sie hat darüber hinaus den Vorteil, daß jeder der hohen Anwesenden seinen eigenen Ehrenplatz bekommt. Bei dem Buchstaben W wäre das noch schöner gewesen. Aber das Wort »Weh«

hat im Wiener Dialekt eine etwas unfestliche Bedeutung. Alle diese Probleme sind gelöst worden und wenn dann die hohen Herren im Eckzimmer des Prinzen Eugen das Glas mit dem Champagner erheben werden, möge es ihnen und uns ein Symbol der Gesundung und einer schönen Zukunft sein.
Ein befreites »Hoch« übertönt das Poltern des Steins, der uns am heutigen Sonntag vom Herzen fällt.

Freude des Abschieds!
Noch nie, seit den sieben Jahren meiner Sendung, konnte ich schon in den ersten Minuten des Wiederbeginnes mit so vielen günstigen Neuigkeiten aufwarten wie heute. Es wimmelt nur so von Abschiedsfestlichkeiten.
Oberösterreich ist bereits besatzungsfrei.
Die russische Zone wird es bis zum 9. September 1955 sein.
Bitte streichen Sie diesen Tag im Kalender an – rot.
Die Franzosen verabschieden sich am 10. September und die Engländer am 19. September. Bitte, alles schön anstreichen!
Muß ja nicht bei jeder Nation rot sein.
Das sind wunderschöne Neuigkeiten, die ihren Höhepunkt in ihrer Befreiungsfeier am 26. Oktober finden werden, über deren Verlauf sich hoffentlich noch sämtliche österreichischen Parteien einigen können.

Man glaubt es kaum: »Alles gehört wieder uns!« Der Erzberg, die DDSG, der Flugplatz in Schwechat, die Wien-Film – man glaubt es kaum. Täglich wird etwas

zurückgegeben, Objekte, Wohnungen, Fabriken – junge Mütter.
Freuen wir uns, daß es bald wieder Gäste und nicht Besatzer bei Frau Austria geben wird und Frau Austria wieder ihr schönes Nationalkostüm trägt ohne die so störenden Besatzungsstreifen.

1956–1965

Mit Staunen haben wir den Bericht der Statistiker gelesen, nach denen Österreich die geringste Geburtenrate der ganzen Welt aufweist. Und von all den geringen Nachwuchsbesorgten hat die Stadt Wien die allergeringsten. Ich glaube, hier liegt es an unserer bisherigen Sorglosigkeit mit der Nachkommenschaft. Wir brauchen wahrscheinlich in allen Dingen wen, den wir für irgend etwas verantwortlich machen können. Nun aber, da alle ausländischen Hilfstruppen der Liebe abgewandert sind, werden die P. T. Einwohner wieder herzlichst gebeten, sich auf niemand, sondern wieder nur auf sich selbst zu verlassen. Es wäre nämlich schade, wenn dieser liebe Volksstamm aussterben würde.

Nein, wir Österreicher brauchen keine Angst zu haben. Auf den radioaktiven Regen, der in Bayern und vor allem in Japan niedergeht, wachsen sicher gute und ausgiebige Atombomben. In Japan soll sogar das Gemüse radioaktiv geworden sein. Wie sich das mit dem menschlichen Organismus verträgt, kann ich mir gut vorstellen.

Gott sei Dank passieren auch Dinge, über die wir uns von Herzen freuen können. So vor allem über den herzlichen Empfang für unseren Toni Sailer. Es tat einem direkt wohl, daß der »große Bahnhof« einmal für einen einfachen braven Burschen aufgeführt wurde, der vielleicht für unser Landl mehr getan hat als so mancher große General. Ich hoffe nur, daß der Toni alle Ehrungen so gut überstehen wird wie die Anstrengungen der Olympiade.

Es ist interessant zu erfahren, wohin die Herren der verschiedenen Nationen bei einer Frau zuerst schauen:
Der Engländer ins Gesicht,
der Franzose auf die Beine,
der Italiener überall hin,
der Amerikaner auf den Ausschnitt und knapp drüber und drunter,
der Deutsche schaut gar nicht, sondern verlangt den amtlichen Befähigungsnachweis einer Kochschule.
Ziehen Sie unter das bisher Gesagte einen Strich und addieren Sie – die Summe interessiert dann den Österreicher.

Und im Jänner 1956 begrüßten wir die Gründung unserer neuen Fluggesellschaft, der AUA.
Mit der Fliegerei wird sicher auch wieder der Luftschutz aufleben und das nimmt uns die Sorge, ob aus den verbliebenen Flaktürmen Erdäpfelkeller werden sollen oder nicht.
Erdäpfelkeller wären mir lieber.

Große Pläne haben die Wiener Philharmoniker. Sie werden mit der AUA, von Wien aus, in 37 Stunden über den Nordpol nach Tokio fliegen.
Die Philharmoniker ersparen sich dabei zwei Reisetage. Vermutungen, daß sie auf dem Nordpol einen neuen Operndirektor suchen, gehören in das Reich der Fabel.

Aller Anfang ist schwer, umso schneller kommt dann das Ende!
Die erste Atombombe aus einer langen Versuchsreihe ist bereits explodiert. Die Gelehrten entschuldigten sich, daß es diesmal nur eine kleine Bombe gewesen sei, die aber immerhin einen Rauchpilz von 9000 m Höhe erzeugen konnte.
Darüber konnten sich die Physiker »zerferzeln«.
Danach hat es in Bayern wohl ein bißchen radioaktiv geregnet, es ist aber weiter nichts passiert, denn die Radioaktivität soll diesmal nur ganz nahe an der Grenze des Gefährlichen gewesen sein.
So wird man uns noch einreden, daß das Ganze eine große Hetz sei.

Ob Komponieren schwer ist?
Ich meine, wie viele Noten gibts denn schon. Die einzige Schwierigkeit ist ja nur, sie immer anders über die 5 Notenlinien zu verstreuen.
Ich kann daher gut verstehen, daß man in der Musik immer nach neuen Möglichkeiten sucht. Mangels anderer Sorgen hat man jetzt in London ein »Konzert zur Beendigung aller Konzerte« gegeben. Sie werden das sofort besser verstehen, wenn ich Ihnen von der Programmfolge

erzähle. Es gab da unter anderem eine große Ouvertüre für 4 Staubsauger, ein Andante für 7 Bierflaschen und ein Konzert für Gartenschlauch und Streicher.

Die Air France hat uns ihr neuestes Passagierdüsenflugzeug vorgestellt, die Caravelle. Mit der Caravelle wird es möglich sein, die Flugreise von Wien nach Paris auf die Dauer von 7½ Stunden zu verkürzen.
Sechs Stunden reist man von Wien nach Schwechat.
In 1½ Stunden ist man dann in Paris.

Was sagen Sie zu dieser Neuigkeit, die ich hier wortwörtlich wiedergeben möchte:
»Ein scheu gewordenes Pferd stieß in der Stammersdorfer Hauptstraße einen dreiundvierzigjährigen Mann nieder, erlitt einen Lendenwirbelbruch und kam in das Arbeiterunfallkrankenhaus.«
Ich hoffe, daß es dem Pferderl schon wieder besser geht.

Vor zwanzig Jahren hat jemand aus Vorarlberg mittels einer Postkarte in Wien angefragt, ob der Anzug für den Herrn Popperl schon fertig sei.
Die Karte ist aber erst vorige Woche in Wien eingetroffen. Ich glaube daher, Herrn Popperl auf diesem Wege mitteilen zu dürfen, daß er zur ersten Probe kommen kann.

Das österreichische Gallup-Institut hat in einer Statistik festgehalten, wann die liebe Österreicherin die Augerln öffnet, und ist daraufgekommen, daß sich nach halb sieben Uhr früh nur noch 5 Prozent der Österreicherinnen im Bett befinden. Da legt's di nieder!

Willy Ellmayer, bei dem halb Wien die ersten Tanzschritte gelernt hat, meint in seinem neuen Buch, daß »gutes Benehmen wieder gefragt« sei. Man erfährt dabei sehr interessante Dinge. Wußten Sie zum Beispiel, daß man ein Paar Würstel überall und unbedingt mit den Fingern ißt? Das dürfte nur bei Würstel mit Saft etwas unbequem werden.

Das österreichische Gallup-Institut kam darauf, daß in Österreich die Protektion nicht mehr sehr wichtig sei.
Na fein!
Hand aufs Parteibuch – weil darunter das Herz liegt –, ich war stets davon überzeugt.
Protektion? Was ist das überhaupt?
Nein, nein, bei der Besetzung von Posten geben seit jeher nur gut proportioniertes Können und das Wissen um die Hintertür – um die Hintergründe – der Materie den alleinigen Ausschlag. Besonders bei Posten der unteren Rangordnung.
Da muß man nämlich wirklich etwas können.

O ja, es läßt sich schon leben in Österreich und in Wien. Abgesehen davon, daß sich die Österreicher im Ausland fast besser durchsetzen als in Österreich, denken die Ausländer immer wieder gern an Österreich.
Bei Reparationszahlen usw....

Unsere Butterproduktion hat nun bereits 2800–3000 Tonnen pro Monat erreicht. Und man macht sich ernsthafte Sorgen, wegen dieser Überproduktion.
Als ich meiner Hausgenossin davon erzählte, frug sie mich, mitten ins Gesicht hinein – warum denn dann die Butter nicht billiger werde.
Bitte, man muß mit Frauen Geduld haben.
Sie können natürlich die hohe Politik von uns männlichen Wesen nicht immer so ganz und so schnell begreifen. Als sie mich aber noch gefragt hat, warum wir den elektrischen Strom ausführen, wenn er bei uns selber teurer werden soll, da wandte ich mich brüsk von dem geliebten Wesen ab.
Auf so etwas kann man auch nicht vernünftig antworten.

Schon bald werden wir voller guter Hoffnungen in die Luft gehen.
Das sonst so ominöse Datum 1. April wird aber im Jahre 1958 ein schöner Tag werden, an dem wir Österreicher endlich einmal »AUA« sagen können. Das war jetzt kein Wehlaut, sondern die Abkürzung und das Kennzeichen unserer neuen Fluggesellschaft: Austrian Airlines.
Einundzwanzig Stewardessen haben soeben mit einem sechswöchigen Kurs begonnen, indem sie all das lernen werden, was sie für ihren »hohen« Dienst mitbringen müssen. Ihr österreichischer Charme wird dafür sorgen, daß sich die Stimmung im österreichischen Flugzeug auch dann nicht senkt, wenn sich so mancher Magen ein wenig heben sollte.
Man wird die österreichischen Stewardessen in aller Welt

herzlichst begrüßen und vorerst *mit* ihnen, aber schon *auf* sie fliegen.
Also ich wünsche unserer jungen AUA und den Stewardessen ein »Gut Wind«!
Oder wie man auf Airlinerisch eben so sagt.

Wissen Sie eigentlich, daß sich die Bevölkerungszahl dieser Erde täglich um 123.000 Menschen erhöht? In 40 Jahren wird es 6 Milliarden Menschen geben. Und da wundern Sie sich, daß die Tramway so überfüllt ist? Diese Zahlen sollen Sie aber nicht schrecken, denn schon im nächsten Jahr werden ja fahrplanmäßige Mondfahrten stattfinden.

Die Schneeräumung ist bei uns tadellos. Heute sah ich eine Armee von Schneeschauflern. Es waren drei Stück. Einer trug den Schnee von links nach rechts, der andere von rechts nach links, je nach Parteizugehörigkeit, und so machte der eine zunichte, was der andere erreicht hatte. Der dritte sah zu, ihm war nur kalt. Er war der Vorarbeiter.

Die Reichsbrücke erhält ein neues Gwandl aus schickem grau-grünem Lack. 80.000 Quadratmeter müssen gestrichen werden. Wir übernehmen gern die Kosten, und es wird sich noch herausstellen, wer letzten Endes der Lackierte ist, die Brücke oder wir.

Haben Sie schon von Elvis Presley gehört? Das britische Versorgungsministerium wollte irgend etwas gegen die

Seemöwenplage auf englischen Flugplätzen tun. Man spielte den Seemöwen Tonbänder vor, auf denen Schreie von Raubvögeln und Schreckenslaute von Seemöwen aufgenommen waren, aber die Möwerln hat das überhaupt nicht beeindruckt. Duch Zufall wurde eine besonders heiße Presley-Platte aufgelegt, und da flogen dann die Möwen erschreckt auf und davon und ließen sich 24 Stunden lang nicht mehr blicken.

In Wien haben wir Anno 1960 2720 Stück Müller, 2337 Meier, 2040 Wagner, 1445 Huber, 1360 Weber, und 935 müssen die Nowaks sein. Diese Zahlen sind aus dem Wiener Adressenbuch. Was aber am meisten erstaunt, ist die Tatsache, daß Wien auch in der 2. Republik noch immer 680 Könige und 552 Kaiser besitzt.

Wir brauchen uns keine Sorgen zu machen, daß vielleicht einer von uns überbleiben wird. Der amerikanische Kongreß hat uns dieser Sorge enthoben und festgestellt, daß der Giftvorrat so ziemlich für alle Menschen dieser Erde reichen wird. Ja, es ist eine lustige Zeit. Und wie heißt's im Sprichwort? Wo gehobelt wird, da fliegen Späne, und nach Atombomben bleibt der Atommüll. Selbiger ist für die Menschheit gefährlich und wird deshalb ins Meer versenkt. Das Meer spült den Atommüll aber wieder an die Oberfläche, und so geht uns auch in dieser Hinsicht bestimmt nichts verloren.

Im Fußball eilen wir von Sieg zu Sieg. Langsam scheint es, als ob wir wirklich unschlagbar wären, weil wir in der

Politik und im Fußballspiel die richtige Taktik gefunden haben. Die Taktik der Langsamkeit. Wir sind unseren berühmteren Gegnern einfach zu langsam und schläfern sie damit ein.

In Wien gibt es ohne Zweifel bemerkenswerte Sehenswürdigkeiten. So ist zum Beispiel der Wiener Westbahnhof einer der schönsten Bahnhöfe des 15. Gemeindebezirkes geworden, und ein Bewunderer konnte sich so lange nicht satt sehen, bis er mit seinem Auto quer durch die Fensterscheibe im Schalterraum des Westbahnhofes landete. Bewundern ist gut, aber vorher aussteigen ist in einem solchen Fall besser. Wie verliebt man aber in Wien sein kann, zeigt das Beispiel einer Wienerin, die nach ihrem Tode der Stadt Wien ein Millionenvermögen vererbte und dem Gatten nur 4000 S pro Monat aussetzte.

Mein Greißler, der Wodicka, ist aus Tokio zurück, unser Tierhändler am Eck, der Herlinger, war studienhalber auf den Kanarischen Inseln, um dort zu untersuchen, wie es den Kanaris geht, der kleine Tischlerlehrbub aus dem 1. Stock hat Haiti bereist, und der Holub, der Schneider, war in Äthiopien, weil er so viel gern einen Kaiser sieht. Alle sind nun wieder da, und oft erscheint es mir fast wie eine Protzerei, wenn ich erzähle, daß ich zu Hause geblieben bin.

Die neue Grünbergstraße ist etwas Feines. In einer Minute bist du vom Meidlinger Tor oben auf der Anhöhe, und von da sind es nur noch ein paar Meter – und du stehst zwanzig Minuten vor zwei Bahnschranken.

Mit Worten läßt sich das Lob der Frauen nur Mangelhaft ausdrücken. Hübsch finde ich aber den Satz: »Frauen sind die Blumen im Garten des Mannes.« Nur Lästermäuler haben auch darauf ihren Reim: »Wenn Blumen verblühen, verduften die Männer.«

Es war ja ziemlich egal, wo man Urlaub machte. Ich meine Regen gab's überall; doch gibt es Orte, in denen es teurer regnet. Ich möchte mich aber trotzdem im Namen aller Urlauber bei den Gastgebern bedanken, die uns mit offenen Armen und offenen Händen immer herzlich empfangen haben.

Es sind traurige Zeiten angebrochen, und daß es mit der Musik abwärtsgehen wird, habe ich schon geahnt, als man einem der Beatles die Haare abgeschnitten hat. Wohin soll das noch führen? Vielleicht sogar noch dahin, daß wieder Melodien und Text modern werden oder daß Sänger statt einer Halskrankheit eine Stimme haben müssen.

Ich verbringe schlaflose Nächte, weil ich genauso wie Sie über die Frage nachdenke, ob Politiker Steuern zahlen sollen. Auf der einen Seite möchte ich die ohnehin für unser Wohl so schwer arbeitenden Herren nicht mit diesem Gedanken erschrecken und beunruhigen, daß sie zu den Sorgen anderer Leute auch noch eigene Steuersorgen dazubekommen sollen. Es soll ja schon vorgekommen sein, daß ein hoher regierender Herr ganz entsetzt war, als man ihm verriet, wie hoch die Steuern sind. Andererseits vermenschlicht gemeinsames Lastentragen und verbindet mit dem schönen zukunftsweisenden Satz: »Ja, darf denn das wahr sein?« Die Zukunft wird uns ja noch zeigen, was schwerer ist: ein Staatsschiff zu »lenken« oder zu »steuern«.

Ich empfehle den Herren Politikern, im nächsten Wahlkampf sich mehr der freien Rede als des freien Stils zu bedienen, der zum Geschäft der Catcher gehört, aber nicht der Volksvertreter.

Der Durbridge hat mit seiner »Melissa« für ganz schön Aufregung gesorgt. Am Freitag war es schon so arg, daß bei uns zu Hause jeder jeden verdächtigte, bis wir uns schließlich darauf einigten, daß es nur die Kölner Fernsehansagerin gewesen sein könne.

In Deutschland ist man sehr erschrocken, weil die liebe Dame, die auf dem 5-Mark-Schein zu sehen ist, eine Kurtisane war, die Albrecht Dürer im Jahre 1505 in Venedig kennengelernt und bei dieser Gelegenheit gleich gemalt hat. Um den Schein zu wahren, will man jetzt den Schein wieder einziehen und gegen ein unverfänglicheres Abbild austauschen.

Ein Zeitung hat behauptet, herausgefunden zu haben, welche die vier mächtigsten Frauen der Welt sind: Indira

Gandhi, die holländische Königin, Lady Johnson und Elizabeth Taylor. Seltsam, nicht? Ich glaube mancher meiner Hörer hat jetzt so vor sich hingemurmelt: »Die kennen die Meinige nicht.«

Voller Stolz kann ich berichten, daß unser boxender Rauchfangkehrer Europameister geworden ist. Daß sich für uns Schauspieler diese stolze Neuigkeit mit einer sehr traurigen verbunden hat, gehört fast zu unserem Stand dazu, bei dem das Lachen und das Weinen, die Komik und die Tragik, das Böse und das Gute, der Ruhm und der Mißerfolg so nahe beieinanderliegen. Es war dieser Europameisterschaftskampf, bei dem sich unser Robert Lindner so aufgeregt hat. Wie groß der Verlust für das Theater ist, wird die Geschichte aufzeigen. Jetzt können wir nur um einen »Schwierigen« trauern oder um einen Anatol, wie es so bald keinen mehr geben wird.

Österreich liegt 1968 in der Weltrangliste der Besteuerung an 3. Stelle. Das erzählt uns zumindest die Opposition. Vor uns rangieren in Europa nur noch Frankreich und Schweden. Na und in Schweden sieht man ja, wohin das mit der Besteuerung führt. Das letzte Hemd haben sie ihnen ausgezogen, und jetzt rennen dort nur noch Nakkerte herum. Wie wir aus den schwedischen Filmen ja wissen.

Das Bundesheer hat jetzt neue Kennzeichen für ihre Fahrzeuge bekommen, und zwar stehen jetzt auf jeder Nummerntafel die vielversprechenden Buchstaben »BH«.

Was natürlich nicht das Hauptkampfziel unserer Landesverteidigung benennen soll.

Die Waffenschmiede der zwei Welthälften treffen einander in Wien, um miteinander zu reden. Mit dem Reden sind noch immer die Leute zusammengekommen und solange sie reden, marschieren sie nicht. Und vielleicht hat der Mensch mit dieser Konferenz seine letzte Chance bekommen. Wenn sie einmal nicht mehr miteinander reden, wird der Mensch erleben, was die Abkürzung SALT auch heißen kann: Seine allerletzten Tage.

Die Luftverpestung durch die Städte hat bereits 30.000 Hektar unseres Waldes vernichtet. Das ist eine schreckliche Nachricht. Vielleicht versteht man jetzt, warum die Menschen sich immer wieder bemühen, aus unserer stikkigen Luft herauszukommen, und auf große Weltraumreisen gehen, angeblich um bessere Lebensbedingungen für uns irdische Menschen zu finden. Ob es ihnen gelingt? Und wenn – werden sie uns nachkommen lassen?

Das Bundesheer hat neue Geheimhaltungsvorschriften. Etwas ist davon auch in die Öffentlichkeit gedrungen. Also, die erste Stufe heißt: geheim, die zweite: streng geheim, die dritte: geheime Kommandosache, die vierte: nach dem Lesen vernichten, und die fünfte und letzte Stufe: vor dem Lesen vernichten.

Am Ballhausplatz soll es in Österreich den meisten Staub geben. Er wird dort nicht aufgewirbelt, auf diese Feststellung lege ich Wert, er liegt nur dort, sagen die Staubexperten.

Meine Freunde in Deutschland sind sehr stolz darauf, daß die deutschen Babys größer sein sollen als die österreichischen. Wenn die Durchschnittslänge eines hiesigen Babys 50,7 Zentimeter beträgt, dann mißt das Münchner Kindl bereits 51,8 und das Hamburger Baby stößt mit 52,5 an die spitzen Steine der Reeperbahn. Wir sind nicht gekränkt, Freunde, und ich erinnere mich an die gut gemeinte Versicherung eines deutschen Freundes, der mir einmal gesagt hat: »Wir Berliner haben keinen Kahlenberg, aber wenn wir einen hätten, dann wär' er zweimal so hoch.«

Die Miß Holland ist Miß World geworden. Die Holländer können also nicht nur gut Fußball spielen, sondern haben auch schöne Mäderln. Wie schön muß da erst eine holländische Damenfußballmannschaft spielen können.

Daß das Ende der Welt aber doch vermeidbar sein könnte, haben zwei Staatspräsidenten und fünf Ministerpräsidenten bei einem Treffen, arrangiert vom Club of Rome, festgestellt. Sie kamen ganz einfach gekleidet, aber immerhin in einem Schloß zusammen. Und das spricht doch für ihre Aufgeschlossenheit. Und es wäre schön, wenn sie in dem Schloß den Schlüssel zu dem Patentschloß der Zukunft gefunden hätten.

Fräulein Helga aus Ilz in der Steiermark ist mit ihren 21 Jahren die jüngste Rauchfangkehrermeisterin Österreichs. Es stand über sie geschrieben, daß sie die Kamine mehr von unten putzt, da sie nicht ganz schwindelfrei ist. Aber darüber braucht sich das Fräulein Helga nicht kränken – welche Frau ist denn schon ganz schwindelfrei?

Entsagung wird jetzt groß geschrieben. So ist Diane Cilento, die Exfrau von Sean Connery, nach der Scheidung von James Bond aufs Land gezogen, um in Hinkunft nur noch Schafe und Schweine zu hüten.
Ich kann das gut verstehen, denn auch ich würde manchmal lieber am Land Kühe, als mich in der Stadt vor Ochsen hüten.

1976–1986

In England wurde eine Frau die Oppositionsführerin. O ja, ich kann mir das gut vorstellen, von Opposition versteht die Frau etwas. Ich gönne es den Frauen, daß sie jetzt so hoch hinaufkommen. Auch den 15 Japanerinnen, die auf den Mount Everest steigen. Es ist nur zu wünschen, daß sie auch wieder gut niederkommen.

Statt Blumen ein paar Lebensweisheiten: Frauen vereinfachen das Leben, verdoppeln die Freude und verdreifachen die Ausgaben. Oder: Keine Frau ist so schlecht, daß sie nicht die bessere Hälfte eines Mannes werden könnte. Die Holländer sagen: Die Frauen begeistern uns zu den großen Taten, die auszuführen sie uns dann hindern.

Im Sinne der ärztlichen Empfehlungen, doch endlich etwas abzuspecken, haben sich die Minister und die Industrie geeinigt, unseren Gürtel enger zu schnallen. Die einzige Industrie, die davon profitiert, ist die Kammindustrie nach dem alten Firmengrundsatz: »Kinder, kauft's Kämme, es kommen lausige Zeiten.«

Wien ist seit 1. Oktober 1976 wieder passierbar. In der Reichsbrückengegend wurde eine Rinne geschaffen, durch die man wieder an Wien vorbeisteuern kann, ohne im wesentlichen anzuecken. Wir geben auch die wundersame Errettung des Reichsbrückenbusses bekannt, der nicht nur aus dem Wasser, sondern auch wieder steuerbereit ist.

Es gibt Traumberufe. So einen dürften die acht Arbeiter auf einer Baustelle in San Remo erwischt haben, die nun schon seit zwölf Jahren täglich an der Baustelle eines Staudammes erscheinen, obwohl seit 1964 der Bau selbst eingestellt ist. Da sie aber regelmäßig ihren Lohn bekamen, haben sie sich immer brav an der Baustelle eingefunden. Zwölf schöne, arbeitsreiche Jahre. Ein Traumberuf. Ob es so etwas auch bei uns gibt? In dem einen oder anderen vergessenen Amt?

Da sieht man wieder wozu das Heiraten doch gut ist. Moser – Pröll, Habersatter – Totschnigg, Kerscher – Schroll, je verheirateter umso rasanter werden die Frauen. Als ob wir das nicht schon längst gewußt hätten. Es müssen natürlich feste Bindungen sein, und nicht nur Trainingsbekanntschaften.

Wenn man an Stammtischen zusammensitzt, kommt immer wieder die Rede auf den Krieg, und es gibt einige, bei denen er von Stammtisch zu Stammtisch immer länger wird. Seither zweifle ich, ob der Dreißigjährige Krieg wirklich 30 Jahre gedauert hat.

Für das gute, alte Beisl soll jetzt doch einiges getan werden, weil auch Avantgardisten und Progressive entdeckt haben, daß das Beisl etwas Unersetzliches ist. Wegen seiner kommunikativsozioökonomischen Relevanz. Das Stand wirklich so in der Zeitung.

Ab heute heißt die Pferdestärke nicht mehr PS, sondern 0,74 Kilowatt, und da hat man mir im Physikunterricht immer einreden wollen, ich lerne fürs ganze Leben. Jetzt, wo mir allmählich die Maßeinheit Pferdestärke geläufig geworden wäre, haben sie's abgeschafft.
Auch Kalorien werden in Joule umbenannt. Es kann also bedenkenlos gegessen werden, da es ja keine furchteinflößenden Kalorien mehr gibt.

Ich war auf den Opernball gegangen worden. Ich kann es nicht verheimlichen, weil alle Welt es im Fernsehen sah. Ich muß sagen, die Frauen – sie schauen aus – man traut sich kaum wegzuschauen, und die Kleider – ich sage Ihnen, die Dekolletés, so vorn und anderswo, man kann sie nicht beschreiben. Vorne ging's ja, aber manche Dame zeigte so viel Rücken, daß er schon dort seinen guten Namen verloren hatte.

Ein herzlicher Gruß an die Linzerin Elisabeth Theurer, die im Dressurreiten so geduldig ist. Sie ist fesch und soll auch noch lieb sein.
Da müßte man schon ein Pferd sein, wenn man sich nicht dressieren ließe.

Strecken Sie sich nur ruhig unter der Decke, solange es noch geht. Nach der Decke strecken ist in diesen Zeiten ja modern geworden, denn wie man hört, wird die Decke im nächsten Jahr ein bisserl kürzer sein.

Namensverzeichnis

Quellenverzeichnis

Bücher

Hugo Wiener, Doppelconférence, Wien–München 1972

Georg Markus, »Schau'n Sie sich das an«, Karl Farkas – Ein Leben für die Heiterkeit, Wien–München 1983

Heinz Conrads, Meine ersten 60 Jahre, zusammengestellt und bearbeitet von Fritz Hendrich, Wien–München–Zürich 1974

Maxi Böhm, Bei uns in Reichenberg. Unvollendete Memoiren. Fertig erzählt von Georg Markus, Wien–München 1974

Fritz Muliar, Streng indiskret! Aufgezeichnet von Eva Bakos, Wien–Hamburg 1969

Robert Stolz, Melodie eines Lebens, Wien–Hamburg 1967

Zeitungen und Zeitschriften

Arbeiter-Zeitung

Die ganze Woche

Kronen-Zeitung

Kurier

Österreichische Zeitung

Profil

Volksstimme

Wochenpresse

Austria Presse Agentur